高等院校旅游管理专业系列教材

旅游景区管理

邹统钎　主　编
李　飞　副主编

南开大学出版社
天　津

图书在版编目(CIP)数据

旅游景区管理/邹统钎主编.—天津：南开大学出版社，2013.2 （2019.2重印）
高等院校旅游管理专业系列教材
ISBN 978-7-310-04116-9

Ⅰ.①旅… Ⅱ.①邹… Ⅲ.①旅游区－经济管理－高等学校－教材 Ⅳ.①F590.6

中国版本图书馆 CIP 数据核字(2013)第 021201 号

版权所有 侵权必究

南开大学出版社出版发行
出版人：刘运峰
地址：天津市南开区卫津路 94 号 邮政编码：300071
营销部电话：(022)23508339 23500755
营销部传真：(022)23508542 邮购部电话：(022)23502200

*

三河市同力彩印有限公司印刷
全国各地新华书店经销

*

2013 年 2 月第 1 版 2019 年 2 月第 5 次印刷
230×170 毫米 16 开本 16.25 印张 305 千字
定价：29.00 元

如遇图书印装质量问题，请与本社营销部联系调换，电话：(022)23507125

序

在旅游的三大支柱行业中，从盈利看，旅游景区超过酒店、旅行社行业。从中国旅游富豪分布看，主要集中在旅游景区行业，宋城的黄巧灵、中坤的黄怒波、凤凰的叶文智均为旅游行业大鳄。从从业人员的平均学历上看，旅行社多为大学，酒店多为大专，景区多为中学，看来盈利与学历无关。中国A级景区东中西空间差异表现在：景区数量比例为6:2:2；接待游客数量比例为6:2:2；营业收入比例为7:2:1；门票收入比例为7:2:1。区域差异十分明显。每到旅游旺季，旅游景区都不可避免成为国民争论的焦点：拥堵、门票上涨、宰客、游客伤害、垃圾污染、黄色营销等。体制复杂、管理粗放、经济第一、野蛮消费是主要原因。这些情况目前依然没有本质的改变，这也决定了旅游景区管理必然成为长期争论的话题。

1. 多头管理：中国旅游景区行政指导上存在住建部、文化部、环保部、林业局、国土资源部、水利部、宗教局、旅游局等多头管理，各类旅游景区使命不同，管理方式必然有别。想当年国家城建部与环保局曾联合发文禁止其下属的旅游景区参加A级景区评定，今天全国挤破头争5A景区。其实，即使是联合国对遗产地管理也存在多头管理。UNESCO世界遗产委员会负责世界遗产的遴选与管理，联合国粮农组织另起炉灶，发起全球重要农业文化遗产（GIAHS）评选。多头管理必然导致中国旅游景区管理要突出分类管理特色，不可采取通用的管理模式。分类指导是我国旅游景区政府管理的基本原则与特色。

2. 门票涨价：西湖免门票成功后，遗产景区免门票的呼声越来越高，但诸多著名遗产地却在群众疯狂喊降声中不断上涨。有人指出我国旅游景区门票全世界最贵。其实景区的门票有两种交法：纳税和门票付费；我国采取的是"用者付费"原则，公民为遗产保护的纳税少，所以门票贵。美国政府从公民纳税中支付了国家公园的绝大多数维持与营运成本；英国国有（National Trust）景区也如此，老百姓交税中已经为景区门票付了部分乃至全部费用；而中国的景区维持费用绝大多数来自景区经营本身。这就是美国门票低、英国免门票、中国门票贵的根源。中国世界遗产地门票还有如下规律："十一五"期间门票涨幅远远超过GDP涨幅；经济越发达地区，门票价格越低，西部地区世界遗产地门票价格反而高；自然遗产、文化景观、自然人文双遗产、文化遗产门票价格依次下降；遗产地面积越大，门票价格越低（这点很奇怪）；门票涨价对世界遗产地的游客人数的影响极小。

目前我国A级旅游景区门票收入占总收入的43%左右，一些专家总在猛批中国旅游景区基本是门票经济，提出要重视综合收入。这属于闭门造车，而且误导发展。英国的尼斯湖、大湖景区，没门票，除游船票及少量的纪念品收入外几乎没有其他收入。让旅游景区承担沉重的经济创收功能是极大的误区，临近的城镇才是创收的主体。相对于外国旅游景区来说，中国景区的盈利能力在全世界居于先进水平。中国景区管理的差距绝对不是在经济上，而在于遗产与生态保护，以及教育职能的开发上。强调公益导向，淡化商业化，提高管理效率，降低营运成本是遗产景区发展的正确方向。

3. 野蛮消费：季节性爆堵与闲置是旅游景区的一大现象，破坏生态、糟蹋遗产、暴殄野生动物等均为我国游客的不良行为。我国旅游者国际形象全球倒数第三，仅次于法国与印度。人们常用"人傻、钱多、冲动、跟风、炫耀、暴生暴死、长途奔袭、一日一国、过把瘾就死"等词来形容中国旅游者。中国旅游者最需要的就是自主、理性、差异。成熟的旅游者的特征：长期计划、预约消费；自主个性差异选择，自助多于包价；关注个人成长与社会发展（重视文化、生态与社区）；旅游节奏偏慢，重视过程；分享而非占有（Being not having）；重质轻数。预约习惯是中国旅游者从冲动消费者向成熟消费者转变的分界线。冲动性消费是中国旅游者的顽症，跟风选择出行时间、出行目的地导致需求井喷，陷入高消费、低满意的怪圈；一刀切地实施全国统一休假制度导致运动式的消费需求。理性消费与分省市分阶段实行带薪休假是良药。这样也有利于旅游景区的生态保护与遗产管理。

4. 智慧旅游：从"金旅"工程、数字景区到智慧旅游，人们不断探索旅游景区智能化管理的方法与手段。尽管这是个烧钱工程，动则上亿投入，但近年还是有很多创新性探索：实时流量、游客来源分析、驻留统计、"码"上游、移动导览、全球眼视频监控等均在为方便游客、提高管理效率做贡献。

5. 绿色善行：旅游业贡献了全球5%的碳排放，旅游景区本身也是气候变化的受害者，如冰川消融、海岸线上升、气候剧烈波动、珊瑚死亡等。加勒比地区珊瑚礁的破坏导致旅游收入下降20%，约每年3亿美元。气候变化的成本与风险相当于每年全球GDP的20%，而采取行动限制它的成本仅为1%。在绿色经济时代，承载力、最低安全标准(SMS)、游憩机会频谱（ROS）、游客影响管理（VIM）、可接受改变的限度(LAC)、无痕行动、遗产廊道、生态博物馆、生态足迹分析（EFA）与生态标示（Ecolabel）等方法与绿色技术成为旅游景区旅游可持续发展的保障。但在观念层面上，培养生态友好、遗产敏感的善行旅游者将是旅游景区管理的一大责任与使命。

综合中国旅游景区管理长期的实践，分类指导、精益管理、服务意识、善行准则是旅游景区管理之要义。

本书由邹统钎教授任主编，李飞博士任副主编，海峡两岸的学者通力合作而成。第一章：邹统钎、郑春晖；第二章：张传统、郑春晖；第三章：邹统钎；第四至七章：刘军；第八至十章：李飞；第十一章：魏汝真、李飞；第十二章：谭家伦；第十三章：魏汝真、谭家伦；第十四章：李笑一；第十五章：唐承财。

邹统钎

2012 年冬至于北京朝阳定福庄 1 号

Email: zoutongqian@bisu.edu.cn

Microblog: http://weibo.com/u/1819998275

目 录

第一部分 概念理论篇

第一章 旅游景区概念、特征与分类 3
第一节 旅游景区的概念 3
第二节 旅游景区的构成要素与特征 6
第三节 旅游景区的分类 10
第四节 旅游景区的管理模式分类 15

第二章 旅游景区管理理论 18
第一节 可持续发展理论 18
第二节 旅游体验论 24
第三节 生命周期 39

第三章 旅游景区开发与管理的目标模式 45
第一节 管理目标与理念 45
第二节 产品服务配置与布局 47
第三节 资源管理方式 50
第四节 综合管理模式 56

第二部分 功能管理篇

第四章 旅游景区财务管理 59
第一节 旅游景区财务管理目标 59
第二节 旅游景区财务管理内容 61
第三节 旅游景区投资融资战略 63

第五章 旅游景区营销管理 70
第一节 旅游景区市场营销理念 70
第二节 旅游景区营销内容与途径 72

第三节　旅游景区营销前沿问题 ·· 77

第六章　旅游景区游客管理 ·· 88
　　第一节　旅游景区游客管理概述 ·· 88
　　第二节　旅游景区游客行为分析 ·· 90
　　第三节　旅游景区游客关系管理方法 ·· 92

第七章　旅游景区人力资源管理 ·· 95
　　第一节　旅游景区人力资源管理必要性 ···································· 95
　　第二节　旅游景区岗位分析与规范 ·· 97
　　第三节　旅游景区员工满意度建设 ·· 101

第三部分　分类管理篇

第八章　人文古迹类景区管理 ·· 107
　　第一节　人文古迹类景区概述 ·· 107
　　第二节　文化遗产景区管理 ·· 114
　　第三节　古城古镇古村管理 ·· 118
　　第四节　国内外经典案例 ·· 122

第九章　自然风景类景区管理 ·· 126
　　第一节　自然保护区管理 ·· 126
　　第二节　森林公园管理 ·· 132
　　第三节　地质公园管理 ·· 139
　　第四节　国内外经典案例 ·· 143

第十章　风景名胜区管理 ·· 147
　　第一节　风景名胜区概述 ·· 147
　　第二节　风景名胜区管理 ·· 149
　　第三节　风景名胜区保护理念与实践 ······································ 154
　　第四节　国内外经典案例 ·· 158

第十一章　人造景区管理 ·· 161
　　第一节　人造景区概述 ·· 161
　　第二节　博物馆管理 ·· 162
　　第三节　主题公园管理 ·· 166
　　第四节　现代休闲街区管理 ·· 170
　　第五节　境内外经典案例 ·· 172

第四部分 重点问题篇

第十二章 旅游景区数字化发展·······179
- 第一节 旅游景区数字化发展趋势·······179
- 第二节 旅游景区数字化的重要意义·······181
- 第三节 我国旅游景区数字化发展现状·······182
- 第四节 旅游景区数字化建设策略·······185
- 第五节 境外经典案例·······186

第十三章 旅游景区风险管理问题·······188
- 第一节 旅游景区风险管理概述·······188
- 第二节 我国旅游景区风险管理现状·······193
- 第三节 旅游景区应急反应机制建设·······197
- 第四节 旅游景区常见事故处理·······199
- 第五节 境外经典案例·······201

第十四章 旅游景区门票管理问题·······203
- 第一节 旅游景区门票管理概述·······203
- 第二节 旅游景区"门票经济"现象·······205
- 第三节 旅游景区门票管理模式的转变·······209
- 第四节 旅游景区门票管理政策、制度和体制的完善·······221
- 第五节 国内外经典案例·······224

第十五章 旅游景区的低碳旅游发展·······231
- 第一节 低碳旅游的缘起与意义·······231
- 第二节 低碳旅游的概念与内涵分析·······234
- 第三节 景区低碳旅游发展现状及存在的问题·······236
- 第四节 景区低碳发展理念与原则·······238
- 第五节 景区低碳旅游发展模式·······240
- 第六节 景区低碳旅游发展保障机制·······243
- 第七节 景区低碳旅游发展策略·······245
- 第八节 低碳景区经典案例·······247

第一部分　概念理论篇

第一章　旅游景区概念、特征与分类

第一节　旅游景区的概念

一、旅游资源

　　自然界和人类社会凡能对旅游者产生吸引力，可以为旅游业开发利用，并可产生经济效益、社会效益和环境效益的各种事物和因素就是旅游资源。按照国家旅游局制定的《中国旅游资源普查规范》的定义，所谓旅游资源是指：自然界和人类社会，凡能对旅游者有吸引力，能激发旅游者的旅游动机，具备一定旅游功能和价值，可以为旅游业开发利用，并能产生经济效益、社会效益和环境效益的事物和因素。

　　构成旅游资源的三个基本条件是：
- 有用性，即能够吸引旅游者前往旅游观光与休闲。
- 可用性，即可以被开发。
- 有效益，即可以产生经济、社会或环境效益。

二、旅游景区

　　国外更多地采用"旅游吸引物"这个概念来代表旅游景区概念，强调"磁性"含义。比如 Medlik 把"旅游吸引物"定义为：为游览公众提供娱乐、消遣与教育而设计的有管理的永久性资源（A designed permanent resource which is controlled and managed for enjoyment, amusement, entertainment and education of the visiting public）。[1]旅游吸引物是指，旅游产品的要素，它吸引游客，决定游客选择旅游的地点，一般分为地点吸引物（site attractions）和事件吸引物（event attractions）。

---

[1] Swarbrook, M. Development and management of Visitor Attractions (2nd ed.). United Kingdom: Butterworth-Heinemann,1999.

地点吸引物是指这个地方本身就是吸引游客前往游览的主要诱因，如气候，历史文物，风景名胜等；事件吸引物是指节庆活动，体育盛会，商业贸易交流会等。另一种分类法是自然吸引物与人造吸引物。海滩和古镇就是这种分类的实例。①

Lew 指出，旅游吸引物包括能够吸引旅游者离开家的"不是家（no-home）"的地方的所有因素，包括可供观赏的景观、游客参与的活动以及值得回忆的体验。② Pearce 的定义是：拥有特定的人文与自然特征的、有特定名称的地点。③根据《世界智商词典》的定义：旅游吸引物是"一个国内或国外旅游者参观的地方"（A tourist attraction is a place where tourists, foreign and domestic, normally visit. Some examples include famous historical places, zoos, museums and art galleries, botanical gardens, buildings and structures (e.g., castles, libraries, former prisons, skyscrapers, bridges), national parks and forests, theme parks and carnivals, ethnic enclave communities, historic trains, cultural events and rare oddities.）。④

Leiper（1990）定义旅游景区十三要素的系统安排：由旅游需求的人（Person）、游客希望参观的、具有特质的地方的内核（Nucleus）以及关于内核信息的标示（Marker）。⑤

中国更多采用旅游景区这个概念，而且它是一个非常笼统的概念，一般指由若干地域上相连的、具有若干共性特征的旅游吸引物，交通网络及旅游服务设施组成的地域单元。其内部具有一致性、关联性与整体性的特征。它可以受行政区域的约束，也可因地貌、景观、社会文化关联、经济关系而突破行政区域的约束。它的空间跨度差别很大，大至一个国家，小至一个乡村。

根据国家旅游局的《旅游区（点）质量等级的划分与评定标准》的定义，旅游区是以旅游及其相关活动为主要功能或主要功能之一的空间或地域。该标准中旅游区（点）是指具有参观游览、休闲度假、康乐健身等功能，具备相应旅游服务设施并提供相应旅游服务的独立管理区。该管理区应有统一的经营管理机构和明确的地域范围，包括风景区、文博院馆、寺庙观堂、旅游度假区、自然保护区、主题公园、森林公园、地质公园、游乐园、动物园、植物园及工业、农业、经贸、科教、军事、体育、文化艺术等各类旅游区（点）。⑥

本书采用的定义是：旅游景区是依托旅游吸引物从事旅游休闲经营管理活动的有明确地域范围的区域。本概念的几个基本含义是：

---

① Medlik, S. Dictionary of Travel, Tourism, and Hospitality, Butterworth Heinemann,1993.
② Lew, Alan A Framework of Tourist Attraction Research. Annals of Tourism Research 1987, 14(3),533-575.
③ Pearce, P. L. "Analyzing tourist attractions". Journal of Tourism Studies, 1991, 2(1), 46-55.
④ 世界 IQ, http://www.wordiq.com/definition/Tourist_attraction.
⑤ Leiper, Neil.Tourist Attraction Systems, Annals of Tourism Research,1990, 17(2),367-384.
⑥ 中华人民共和国国家标准 GB/T 17775-2003，旅游区（点）质量等级的划分与评定（Standard of rating for quality of tourist attractions）.

- 它是一个有明确地域范围的区域；
- 它以旅游吸引物为依托；
- 从事旅游休闲活动；
- 有统一的管理机构。

三、旅游目的地

Webster 辞典把目的地定义为："旅途的终点（the place set for the end of a journey, or to which something is sent; place or point aimed at.）"。旅游目的地是一个为消费者提供一个完整体验的旅游产品综合体。旅游目的地是一个感性概念，它为游客提供一个旅游产品和服务的合成品，一个组合的体验经历。Buhalis 认为，旅游目的地由 6A 构成：旅游吸引物（Attractions）；交通（Accessibilities）；上层设施与服务（Amenities：构成旅游 6 要素的设施与服务）；包价服务（Available Package）；活动（Activities）；基础服务（Ancillary Services）。Buhalis 把旅游目的地分为：城市、海滨、山地、乡村、真实的国家和世外桃源（Unique-exotic-exclusive）。[①]一般来说，旅游目的地是一个独立的地理区域，如国家、城市、区域或景区（点）。

四、概念辨析

（一）旅游景区与旅游目的地的区别

旅游目的地中最核心的要素有两点：一是具有旅游吸引物；二是人类聚落，要有永久性的或者临时性的住宿设施，游客一般要在这里逗留一夜以上。因此，一般的景点若不留宿，则不应该是旅游目的地。

（二）旅游景区与旅游目的地的联系

理论上，旅游景区系统是处在更宽泛意义上的旅游系统中的。Mill 和 Morrison（1985）指出，旅游系统由四个关键要素组成，分别列于四个象限中：市场、旅行、旅游目的地和营销。在这个系统中，旅游景区在旅游目的地象限中占有重要位置。因此，旅游景区，作为旅游目的地的主要部分，是旅游系统四大关键要素之一，见图1-1。

---

① Buhalis, Dimitrios. Marketing the competitive destination of the future. Tourism Management, 2000, 21(1), 97-116.

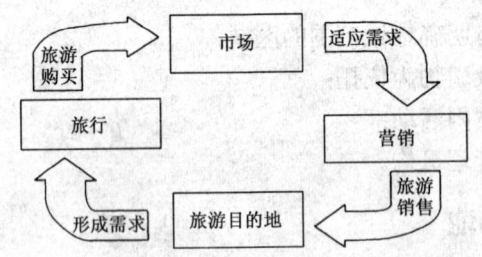

图 1-1 Mill 和 Morrison 的旅游功能系统模型

第二节 旅游景区的构成要素与特征

一、旅游景区构成要素

（一）Gunn 的同心圆模型（The Concentric Rings Model）

Gunn（1985）提出旅游吸引物的同心圆模型，认为一个旅游景区包括内核（Nuclei）：吸引物的核心；保护带（Inviolate Belt）：保护内核的空间；以及包围区（Zone of closure）：旅游基础设施。[①]这个内核可以代表一个地方的任何属性。可以是风景，也可以是一个物体、一个人或一个事件等。

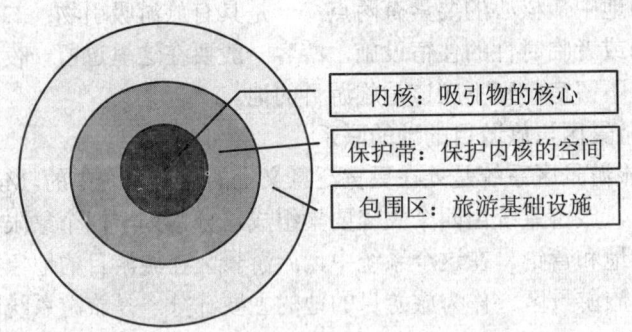

图 1-2 旅游景区的同心圆模型

（二）地方感模型（A Sense of Place Model）

Canter（1977）总结了心理学、地理学、规划学与设计理论，提炼出地方感模型。他提出，地方感的三要素是：背景的自然属性、各种活动以及顾客带给背

---

① Gunn, Clare. Tourist Planning. New York: Taylor and Francs, 1985.

景的概念与含义。要完全理解与体验某个特定地方的独特地方感，三个要素缺一不可。一个好的旅游景区是以公众对"这个地方到底是什么"有清晰的概念，这里的一切活动人们都能够理解、是可接近的并且能够激发人们的想象。而且背景的自然要素必须是独特的、景色迷人的。①见图1-3。

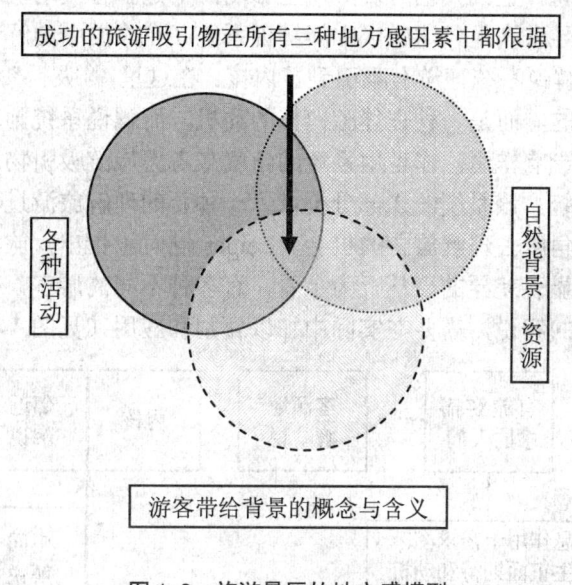

图 1-3　旅游景区的地方感模型

（三）系统模型（Attraction System）

以往总把旅游景区看成是风景的聚合体。MacCannell 指出，旅游景区是游客（tourist）、风景（sight）与解说（marker）的经验关系（an empirical relationship between a tourist, a sight, and a marker——a piece of information about a sight）。②它是一个包括游客、风景与解说三要素的系统。Gunn（1972）也认识到旅游吸引物和风景并不等同，因此使用内核这个词来表明吸引物的中心部分，保护带是保护内核的空间，以及包围区——旅游基础设施。这个内核可以代表一个地方的任何属性，既可以是风景，也可以是一个物体、一个人或一个事件等。

将 Gunn 和 MacCannell 的定义相结合，旅游吸引物就变成一个更宽泛的模型：是一个包括三个要素的系统：游客（人文要素）、内核（中心要素）、解说（信息要素）。当三个要素相互关联时旅游景区就诞生了。按照系统观，一个大系统是由多个子系统构成的，旅游吸引物系统就是由游客、核心以及解说三个子系统构成

---

① Canter, D. The Psychology of Place. Landon: The Architectural Press, 1977.
② MacCannell, Dean. The Tourist: A New Theory of the Leisure Class. New York: Schoken Books, 1976.

的系统。旅游吸引物系统是由游客、核心、解说三个子系统组成的。

Leiper（1990）归纳出一个旅游吸引物系统模型，它主要由三部分组成：游客、核心和解说。首先是客源地的解说，它影响了有旅游需要的游客。这些信息对游客的正面期待和动机产生了影响，于是做出了出游的决策。同时另外一些偶然条件（例如时间、金钱）也对决策产生影响，于是游客被动机所"推动"到内核（吸引物）去寻求满足。这时候中间解说系统（在旅游中的解说）继续发挥作用；最后临近的解说系统把游客吸引到了内核。在这里，"吸引"、"拉动"这些词都不是实际发生的，而是一种去体验内核的动机，而解说系统则对这种动机和需要起到了积极的影响作用。作者用系统的角度来考虑旅游吸引物系统，它是旅游系统的一个子系统。该系统的3部分提供了一种新的理解旅游过程的方式，提供了一个从社会学角度去理解旅游的机会。Leiper 同时也指出，旅游地吸引物系统的组成部分是有显著差异的。从行为上看，有多种不同的游客，有不同种类的内核，有不同类型的解说，需要在实际中加以甄别和应用（见图1-4）。

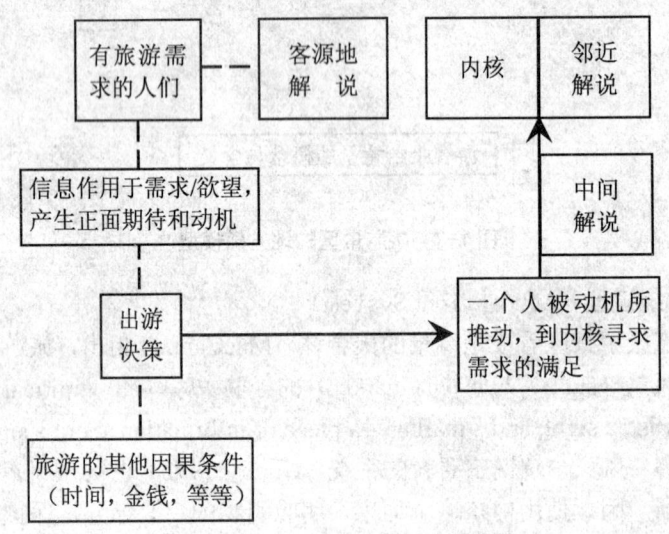

图1-4 旅游吸引物系统

二、旅游景区的特征

（一）旅游景区遗产资源的公共性

旅游景区中包含了遗产型资源，也就是具有垄断性的资源。自然界为人类提供的四项服务分别为：资源来源；生命支持；舒适性；废弃物沉淀。自然遗产的价值包括：①直接产出实物价值：矿产、土地资源与野生动植物资源；②直接服务价值：科研服务、文化服务、旅游服务；③间接生态价值：维持生态平衡；④存在价值:《保护世界文化和自然遗产公约》中指出:"任何一项的毁灭或消灭都将造成世界各民族遗产资源的匮乏",保证传之于后代是当前和将来文化的丰富与和谐发展的一个源泉。保持遗产的完整与真实存在是人类可持续发展的必要条件。[1] 自然遗产地还有十分重要的无可替代的功能——生态功能:①调节功能;②防护功能;③缓冲功能;④吸收功能;⑤储备功能;⑥指示功能;⑦教育功能。[2]

一些遗产属于世界遗产,从美学和科学的角度看,世界遗产的特性主要表现在5个方面:

高价值性:这种公共资源不同于一般的物品或商品,它们是独一无二的文化载体以及人类历史和自然史发展的见证,具有符号和象征的作用,具有很高的观赏价值、科学价值、历史价值。

不可再生性:古环境不会重复,不可复制,它们一旦被破坏,就将永远受损和消失。遗产在破坏后出现的恢复遗产会导致失真与完整性的消失等问题。克鲁蒂拉与费舍尔认为,遗产一旦破坏就会引发:①福利损失的持续性;②人工恢复的失真性。因此,对自然与文化遗产只能采取事前预防行动,即保护。一旦破坏,事后弥补与惩罚措施于事无补。[3]

真实完整性:人们对遗产价值的享用,以遗产的真实性为前提,是文化价值型享用,即对遗产的历史、科学、美学意义的享用。而对一般的风景资源的享用主要是感官意义和生态功能的享用,不一定以真实性为前提[4]。真实性就是指无论是自然的还是人文的,都要求它是通过自然发展形成的,决不可造假景、造假文物,不能在风貌保护区内建人工设施,例如宾馆、电梯、缆车等等。而完整性问题是指遗产地不能独善其身,它与其周边环境形成一个整体性关系,遗产与其周边环境是一个和谐共生的关系。

高知名度:世界遗产是国际社会对一个国家民族文化、历史遗迹或自然资源景观给予的一种极高荣誉,是全人类共同拥有的财富。

公共性:"世界遗产"是没有国境的,她是属于全人类所有的,是全人类的共同遗产。

(二)旅游景区资源的依附性

许多旅游吸引物并非因为旅游的目的而存在,旅游功能是它的原有功能的一种衍生物。比如,明珠塔本来是个电视塔,金贸大厦是个饭店,联合国大厦是个

---

[1] 王秉洛. 国家自然文化遗产及其所处环境的分类价值. 见:张晓,郑玉歆. 中国自然文化遗产资源管理. 社会科学文献出版社,2001.
[2] 陈昌笃. 加强自然遗产地生物多样性的研究和监测工作,进一步发挥其至关重要的生态功能. http://www.whwy.org/ycdt/rt1.htm.
[3] 张晓. 自然遗产的内涵和资源特殊性. 见:张晓,郑玉歆. 中国自然文化遗产资源管理. 社会科学文献出版社,2001.
[4] 徐嵩龄. 论碧峰峡旅游开发模式的意义. 四川大学学报(社科版),2005(1).

会议中心，奥林匹克中心是个体育运动设施，北京蟹岛度假村是个农业园，无锡影视基地是个电影电视拍摄场景，但这些都是旅游吸引物。旅游景区往往没有独立存在，许多地标式建筑就是一个旅游景区（点），这就为旅游业与它业共生建立了基础。旅游业与它业共生也成为了成长的必由之路。

（三）旅游景区的特征

对于一般性的开发型的旅游景区，其主要使命是为游客提供旅游休闲活动，营利是其重要使命，那么这类旅游景区的使命是提供休闲活动以获取利润，属于营利性企业。

对于遗产型景区，由于遗产资源具有独特的经济学特性（主要是遗产的公共性和公益性，遗产的文化价值和经济价值，遗产经营的文化价值导向，遗产的稀缺性、不可再生性、不可替代性），导致那些兼具经营功能并负有经营责任的旅游景区管理单位应采用"非营利性机构"体制。这种"非营利性机构"要求：它在向社会提供消费服务上与一般经济企业是相同的，但它是"非营利性"的，这是与一般经济企业不同的。对于负有经营责任的遗产性景区来说，"非营利性"意味着：它的经营不是"利润导向"，而是"文化价值导向"；它是在"文化价值导向"下的经营，应顾及遗产享用的公益性原则，并力求获得可以容许的经济收益；它的收益不用于分红，而是用于对遗产事业的再投入；它有权获得政府补贴与社会赞助，有权享受免税或部分免税。①这类旅游景区承担多重使命：遗产保护、遗产展示、地方发展等。

第三节 旅游景区的分类

Pearce，Benckendorff 和 Johnstone 将旅游景区分为两类：自然与人造，具体分类见表1-1。②这种分类同旅游资源分类有相同之处，而且显示许多旅游景区总是自然与人造相融合，无法截然分开，尤其是许多自然与文化双遗产更是如此。

Leask 根据自然还是人造、收费还是免费、公有还是私有、地方市场还是区域市场、国内市场还是国际市场对旅游景区进行分类，见图1-5。③但他没有提出各种分类的旅游景区的名称，只是提出了分类标准。

---

① 徐嵩龄．中国文化与自然遗产的管理体制改革．管理世界，2003(6)．
② P. Pearce, P. Benckendorff and S. Johnstone. Tourist Attractions: Evolution, Analysis and Prospects, in Tourism in the 21st Century: Lessons from Experience. edited by Bill Ffaulkner, Gianna Moscardo and Eric Laws, Continnum: London & N.Y,2000.
③ Fyall, Alan, Brian Garrod and Anna Leask. Managing Visitor Attractions, Butterworth Heinemann, 2003.

表 1-1 旅游景区的分类

1	自然（苏格兰高地、约色米提国家公园）	人造（环球片场、六旗公园）
2	室外	室内
3	遗产型（英格兰教堂）	人造型（澳大利亚股市名人殿堂）
4	特殊全球事件（奥运会）	地方节庆事件（地方游行展览）
5	高吸引力（澳大利亚大堡礁）	低吸引力（地方娱乐地点）
6	私有（星城博彩）	公有（加拿大班夫遗产区）
7	内容主题：历史的、文化的、音乐的、体育的、军事的、艺术的、水族的、动物的	

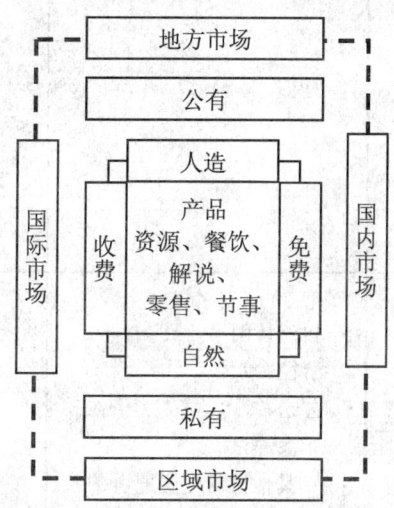

图 1-5 Leask 的旅游产品分类

Lew（1987）通过分析旅游景区和旅游地的吸引力研究中所用的研究方法，指出大多数研究基本上从 3 个角度对旅游景区进行分类：表意角度、结构角度和游客认知角度。

角度一："表意观点"。强调表意角度的旅游景区分类方法，主要描述一个旅游地具体的独特性，而不是抽象普遍的特征。这些分类方法中，特定的旅游景区往往是由名字所辨别的。表意角度是旅游研究中旅游景区分类最常见的形式。如表 1-2 所示。

表 1-2　表意角度的旅游景区分类

自然	自然—人造分界面	人造
一般环境 1. 全景画 　山川 　海滨 　平原 　荒芜 　岛屿	4. 可观测的 　乡村的/农业 　科普花园 　　动物（动物园） 　　作物 　岩石、考古学	7. 基础设施 　公共设施 　处理形态 　处理功能 　商务 　　零售 　　财务 　体系 　　政府 　　教育和科研 　　宗教 　人民 　　生活方式 　　种族
独特特征 2. 地标 　地理的 　生物的 　　植物群 　　动物群 　水文的	5. 自然休闲 　游径 　公园 　海滩 　其他城市度假地	8. 旅游基础设施 　通道的形式 　　出入旅游目的地 　　目的地旅游路线 　信息、承受能力 　基本需求 　　膳宿 　　餐饮
总环境 3. 生态学的 　气候 　庇护所 　　"国家公园" 　　自然保护区	6. 参与性 　山地活动 　　夏季 　　冬季 　水上活动 　其他户外活动	9. 休闲设施 　娱乐消遣 　　表演 　　体育赛事 　　文娱活动 　文化、历史和艺术 　　博物馆和纪念碑 　　表演 　　节庆 　　烹饪

角度二："结构角度"。结构角度是另一种不同的研究方法。此方法并不一定审视旅游景区本身，而是关注其空间、承载力和短暂的性质，这些特性才是此旅游景区分类方法用于反映的。如表1-3所示。

表1-3　结构角度的旅游景区分类

单个/分离		集体/连接
空间特征		
非结构化的		结构化的
刺激因素		完整的
非规划的基础设施		规划过的基础设施
不可进入		可进入的
进入/许可障碍		自由进入
隔离的		成群的
巡回式		目的地式的
内核		外围区域
偏远的	保护带	城市的
标准大都市之外	乡村的　　城市的	标准大都市之内
社区规模		国际规模
建筑/场所	区域的　　国家的	大陆/国家
	区域型/社区型	
承载力		
手工艺旅游		大工业旅游
慢增长		快速增长
小/低承载力	小工业	大/高承载力
	瞬间的增长	
短暂的特征	中等	
事件		位置
流动的，短期的		驻存的，长期的
单个参观		集体参观

角度三："认知角度"。研究旅游者对旅游景区的感知和经历构成了旅游景区分类的第三种主要方式。甚至与组织角度相比，认知角度有时候与表意角度的类别混杂在一起，尽管实际上大多数时候表意角度的分类占主导地位。如表1-4所示。

表1-4 认知角度的旅游景区分类

安全		风险
旅游者活动		
教育	锻炼	探险
聊天的地方		面对面的会议
有导游的游览		自助游
消极的		积极的
吸引物特征		
人为的 舞台化的	真实性的背弃	真实的
特别生动的	不生动	普通日常生活
引发的组合	无效的组合	笨拙的设置
国际/扩展市场	国家的　　区域的	当地市场
旅游导向的		非旅游导向
游客常去的		真实的
结构化的/组织化的		非结构化的
前台		后台
现代的		传统的/古旧的
经常听到的/重要的地方		缺乏其他游客
旅游者经历		
昂贵/奢华的质量/声望	经济/合理的价格/	不贵/便宜的
安全/卫生	物有所值	逃避/自由
愉快/友好的	不同的/逃离	新奇
休闲的/宁静的	有趣的/多姿多彩的	冒险/野性的/
放松的/安静的/家一般的		刺激的
大众生产经历	限制经历	个人经历
一般/普通	有趣的	独特的
角色未转换		角色转换
消遣的　牵制的	经验的　　实验的	存在主义
解说参与		风景参与
熟悉的		异国情调
容易、快捷/易旅游的		费力去旅游

表意角度、结构角度和游客认知角度在其定义范围内都有有用的应用,但任何一个角度都无法涵盖关于旅游景区的所有研究兴趣。因此,Lew将三个角度结

合，建立了一个旅游景区研究框架，旨在为旅游景区特性的进一步讨论提供基础。

旅游景区按照其主要功能与用途分为两大类：开发型旅游景区与遗产型旅游景区，见表1-5。前者突出其经济功能，后者突出其保护功能。

表1-5 旅游景区分类

开发型旅游景区	遗产型旅游景区
主题公园	风景名胜区
旅游度假区	自然保护区
	文物保护单位
	森林公园
	地质公园
	历史文化名城/镇/村

第四节 旅游景区的管理模式分类

旅游景区管理包括三个相关方面：自然与文化资源管理、游客与旅游业管理、管理组织的管理。旅游景区管理的核心使命有两个：旅游景区资源的保护与旅游景区资源的开发。

旅游景区管理新思维融合了可持续旅游论与旅游体验论，它的核心思想是"持续的人文关怀"。持续人文关怀的核心理念有两条：①以人为本；②均衡发展。以人为本强调旅游景区的开发要以人为中心。均衡发展意味着要兼顾他人以及未来的发展机会。持续的人文关怀强调人的价值、人的尊严和人格完整。它要求关注旅游景区所有利益相关者的福祉。不但要关心游客，还要关心旅游景区社区；不仅要关注游客和社区居民的人文环境，还要关注他们的生态环境；不仅要关注他们的现在，还要关注他们的未来。成功的旅游景区要为游客带来快乐的体验，为投资者带来合理的投资回报，为旅游景区社区居民带来积极的社会经济效益与环境，为未来提供发展机会。

旅游景区管理模式分为两大类：分类管理与标准管理，其中分类管理又细分为遗产型管理与剧场型管理，见图1-6。

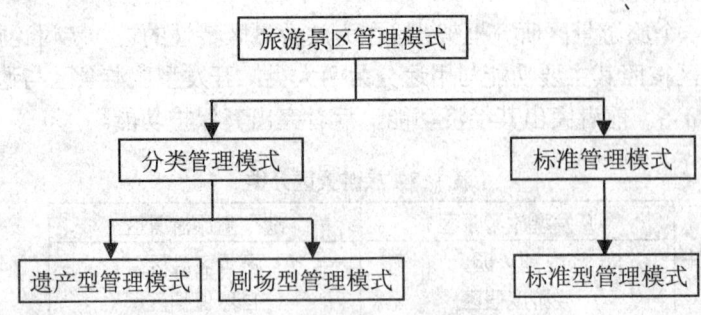

图1-6 旅游景区管理模式分类

遗产型管理模式,适合国家垄断资源,如世界遗产、国家风景名胜区、国家自然保护区等。这类旅游景区以资源保护为主要目标,严格政府的监管,政府适当拨款。但在中国现行的情况下,旅游景区仍然主要依赖自身的经营收益来维持与发展,其中的关键是将竞争性业务如餐饮、旅游、休闲等的经营权通过拍卖、招标等方式让最好的经营者来经营。积极争取各种社会团体的捐赠,充分发挥旅游景区的科学教育功能。可持续发展理论是遗产型管理模式的核心指导理论。

剧场型管理模式,适合于主题公园、旅游度假区之类的、以经济开发为主要目的的旅游景区,这类旅游景区的核心是通过生产快乐来满足游客,从而获利。它依托的资源是富有竞争性的,其中也不乏人造景观,因此,关键是满足游客的需求。体验经济理论是剧场型管理模式的指导理论。

标准型管理模式属于统一管理方式,针对所有旅游景区,主要采用分级的管理标准,带有示范、奖励意义。旅游景区不可能采取一种通用的管理模式,应该根据旅游景区的类型采用不同的管理模式,见表1-6。

表1-6 中国旅游景区管理模式特征比较

内容	分类管理		统一管理
	遗产型	剧场型	标准型
细分			绿色标准 等级标准 示范标准
理论指导	可持续发展理论	体验经济理论	综合标准管理理论
资源特征	垄断性资源	完全竞争性资源	任何资源
利益主体	地方居民	投资商	国民
主要功能	保护第一、科教第二、休闲第三	休闲娱乐第一	公益导向

续表

内容	分类管理		统一管理
	遗产型	剧场型	标准型
核心目标	地格的维系与变迁	畅爽体验的塑造	高质量管理的维持
管理原则	多样性 完整性 真实性	差异性 互动性 挑战性	一致性 标准化 先进性
产品开发导向	知识性与文化性的挖掘	文化移植与创新	统一标准
措施	生态补偿 自然恢复 边界隔离 分区管理 容量管理 社区参与	移植 创新	
管理主体	政府和遗产地	企业	政府和民间组织
政府规制扶持方法	规划、拨款、监督、宣传	投资、指导、服务	指导、加盟
资金运作	资金、赞助、运营收入、特许经营	运营收入	基金、补贴或无资金运作
典型案例	世界遗产 风景名胜区 自然保护区 森林公园 文物保护单位 地质公园	主题公园 旅游度假区 一般风景区	绿色环球21 AAAAA 旅游景区 国家级旅游度假区 全国工农业旅游示范区 国家旅游扶贫示范区

第二章 旅游景区管理理论

第一节 可持续发展理论

一、可持续发展

可持续性一词最早可以追溯到 1980 年世界保护联盟的《世界保护战略》。根据联合国开发署的定义,"可持续"指"能够维持一定比率或水平";"发展"是指"一个地区或一个人群,特别是指目前欠发达地区的经济进步"。世界保护联盟把这两个词组合在一起,构成一个新概念。里程碑式的文件包括:《里约环境与发展宣言》、《21世纪议程:可持续发展全球行动方案》。

1991 年 11 月,国际生态学联合会(INTECOL)和国际生物科学联合会(IUBS)联合举行了关于可持续发展问题的专题研讨会,将可持续发展定义为:"保护和加强环境系统的生产和更新能力",即:可持续发展是不超越环境系统更新能力的发展。

1991 年,由世界自然保护同盟(INCN)、联合国环境规划署(UNEP)和世界野生生物基金会(WWF)共同发表《保护地球——可持续生存战略》(Caring for the Earth: A Strategy for Sustainable Living),将可持续发展定义为:"在生存于不超出维持生态系统涵容能力之情况下,改善人类的生活品质",并提出了人类可持续生存的 9 条基本原则,既强调了人类的生产与生活方式要与地球承载力保持平衡,保护地球的生命力和生物的多样性,同时也提出了人类可持续发展价值观和 130 个行动方案。

可持续发展的经济含义的核心是:"在保持自然资源的质量及其所提供服务的前提下,使经济发展的净利益增加到最大限度"。还有的学者提出,可持续发展是"今天的资源使用不应减少未来的实际收入"。经济学家皮尔斯(D. Pearce)还提出了以经济学语言表达的可持续发展的定义:"当发展能够保证当代人的福利增加时,也不会使后代的福利减少。"在技术选择角度,"可持续发展就是转向更清洁、更有效的技术;尽可能接近'零排放'或'密闭式'工艺方法;尽可能减少能源和其他自然资源的消耗"。还有的学者认为:"可持续发展就是建立极少产生废料和污染的工艺或技术系统"。

资源可持续利用,必须建立在资源代际公平分配基础上。资源的代际公平分配必须建立在一定的约束和激励机制之上。实现资源的代际公平分配,必须依靠经济手段(如价格、利率、成本核算等)、法律手段(资源法规的制定和实施)和行政手段(如制定资源利用定额、颁发资源利用许可证等)。其关键是要防止和限制对资源,特别是对不可更新资源的过度耗用和提前耗用,以及防止超越可更新资源的最大允许利用强度,见图2-1。

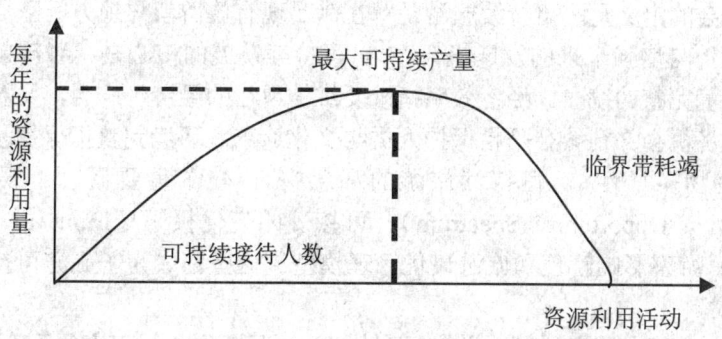

图2-1 资源可持续利用曲线

前挪威首相布伦特兰夫人（GroHarlem Brundtland）及其所主持的、由21个国家的环境与发展问题著名专家组成的联合国世界环境与发展委员会（Word Commission On Environment and Development），在其长篇调查报告《我们共同的未来》（Our Common Future）中,系统地阐述了人类面临的一系列重大经济、社会和环境问题,提出了可持续发展概念,这一概念得到了广泛的接受和认可,并在1992年联合国环境与发展大会上得到共识。布氏提出的可持续发展定义为:"满足当代人的需求,又不损害子孙后代满足其需求能力的发展。"

二、旅游可持续发展

1990年在加拿大温哥华召开的全球可持续发展大会上,提出了可持续旅游发展的目标,这些目标概括为以下三个方面,即:

①经济目标。主要包括:增加就业、扩大产品市场、增加经济收入、改善地方基础设施条件、提高地区居民的生活质量;

②社会目标。主要包括:保护地方文化遗产、增强当地人的文化自豪感、为

不同地区和文化的人们提供理解和交流的机会,向旅游者提供高质量的旅游产品;

③环境目标。主要包括:改进土地利用方式,从消耗型利用转为建设、再生型利用,改善生态环境,加强公众的环境和文化意识,促进对环境和文化的保护,保护未来旅游产品赖以生存的生态和文化环境质量。

1995年4月,联合国教科文组织环境规划署和世界旅游组织在西班牙专门召开"可持续发展会议",通过了《可持续旅游发展宪章》和《可持续旅游发展行动计划》两个重要文件,明确指出:可持续发展的实质就是要求旅游与自然、文化和人类生存环境成为一个整体。因此,旅游业的可持续发展不是单纯的经济发展,而是生态、经济、社会的整体系统的可持续发展。

可持续发展理论的核心理念是公平,旅游可持续发展的核心也是公平。世界旅游理事会的定义是,可持续旅游是"在满足现有旅游者与地方社区居民需求的同时,保护与增强未来的发展机会"[1]。可持续发展的核心是:经济效率、社会公平与环境完整的统一。经济效率指既要维护现在的经济生产力,又要保持未来后代的经济机会。社会公平指保护人类与文化遗产。环境完整指保护基本的生态过程与生物多样性[2]。可持续旅游的观念中有4个重要概念:娱乐机会谱（Recreation Opportunity Spectrum）、可接受的变化极限（Limit to Acceptable Change）、游客影响管理和旅游最优管理模型。这些都成为了旅游可持续发展的重要工具[3]。

目标:资源的完整多样、游客畅爽体验、社区受益、投资商得到合理的回报。

可持续旅游的原则与指南:按照联合国教科文组织的建议,实现可持续旅游的原则是:参与（Participation）、利益相关者（Stakeholder Involvement）、当地所有（Local Ownership）、资源基的可持续（Sustainability of the Resource Base）、社区目标（Community Goals）、合作（Cooperation）、承载力控制（Carrying Capacity）、监控与评估（Monitoring and Evaluating）、负责（Accountability）、培训（Training）与定位（Positioning）[4]。

旅游可持续发展实现的途径:

1. 旅游承载力。
- 生态承载力——地区环境问题产生的限度。
- 心理承载力——游客在转向另外的旅游景区前,在该地期望得到的最低

---

[1] WTTC, WTO, and EC Agenda 21 for the Travel and Tourism Industry: Towards Environmentally Sustainable Development. WTTC, Landon, 1995.
[2] Keyser, Heid (2002). Tourism Development, Oxford University Press, 374.
[3] Newsome, David, Susan A. Moore and Ross K. Dowling (2002). Natural Area Tourism——Ecology, Impacts and Management, Channel View Publications.
[4] Economic and Social Commission for Asia and the Pacific (2003). Poverty Alleviation through Sustainable Tourism Development, United Nations, 13-15.

娱乐程度。
- 社会承载力——当地居民对来访游客最大忍耐程度,和/或游客能够接受的拥挤程度。
- 经济承载力——不影响当地居民活动的情况下能举行旅游活动的能力。

2. 环境影响评估(EIA)。
- 识别旅游项目中可能产生的旅游活动的性质。
- 识别环境中受旅游影响较大的因素。
- 评估旅游对环境的起初和随后影响。
- 管理旅游对环境产生的正面和负面影响。
- 教育旅游者、旅游企业及从业人员和当地居民。

3. 分区(Zoning)。

分区是可持续发展的重要工具。以 Clare A. Gunn 为代表的空间与资源主导的旅游景区开发理论的出现,其核心概念是分区。分区管理的目的是保护自然环境与提供娱乐机会。分区包括时间分区与空间分区。

时间分区:比如许多旅游景区在候鸟、鱼类繁殖期间限制游客进入。旅游景区实施轮休就是时间分区的概念。

空间分区:早在 1973 年,景观规划设计师 Richard Forster 就倡导同心圆式的利用模式,将国家公园从里到外分成核心保护区、游憩缓冲区和密集游憩区(参见图 2-2)。这个分区模式得到了世界自然保护联盟(ICUN)的认可[①]。

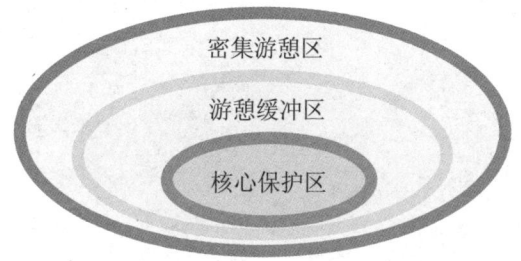

图 2-2 Richard Forster 的同心圆式旅游景区功能分区示意图

其他的学者或国家和地区对旅游景区也有自己的分区方式或理论,其中具有代表性的有:

法国的自然公园一般被划分为中心保存地区、周边保全地区和完全保护区[②],这与 Richard Forster 的同心圆模式相类似。C.A.Gunn 则在 1988 年提出了国家公

---

① 刘家明,杨新军. 生态旅游地可持续旅游发展规划初探. 自然资源学报,1999(1).
② 濑田信哉. 法国的自然公园与生态旅游(前编). 国立公园(日).

园旅游分区模式，将公园分成重点资源保护区、低利用荒野区、分散游憩区、密集游憩区和服务社区[①]。（参见图2-3）

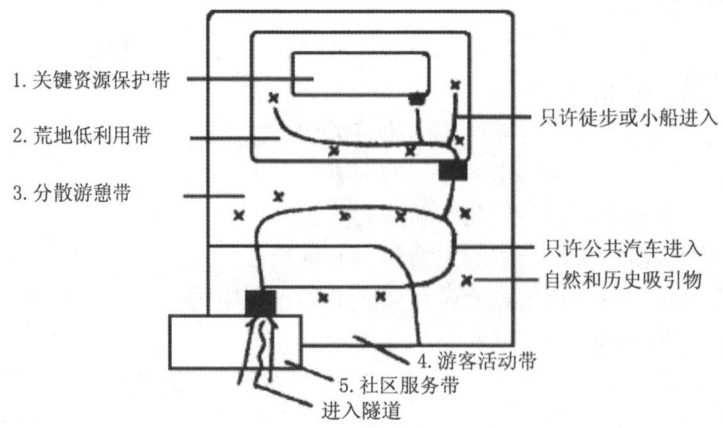

图 2-3　国家公园旅游模型

我国香港地区的郊野公园一般分成康乐和保护两大区域，其中康乐区又根据预测的游人密度分成 4 种区域（荒野康乐区、宽广康乐区、集散康乐区和密集康乐区）[②]。

加拿大国家公园的功能分区系统包含以下 4 个区，[③]即（见图2-4）：

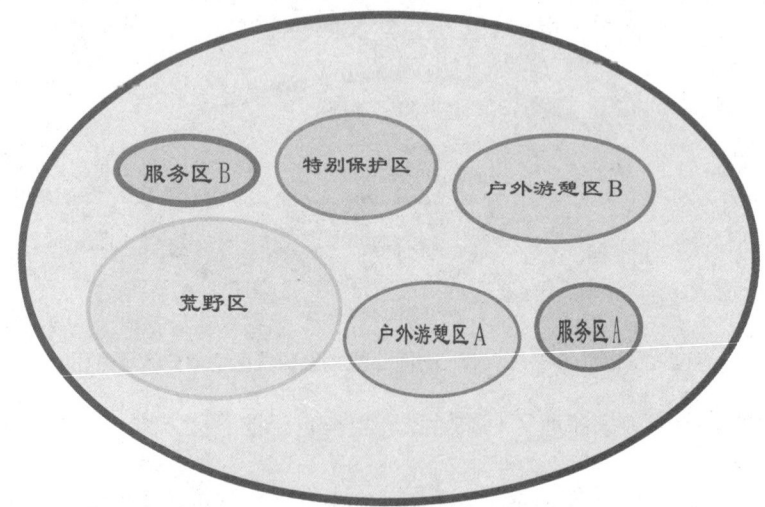

图 2-4　加拿大国家公园功能分区系统示意图

[①] 钟晓东. 生态旅游的可持续发展模式探讨. 四川环境，2003（5）.
[②] 刘善鹏，王福义. 香港的郊野公园及保护区. 绿满东亚. 中国环境科学出版社，1994.
[③] 许学工等. 加拿大的自然保护区管理. 北京大学出版社，2000.

（1）特别保护区：禁止任何公众进入，同时在保护区外提供适当的节目和展览使游客了解该区特点；

（2）荒野区：能够代表该自然区域特征并始终被维持，通过提供在生态系统承载力范围内的适当的户外游憩活动和少量设施，使游客对公园的自然和文化遗产有亲身体验；

（3）户外游憩：允许为游客提供相对多样的服务与设施及广泛的机会来欣赏和享受公园的景致，允许使用直达的机动交通工具；

（4）服务区：是公园中游客服务和支持设施的集中分布区，公园的运行和管理中心就在此区。

该模式有严格限制公众进入的区域，适用于面积较大的国家公园。分区时同时考虑保护与公众享用和教育的需求，不同利用区将不同公众需求细化，有利于满足多样化的游憩体验。美国、澳大利亚、秘鲁等国也均采用该模式。

菲律宾的国家自然保护区的分区体系是：严格保护区（strict protection zone）、持续利用区（sustainable use zone）、恢复区（restoration zone）、栖息管理区（habitat zone）、多种用途区（multi-use zone）、缓冲区（buffer zone）、文化区（cultural zone）、娱乐区（recreational zone）与特种用途区（special use zone）。

在我国，《中华人民共和国自然保护区条例》（1994）以及一些主要自然保护著作均把自然保护区的结构划分为核心区、缓冲区和实验区三个区域。核心区实行严格保护；缓冲区可开展线状旅游[1]。而我国目前的一些旅游景区在开发中由于注意到了生态保护，在规划时也进行了明确的功能分区，如昌黎黄金海岸自然保护区分成开发区、科研区、治理区和监测区[2]。

4. 游客管理（Visitor Management）。

可持续发展也涉及到游客行为管理，包括编制旅游指南、设施引导、语言引导、集中引导、事前引导与示范引导。管理方法有直接管理与间接管理。直接管理包括：实施规则、分区管理、限制利用、限制活动；间接管理包括物理变更、宣传与适当要求。[3]

---

[1] 孙文昌，田红，殷红梅. 现代旅游开发学. 青岛出版社，2001.
[2] 中华人民共和国自然保护区条例.
[3] 崔凤军. 风景旅游区的保护与管理. 中国旅游出版社，2001.

第二节　旅游体验论

人为什么要去旅游景区旅游？可持续发展理论更多的是关注旅游景区、公众以及社区的利益。但旅游景区要取得成功必须要让游客满意，否则难以获得足够的经济收益以支持旅游景区的遗产保护与资源开发。体验经济理论就是从游客的角度来指导旅游景区的开发。

一、体验经济的特征

1998年派恩二世和吉尔摩在《哈佛商业评论》上发表"Welcome to the Economy of Experience"，指出经济价值须经历从提取产品、制造商品、提交服务到展示体验的演化。见图2-5。

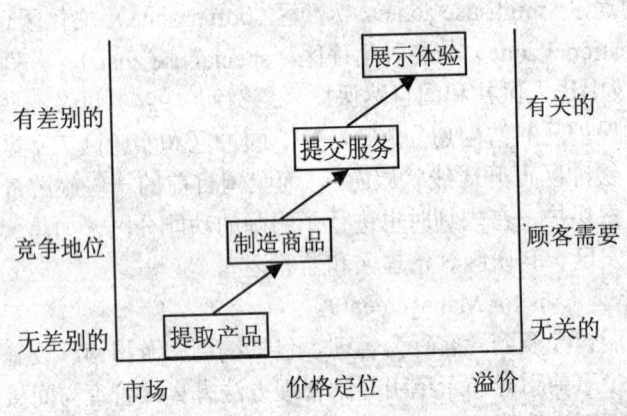

图 2-5　经济价值的演化阶段

1999年，他们又在《体验经济》一书中进一步描述了体验经济的特征：作为体验策划者的企业将不再仅仅提供商品和服务，而是为消费者创造体验的舞台，在这个舞台上，消费者开始自己的、唯一的表演，即消费。当表演结束时，这种体验将给消费者留下难忘的愉悦记忆。基于这种体验的美好、唯一、独特、不可复制、值得回忆，企业可以根据其所提供的特殊价值向消费者收取更高的费用。体验经济凸显了消费者的个性化消费和生产者据此采取的量身定制的生产法则。体验经济的实质就是让消费者感到物有所值，感到"自我实现"实现更高层次的需求，从而让消费者愿意为此消费，进而创造经济价值。

二、体验的本质与类型

(一) 体验的本质

托马斯·戴维逊在《旅游真是产业吗》一文中提出:"旅游是一种经历或过程,不是一种产品——这种经历又是相差悬殊的。"从体验的本质来看,体验是"通过亲身实践来认识周围的事物"。对体验的定义有多种(见表2-1)。

表 2-1 国外对体验的界定

来源	定义
《牛津英文大辞典》	体验为"通过个人接触所感受到或学习到的东西",是一种参与者感受的主观精神状态
阿布拉汉姆（Abraham, 1986）	体验是一种主观认知的过程,这种体验可以由个人开发而成,可以定义为一种认知活动、一种试验、一种建构事实的过程
艾伯特（Abbott, 1995）	产品是提供消费体验服务的表现,而人们真正想要的并非产品本身,而是一个令人满意的体验
斯密特（Schmitt, 1999）	体验是个体对某些刺激回应的个别事件,包含整体的生活本质,通常是由时间的直接观察或是参与所造成,不论时间是真实的、如梦的或是虚拟的。体验如同触动人们心灵的活动,通过消费者亲身经历接触后获得的感动,随着消费者特性的不同,体验也会有所差异,即使是消费者特性极为相似的个体,也难产生完全相同的体验
派恩和吉尔摩（Pine II Joseph, James Gilmore, 1999）	体验是当一个人达到情绪、智力甚至精神的某一水平时,意识中所产生的美好感觉
卡鲁和科瓦 Caru & Cova, 2003	体验是一种个人生活文化的方式,不仅是一种每日生活的个人感受,同时是一种持续性的互动,可变成一种故事
乔伊和雪莉（Joy & Sherry, 2003）	体验是指对某标的物的领悟及感官或心理所产生的情绪,来自于个人亲身参与或经历

邹统钎认为,将旅游科学的核心概念界定为"经历",即"旅游者通过对旅游目的地的事物(广义上指旅游过程)或事件的直接观察或参与而形成的感受与体验"。[①]

谢彦君在《基础旅游学》中,将旅游定义为"个人以前往异地寻求审美和愉悦为主要目的而度过的一种具有社会、休闲和消费属性的短暂经历"。

休闲体验要具备三个基本要素:发生在闲暇时间,即体验是一种过程性休闲;

[①] 邹统钎. 旅游景区开发与经营典型案例. 旅游教育出版社, 2003;旅游度假区发展规划. 旅游教育出版社, 1996.

自由感，体验是以个性化的方式进行的；内在结果——获得身心的反应。[1]

旅游的本质是一种体验活动，是旅游者离开居住地去异地旅行所获得的一种丰富的经历和感受，它既包括旅游者在旅游中通过运用原有知识对客观事物进行分析和观察所获得的心灵共鸣及愉悦的感觉，也包括他们通过直接参与活动而得到的舒畅感，同时，旅游者在旅行中个人通过接触陌生事物而进行学习的过程也是一种体验。[2]

王兴斌指出：体验是通过实践来认识周围事物的，体验的基本要素是人的参与。人又是各有个性的，商品与服务对消费者是外在的，而体验是内在的，是使心境与环境互动所产生的内心感受。因此体验的特点是个性、参与、互动。体验经济的最大特征是生产与消费的个性化、参与性、互动性与同步性。[3]

(二) 体验的类型

1. 霍尔布鲁克的体验4Es观点。

霍尔布鲁克和赫希曼（1982）主张消费体验由象征符号、享乐主义及美学标准所构成，并进一步探讨消费体验所产生的新奇、感受及乐趣。他们指出，消费体验必须对活动投入时间，并且，在整个体验过程中，消费者具有各种目的，具有多样乐趣、自发性、让人愉悦、新奇、非功利性的特质。霍尔布鲁克后来总结提出四项体验要素——体验、娱乐、表现欲、传递愉快，认为体验营销已经扩展到4Es，涵盖四大构成、十二种类型（见表2-2）。[4]

表2-2 体验观点所涵盖的4Es

Experience 体验	Entertainment 娱乐	Exhibitionism 表现欲	Evangelizing 传道
Escapism 逃避现实	Esthetics 美学	Enthuse 热忱	Educate 教育
Emotions 情感	Excitement 兴奋	Express 表达	Evince 证明
Enjoyment 享乐	Ecstasy 入迷	Expose 暴露	Endorse 背书

2. 4E体验。

派恩和吉尔摩（Pine & Gilmore）根据参与程度和主被动性把体验分为4类，即：娱乐（Entertainment）、教育（Education）、逃避（Escape）和审美（Estheticism），

---

[1] 李仲广，卢昌崇. 基础休闲学. 社会科学文献出版社，2004.
[2] 邹统钎. 中国旅游景区管理模式研究. 南开大学出版社，2006.
[3] 王兴斌. 体验经济新论与旅游服务创新. 桂林旅游专科学校学报，2003（1）.
[4] Holbook Morris B., The Millennial Consumer in The Texts of Oue Times: Experience and Entertainment, Juural of Macromarketing, vol.20, 2000, p.180.

简称 4E（见图 2-6）[①]。

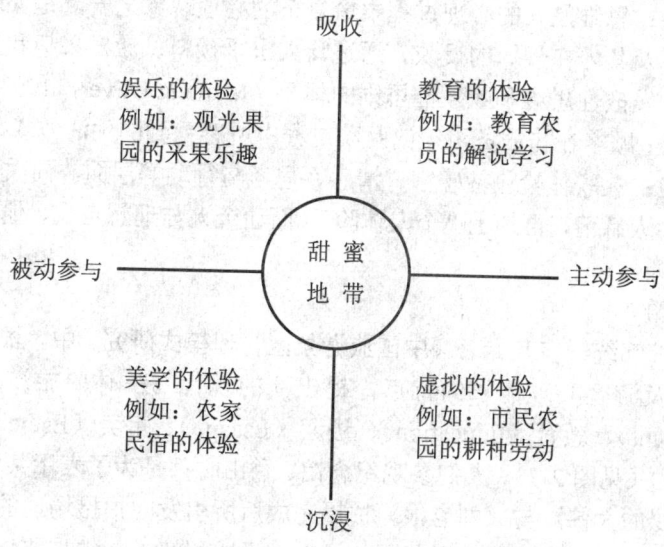

图 2-6 派恩和吉尔摩的 4E 体验分类图

资料来源：Pine II, B.J. & Gilmore, J.H. 1998. *The experience economy: Word is theatre & every business a stage.* Boston, MA: Harvard Business School Press, p.30.

派恩和吉尔摩认为，对体验的分类都体现了人们逃离喧嚣，学习、欣赏美的事物以及对提高自身生活质量的一种追求。他们还认为，让人感觉最丰富的体验必须同时涵盖四个方面，即处于四个方面的交叉的"甜蜜地带"（Sweet Spot）的体验。从本质上而言，这四种体验都是为满足马斯洛需要层次理论中发展性的需要，都是建立在缺失性需要满足的基础上，没有生存、安全、社交等的满足就谈不上尊重、自我实现、审美和求知的体验。但是，这四种体验并不能概括现实中的种种体验形态，而且它们互相包容，难以区分。

3. 五维度体验。

施密特（Schmitt, 1999）[②]把体验从形式上划分为感官体验、情感体验、思考体验、行动体验和关联体验五个维度。

感官体验：通过对顾客视觉、听觉、触觉、嗅觉等的刺激所引发的顾客思维的反应。感官体验对顾客来说是最直接的刺激，最容易给顾客留下深刻的印象。

情感体验：情感是个体内心的感觉（Bolton et al., 2000），就是人对客观事物

---

① 派恩·吉尔摩. 体验经济. 机械工业出版社，2002.
② Schmitt, B.H., Experiential Marketing: How to Get Customers to Sense, Feel, Think, Act, & Relate to Your Company&Brands, The Free Press, 1999.

的一种主观反应（Dube & Morin，2001）。

思考体验：思维是人的心理过程中最复杂的心理现象之一，是人脑对客观事物的本质属性及其内在规律的反映。通过让人出乎预料、激发兴趣和感受挑战，促使顾客进行发散性思维和收敛性思维的体验（Mano & Oliver，1993）。

行动体验：顾客在与服务组织的互动过程中所感受到的生活方式、身体体验。

关联体验：关联体验包括感官、情感、思考与行动等层面。而关联体验超越个人人格与私人感情，再加上"个人体验"，而让个人与理想自我、他人或是文化产生关联。

4. 5E体验。

2006年，邹统钎在其专著《中国旅游景区管理模式研究》中，根据旅游活动的本质特征及游客心理需求的特点，提出新的现代5E体验旅游，即：娱乐（Entertainment）、教育（Education）、逃避（Escape）、审美（Estheticism）和移情（Empathy）（见图2-7）。人们参观纪念馆、登山时都是为了表示某种移情，《庐山恋》、《神秘的大佛》与《刘老根》拍摄完成后所引发的拍摄场地的旅游热潮就是例证。迪斯尼、环球影院主题公园的成功都说明移情是一种重要体验类型。其中交叉点是高峰体验。现代的5E体验旅游与过去的5S（即：阳光（Sun）、海洋（Sea）、沙滩（Sand）、海鲜（Seafood）、色情（Sex））旅游形成了鲜明的对比。

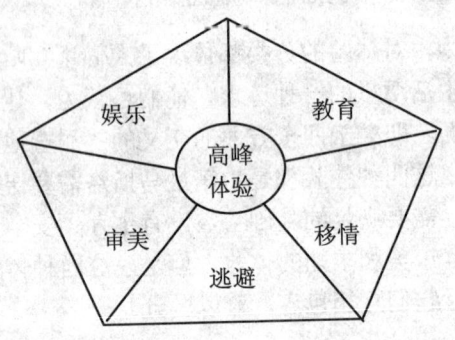

图2-7 现代5E体验分类

三、高峰体验：畅爽（Flow）

（一）旅游动机分析

Fodness根据功能分类认为游客可以从旅游产品中获得如下价值满足：[①]

1. 自我防御（ego-defensive）：如自尊、自我批评、自我发现等。
2. 知识：获得教育、宗教、民族文化、历史、科普等知识。

---

① Fodness, D., Measuring tourist motivation. Annals of Tourism Research, 1994 (3).

3. 效用（Ⅰ）——报酬最大化：如放松、冒险、回归大自然、体育、娱乐、消遣、挑战之类。

4. 效用（Ⅱ）——回避惩罚：如摆脱孤独、逃避枯燥的日常生活与人际关系上的麻烦、追求新奇的经历。

5. 价值表现：自我发展、社会竞争、地位、声望与优越感等。

6. 社会关系：如伦理与家庭团结、探亲访友、寻根、社会交往等。

对于旅游从业人员来说，旅游产品主要满足两方面的需要：

1. 生存需要：即工具性价值实现，如养家糊口与经济自主。

2. 自我表现需要：即终极性价值实现，如自尊、社会交往与自我实现等。

从研究产生旅游体验的动机出发，爱索阿霍拉（Iso-Ahola）建立了两维的旅游动机理论。用来研究旅游动机的两个因素分别是旅游行为和心理补偿。从旅游行为维度看，旅游者有逃离日常环境的行为动机，这既包括逃离个人问题，如困难、失败、障碍等，也包括避开人际关系，如室友、朋友、家庭成员等。从内在补偿的维度看，游客通过参与旅游活动，可以获得自我补偿，如挑战、学习、放松、探索等，另外还可获得人际补偿。旅游体验正是要满足游客的上述需求，从而使游客获得满足。

旅游产品是为了满足游客的旅游需求而设计的，因此它的构成要素中应该包括满足游客需求的各种要素。依据 Smith 的分析，旅游产品可分成 5 个同心圆层次，由核心向边缘依次是：①物质实体（Physical Plant）：如自然吸引物、设施、食品饮料等；②服务：顾客旅游时必要的餐饮、住宿、商品、托儿服务等；③友好（hospitality）：服务人员在服务时表现出的态度、礼仪；④选择自由（freedom of choice）：顾客对各种服务产品有自由选择的机会；⑤参与（involvement）：顾客主动参与旅游产品的设计与改进过程、顾客通过投诉、提建议等方法帮助旅游景区提高服务质量。[①]越是外围的层次，越是能满足高层次的游客需求。核心层次满足生理需求，边缘层次满足心理需求。高层次的畅爽体验需要从友好、选择自由与参与三个层次获得。

（二）高峰体验的标准：畅爽

从研究旅游体验的本质出发，马斯洛（Maslow）1968 年提出了高峰体验的观念，它是指"最快乐、最满足的时刻"。这种体验可通过自然体验、对美的感知、创造性活动、敏锐的洞察力、运动以及其他类似的活动获得。人类的追求也逐步向马斯洛的高层次发展，见图 2-8。

[①] Smith, S., The tourist product. Annals of Tourism Research, 1994 (3).

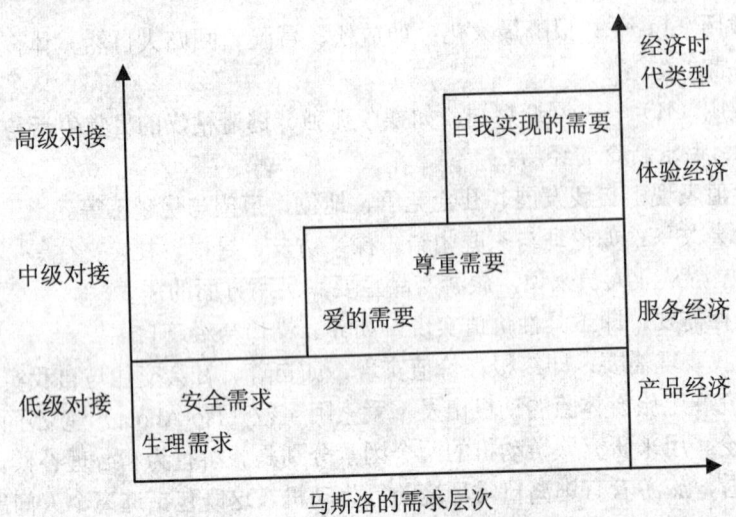

图 2-8　社会经济与需求层次对接图

1975 年，美国芝加哥大学心理学家、教授米哈里·奇克森特米哈伊（Mihaly Csikszentmihalyi）博士提出最佳体验标准——"畅"的概念，即"具有适当的挑战性而能让一个人深深沉浸其中，以至于忘记了时间的流逝，意识不到自己的存在"。"畅"的体验具有 7 个特征：注意力集中；短暂；具有丰富的感知；忘却自我，全身心地融入到正在进行的活动中；忘却了时间和空间；尽情享受；暂时忘掉忧虑和束缚。高峰体验和"畅"的概念的提出，对最优游客体验的塑造具有很强的指导意义。

Mike 博士的名著《畅爽：最佳心理体验（Flow: The Psychology of Optimal Experience）》（1991）研究视觉艺术家、音乐家、象棋大师、作家——这些挣的不多，但总是把自己的兴趣与工作融为一体的人，是如何从工作中得到乐趣的。据他的大量观察，这些人获得乐趣的"门道"，在于一种被叫做"畅爽体验"的感受，而这一点，应当说适合于我们每一个人。

在人的感受被"畅爽"所牵引，比如凝神于情节生动、流畅的音乐剧中，Mike 博士发现，人们总是有这样一些体验：人们为他正在做的事情所吸引（Absorbed）；人们完全可以清楚地把握整个事情的过程，知道"正在做什么"，知道"做得是否足够好"；人们知道自己的能力与这种情况所带来的挑战之间，是一种完美契合的程度——一旦这种挑战超越了人的能力或需要，人们立刻会感到紧张、焦虑和厌恶；人们的意识是"清澈透亮"的，人们已经超越了"自我"；时间在这种酣畅体验下，仿佛飞速流逝；除了人们所从事的活动之外，你不需要再追求什么额外的奖赏。

人们最常提到的"畅爽"(flow)的特征就是,在达到"畅爽"(flow)的状态时,会把生活中所有不快乐的事都忘得一干二净。这是因为,从活动里汲取快乐必须全心全意专注于手边的工作,即"畅爽"(flow)状态下的心灵完全没有时间也没有空间容纳其他不相干资讯的余地。当一个人完全投入一种活动时,就没有余力再去考虑过去或未来,或当前任何不相干的刺激。也有人曾经说"畅爽"(flow)的感觉就像饥饿或痛苦瞬间被解除那么痛快,使他有获益良多之感。描述最优体验时,最常提及的另外一个特征就是时间跟平时不一样。人们在"畅爽"(flow)的状态下,往往觉得几个钟头就像只有几分钟一样,时间过得飞快,转瞬即逝,还有意犹未尽的感觉,并且期待下一次的体验快速到来。Mike提出畅爽的八大特征:挑战性;目标的明确性;反馈的即时性;专注性;参与者轻易地就可以深度沉浸其中;控制感;忘我;意识不到自己的存在。[①]

Mike博士指出,15%的人从来没有过这种"酣畅淋漓"的体验,大约17%~20%的人有过这种美好的体验。其余的人介乎其间。很多人认为爱和金钱能带来快乐,这种看法在Mike看来是极大的误解。爱或者金钱本身并不蕴涵快乐,快乐其实就是"酣畅淋漓"的体验。爱或者金钱,与这种体验之间还有一步之遥。穿越这"一步"的,其实就是摆脱和超越这种对爱和金钱所带来的"被不可控制的力量所操纵的感觉",让"流畅"成为自主的、自然的流动。Mike可能说出了问题的实质。

Mike博士指出,畅爽的体验有6个特点:①游戏感(a sense of playfulness);②自控感(a feeling of being in control);③专注与精神高度集中(concentration and highly focused attention);④对活动本身感到精神愉快(mental enjoyment of the activity for its own sake);⑤对时间的感觉扭曲(a distorted sense of time);⑥活动的挑战性与个人的能力匹配(a match between the challenge at hand and one's skills)。

和期望不同,"畅"的感觉通常不是发生在休闲娱乐放松的时刻,而是发生在我们从事某项具有挑战性工作的过程中,这样的工作要我们充分发挥自己的脑力和体力。相对自由的放松时间来说,人们更容易在工作的时候享受到"畅"的心理体验。[②]见表2-3。

---

① 李仲广,卢昌崇. 基础休闲学. 社会科学文献出版社,2004:180-182.
② Csikszentmihalyi, Mihaly. Toward a psychology of optimal Experience. Review of personality and social psychology, 1982 (4).

表 2-3 最易获得"畅"体验的活动

	活动类型	获得"畅"体验的比例
1	参加社会活动(和家人、孩子、爱人一起度假或者聚会、旅游)	16%
2	被动参加活动(看电视、看电影、听音乐、读书)	13%
3	工作(上班,具有挑战性的工作)	31%
4	嗜好或家庭活动(煮饭、缝纫、摄影、唱歌等)	22%
5	运动与室外活动(打高尔夫、跳舞、游泳等)	18%

四、塑造"畅爽"体验的方法

(一)畅爽体验的要素

"日常生活"与"改变日常生活"的分界线,或者说服务与体验的质变点在哪里?其实尼采归纳的三点就够用:一是"有着健全的生命本能","强烈的创造欲望和能力";二是"充分展示自己的个性和才能";三是"生之欢乐的享受者,是酒神的再生"。总之,"超人"是自我生命的创造、享受和肯定者,是自己的主人。尼采用"超人"这个词表示畅爽境界,并指出只有少数人才能达到这一境界。但体验经济的实践表明,体验阶段的发达社会,大多数小人物可以在日常生活中就达到同样的境界。当然,这要通过变革(或"改变")才能实现。

产生愉悦体验的基本要素是:①一个需要技能的具有挑战性的任务;②竞争的机会;③全神贯注,尽己所能;④清晰的目标;⑤立即反馈;⑥沉浸在工作的乐趣中以至于忘记了时间的存在;⑦充满掌控感;⑧浑然忘我;⑨自我膨胀(Expansion of self through experience)。通过体验经济达到的"人的自我实现",显然构成"日常生活的更深刻、更高级的涵义",因此是高于服务经济的一个境界。

(二)塑造畅爽体验的方法

为增强体验的效果,使游客获得最佳的旅游体验,旅游景区应该将体验主题化、以正面线索强化主题印象、消除消极体验、提供纪念品,并重视对游客的感官刺激。[①]

派恩和吉尔摩(Pine & Gilmore)在《体验经济》一书中提出,体验是以服务为舞台、以商品为道具,围绕消费者创造出值得消费者回忆的活动。他们提出了塑造体验的5种方法:体验主题化、以正面线索强化主题印象、淘汰消极印象、提供纪念品与重视对游客的感官刺激。

在获得"畅爽"体验时,挑战的难度与个体自身的技能水平是一致的。如果

---

① 派恩二世,吉尔摩著. 夏业良,鲁炜等译. 体验经济. 机械工业出版社, 2002.

难度超过了个体的能力范围,个体就会产生焦虑。而当难度远远低于个体的技能时,个体就会产生厌倦。当活动中个体技能完美地与挑战水平相称时,个体便处于畅爽的状态。见图2-9"畅爽"体验的四阶段模型图。

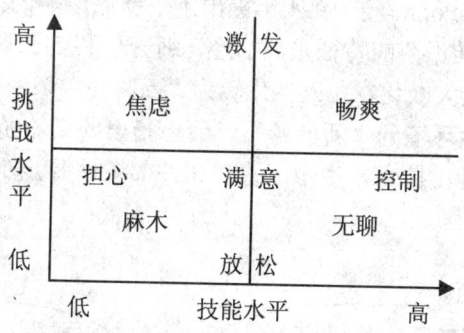

图2-9 "畅爽"体验的四阶段模型图[①]

奇克森特米哈伊(Csikszentmihalyi)博士提出塑造"畅爽"体验的方法是:①把工作当成游戏,制定游戏规则、目标,尝试征服某些挑战和给予奖赏;②清晰的目标;③全神贯注;④享受过程;⑤欣喜若狂;⑥高峰生产力。

奇克森特米哈伊(Csikszentmihalyi)博士指出,几乎所有的人类行动都有"畅爽"的最优状态:阅读、静坐、写作、观景、探险、休闲,等等。因此,他主张"畅爽"是人类普遍生活本质的存在。但是"畅爽"并不只是一种境界,而是人在生活中苦苦挣扎里瞬间展现的灵光。

事实上,最优体验境界的达到,有赖于个人的努力和意志,时时刻刻用意识控制周围事物。如何掌控自己的内在意识与经验,品尝生活的快乐,以及如何将日常生活中的时间转换成乐趣源头,需要我们有良好的控制意识的能力。同时要认识到意识是一种生理行为,凭借构造复杂的神经系统运作,要掌握意识的运作方式。同时,意识的范围可以无限扩张,人类可以无限地遐想和梦想。我们可以全方位思考、感觉、实践,并在瞬间获得丰富的经验,用一生的时间来体验百万种人生。"畅爽"体验的另外一个重要条件是:重组意识达到"畅爽"的能力。有些人即使美景不在眼前,也能在平凡的事情中获得乐趣;有些人身处幸福中,却仍感乏味苦闷。

---

① 李仲广,卢昌崇. 基础休闲学. 社会科学文献出版社,2004:108-182.

五、现代体验理论发展

(一) 蒲恩 (Poon) 的新旅游：体验旅游，重视主动参与

德国学者蒲恩 (Poon) 于 1994 年提出了"新旅游"的概念，认为"新旅游"是未来的旅游，"新旅游"的特征是灵活性、细分化和更加真实的旅游体验。她指出，当今旅游正在从大众化、非人性化转为"高科技、亲密接触"，更多的人性关怀，关注和保护自然环境的"新旅游"。[①]蒲恩指出的新旅游是体验旅游。图 2-10 列出了蒲恩在旅游者、技术、生产、管理和外部条件等几个方面作出的新旧旅游的对比。

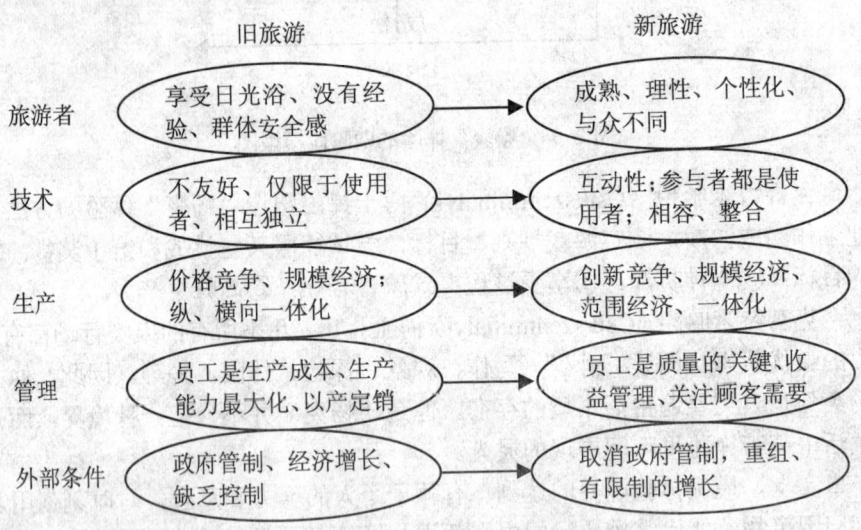

图 2-10 新旧旅游的对比[②]

从新旧旅游的对比中可以看出，体验旅游与普通旅游最大的区别在于，体验旅游关注的焦点是游客的需求，游客参与旅游产品的开发、设计。体验经济时代的游客比大众旅游时代的游客更加成熟和理性，更具有主动性，更愿意为了获得不同的体验而离开自己的群体，参与到其他群体中。

(二) 西方体验理论模型

西方理论界有五种体验理论模型：

1. 层级式体验模型 (Hierarchical Models of Experience)。

这一理论模型是在德伍和布朗 (Driver 和 Brown) 为代表的北美体验学派研

---

① Poon A., The "New Tourism" Revolution. Tourism Management, 1994 (2).
② Poon A., The "New Tourism" Revolution. Tourism Management, 1994 (2).

究的基础上衍生的北美体验学派秉承北美室外娱乐传统，以目标为指向，一个重要的应用概念是"娱乐机会谱"。与活动学派相比，体验学派认为"休闲管理的最终产品是人们所得到的体验"，而不是提供的活动机会。在娱乐机会谱出现后，出现了益基管理，并在此基础上发展成为受益因果关系链；认为在一定的环境布局下所采取的行动是为了获得某种体验，而这种体验就被视为一种受益。①

层级式体验模型使根据受益情况来细分游客成为可能，也就是根据旅游的最终产品来细分游客，从而代替常用的人口统计学细分方法或活动细分方法，将体验分类为享受自然、摆脱紧张、学习、价值共享和创造。

2. 类型学（Typological）理论模型。

该种模型也是用来对游客进行细分的。这种模型在早期主要被用来说明旅游者不都是同一类型的人。科恩（Cohen，1979）提出要根据旅游者想要获得的体验来将旅游者分类。他把体验分为五类：消遣（Recreational）、转移注意力（Diversionary）、获取经验（Experiential）、试验（Experimental）、存在（Existential）。这些不同的体验方式代表不同的消费方式。②

3. "畅爽"（Flow）理论模型。

这种理论提出了检验体验的标准——"畅爽"。该派的代表人物奇克森特米哈伊（Csikszentmihalyi）认为，"畅爽"是一种全身心投入的状态，它使人忘记了时间的流逝，意识不到自己的存在，全神贯注地参与，并超越自我。③

4. 有目的行为（Planned Behavior）模型。

从行为理念、标准化理念和控制理念中预测目标导向的行为。这种模型主要是从消费者行为学的角度来剖析促使旅游者对诸如是否旅游、到何处旅游以及何时旅游、怎样旅游等问题做出决策的原因。该模型从行为理念、规范理念和支配理念三个方面来预知有目的的行为。行为理念被认为是影响人对某一行为所持的态度（如，对于参加一项活动是有利评价还是不利评价）。规范理念被认为是主观行为规范的基础（也就是感觉到的社会压力而实施某种行为）。支配理念是为感知行为控制力而提供基础（也就是在实施某种行为时觉得容易还困难）。

5. 局中人和局外人（Insider-Outsider）理论。

该模型在早期认为旅游目的地的居民是局内人，而旅游者是局外人，是无法理解或意识到代表旅游目的地温暖化的象征符号的。后来，随着社会关系的变化，旅游者和目的地居民的距离缩短。局内人和局外人的差别既是空间上的又是心理上的。它将那些试图深入了解目的地的旅游者称为有洞察力的局外人（Insight-

---

① 邹统钎. 中国旅游景区管理模式研究. 南开大学出版社，2006.
② Cohen E., A Phenomenology of Tourism Experience. Sociology, 1979 (13): 179-201.
③ Csikszentmihalyi Mihaly.Optimal Experience.Cambridge University Press, 1998.

Outsider)。[1]

（三）真实性理论对体验经济理论的补充

真实性（Authenticity）最初来自希腊语，意思为自己做的、最初的。1961年，伯斯汀（Boorstin）提出旅游体验真实性思想，认为旅游对象本身是真实的，人们所认为旅游体验真实是建立在旅游对象客观真实的基础之上的；由于商业化和游客的个人偏好，经过策划的特意组装好的、虚假事件的旅游是能给游客带来真实性体验的。该思想认为客观真实性是旅游对象的固有属性，可以通过一定的标准来衡量。

1976年，MacCannell将"真实性"引入旅游体验研究中，他把"真实性"作为区分游客不同体验的主要因素。获得真实的旅游体验被看作是游客旅游的根本目标。此后对真实性的研究又分化出不同的观点，客观主义者坚持客观性真实，即强调旅游者体验是对事物原形的认识性体验；建设主义者坚持建设性真实，强调旅游者体验本身的真实性，认为旅游目的物的真实性仅是象征意义上的真实；后现代主义者坚持存在性真实观点，他们认为存在性真实是指生命的一种潜在存在状态，这种存在会被旅游者的活动所激活，存在性真实可能与旅游目的物的真实性毫无关系。

施密特和西蒙就体验的评价提出了整体印象的6个方面，即时间、空间、技术、真实性、质地和规格。真实性在塑造游客体验时十分重要，真实的场景和人物有助于游客在游览中形成高质量的体验。旅游的真实性可分化出两类问题，即旅游者体验的真实性和旅游目的物的真实性。对这两类问题的不同认识形成了三种不同的观点：

1. 客观主义者坚持客观性真实。即强调客观事物的原汁原味的真实性，由此产生的旅游者体验是对事物原型的认识性体验。

2. 建构主义者坚持建构性真实/象征性真实（symbolic authenticity）。认为旅游的真实性在于旅游者或旅游生产商按照他们的想象、期望、偏好、理念等设计的旅游目的物，同一目的物会有不同的体现真实性的版本，旅游者的不同体验依赖于他们所处的特殊情景或主观感受。

3. 后现代主义的"超真实"。后现代游客追求享受、娱乐与表层美，接受虚拟的真实。而且认为用替代品构成"舞台的真实"可以阻止游客凝视（Gaze）、扰乱东道主社会的生活与文化，阻止那些寻求客观真实的游客进入"后台"，从而起到保护当地文化与生活方式的重要作用。因此旅游产品的关键不是是否真实，

---

[1] Prentice, Richard C., Stephen F., Witt, Claire Hamer. Tourism as experience. Annals of Tourism Research, 1998, 25 (1): 1-24.

而是如何将产品制造得有说服力、可信与逼真。[1]

六、剧场理论

（一）剧场理论（Dramaturgy Model）简介

服务管理理论中有两个核心理念：一是服务接触；二是服务场景（servicescapes）。一方面，旅游景区作为服务企业，其一大特征是服务提供者和顾客之间发生接触。这种接触被描述为顾客、服务组织及接触顾客的员工之间相互作用的三角组合。在理想的情况下，与顾客直接接触的员工应具备灵活性、对顾客言辞含糊的宽容、根据情境监督改变行为的能力、设身处地地为顾客着想等个人品质。如此一来，一线员工的角色、能力和作用变得尤为重要，中层管理者成为一线员工或者顾客接触员工的辅助人员。公司的资源、投资需向同顾客接触的员工倾斜；另一方面，服务场景（servicescapes）是服务支持设施设计的重要方面。服务场景对服务中的顾客和员工的行为、感知都会产生影响，设计服务场景必须在图像和感觉上进行创新。其中，豪华旅馆、饭店、迪斯尼乐园等组织都是典型的顾客与员工交互服务复杂性很高的类型，也是服务场景设计的重要领域。其中，迪士尼以其为顾客营造一种幻想经历、为员工提供舞台而著称。

服务理论的革新给旅游景区管理带来新的思索。Goffman（1959）认为，可以将社会互动隐藏在剧场构架之中，利用舞台演出的名词与观念来检验社会互动的结构与影响的关系。Richard Schechner 则发展出一项理解舞台设定（enactment）的四个观念：戏剧（drama）、脚本（script）、剧场（theatre）和表演（performance）。之后，Grove 和 Fisk（1989）将其套用至服务业当中，以剧场表演的观点看待服务接触（service encounter）的情景，一次节事服务与消费者的互动关系，将服务人员与顾客视为在同一舞台的演员与观众，共同呈现服务演出。Grove，Fisk 和 Bitner（1992）[2]也将服务接触的情形以剧场表演的观点来看待，解释服务接触时的互动关系，进而发展出一套完整的架构。该架构包含四大关键的戏剧构面：①演员（服务人员）及其他服务提供者；②观众（顾客）及其他服务的接受者；③场所（实体环境设施）及服务行为发生的地点；④表演（服务接触过程的表现）。

总之，剧场是综合艺术创作、剧场技术，透过管理流程与沟通，经由服务人员与顾客之间的互动来完成演出，即服务整体表现。

Grove，Fisk 和 Biner（1992）所提出的剧场理论组成要素，其构面与变量内容如下，如图2-11：

---

[1] 李旭东，张金岭. 西方旅游研究中的"真实性"理论. 北京第二外国语学院学报，2005 (1).
[2] Grove, S.J., Fisk R.P. & Bitner, M.J., 1992 Dramatizing the service experience. A Managerial Approach. Advances in Services Marketing and Management, 1 (1): 91-121.

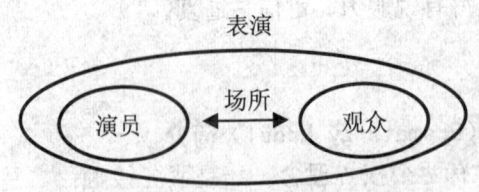

图 2-11 剧场理论组成要素

资料来源：Grove, S.J., Fisk R.P. & Bitner, M.J., 1992 Dramatizing the Service Experience . A Managerial Approach. *Advances in Services Marketing and Management*, 1 (1).

1. 演员（Actors）。包含：服务人员穿着打扮、服务人员态度与行为、服务人员专业技术、服务人员对顾客的承诺等。

2. 观众（Audience）。包含：顾客配合与服务的态度、顾客配合参与服务的行为、顾客间的互动。

3. 场所（Setting）。包含：服务场所布置、服务场所空间配置、服务场所卫生。

4. 表演（Performance）。包含：产品的质量、服务实时作业处理、服务流程及设计。

由于剧场环境是一开放性系统（Open System），剧场也能使故事在不同的空间、时间中展开，如何有效利用资源是受剧场工作者所关注的。剧场是一种结合多种舞台技术与人才的团队艺术，举凡文学创作、表演者及幕后的导演、舞台、灯光、布景设计等相关工作人员，皆是制作一出戏不可或缺的集体创作，而且剧场的表演是实时呈现的关键事件，无法中断、重复，也不可能再生。

李琼（2009）认为，服务剧场理论的启示包括：

1. 一次舞台表演的成功取决于演员的素养，因为观众对于一次表演精彩与否的评判首先来自于他们的直观感受。

2. 观众对于表演所给予的现场反应，与观众的经历背景、文化基础、知识水平等有直接的关系。为了取得良好的一致的表演效果，应对观众的构成给予足够的重视。

3. 前台用以提供给观众观看表演。观众评判一次演出的成功与否，主要在于前台表演的好坏。除了演员的表演外，前台的灯光、舞美设计等都会影响观众的评判。

4. 每一次舞台表演都是对一个表演团队的考验。

（二）迪斯尼乐园的剧场经营管理艺术

迪士尼是世界知名的娱乐企业之一，其旗下遍布全球的五大主题公园是体现迪士尼文化与经营艺术的最好载体。迪士尼的主题乐园充分体现了服务剧场的诸多理念。

1. 演员：迪士尼乐园的一线员工是顾客快乐和满意的直接创造者。主题乐园中与顾客直接接触的员工需要做到真正用心体察顾客的感受，他们通过满怀激情的、快乐的工作，为游客提供令人感到快乐的服务。他们穿着带有迪士尼动画中的卡通人物造型的服饰在乐园中穿梭，串联起各个乐园的童话之旅以及游客的深层心理体验。同时，他们提供的服务有一条共同的工作基准，即"S·C·S·E"基本行动准则（safety, courtesy, show, efficiency），也就是要做到保障安全、注重礼仪、倾心表演、提高效率。在共同的基准上，迪士尼也同样强调员工的服务呈现个性化。

2. 观众：迪士尼乐园主要的服务对象是喜爱迪士尼乐园的儿童群体。根据儿童群体的特点，乐园非常注重儿童教育和互动娱乐。在迪士尼乐园的梦幻世界中，儿童们可以与米老鼠游戏，与白马王子一起探险，在虚拟世界中探险。以香港迪士尼乐园为例，在一个名为"迪士尼公主梦幻世界"的活动中，孩子们还可以登录相关网站，学习待人接物、着装、餐饮、舞蹈、花卉等方面的知识。

3. 场所：迪士尼乐园被打造成一处处员工和游客共同表演的主题舞台。以位于美国佛罗里达州奥兰多的迪士尼世界为例，该公园由未来世界中心、梦幻王国、电影城、快乐岛、台风湖、发现岛等所组成。迪士尼世界园内布置成充满浓郁美国文化和童话梦幻气息的乐园。在迪士尼世界的中央大街上，优美典雅的老式马车、古色古香的店铺、浪漫怀旧的餐厅茶室，让游客仿佛置身于 19、20 世纪的美国；在拓荒之地和自由广场上，游客又可重温当年各国移民在新大陆拓荒的种种情景以及英国殖民时期美洲大陆的状况。由演员扮成的米老鼠、唐老鸭、白雪公主和七个小矮人随处可见，更使游客犹如走进了神奇的魔幻世界。

4. 表演：在迪士尼的主题乐园中，使用的是"表演"术语。公司不用"人事"而用"剧组"。为了注入恰当的思维方式，员工被称为"剧组演员"。员工无论从事"台上"还是"后台"工作，都要求当做是在"演出"。表演中始终贯彻的是"让梦想变成现实，带给消费者最真切的亲身感受"的经营理念。在乐园中，米奇会与你打招呼，主动合影；在"未来世界"中，共同创造一幅未来世界的壮丽景象。

第三节 生命周期

"旅游景区随着时间演变"的理论也是指导旅游景区发展的重要理论。被学者们公认并广泛应用的旅游景区生命周期理论是 1980 年由加拿大地理学家 Butler

在《加拿大地理学家》杂志上发表的《旅游区演变周期的概念：对资源管理的含义》一文中系统提出的。

一、Butler 的旅游景区生命周期理论

Butler 认为，景区像产品一样，也要经历一种"从生到死"的过程，只是旅游者的数量取代了产品的销量。Butler 提出旅游景区的演化要经过 6 个阶段：探索阶段、参与阶段、发展阶段、巩固阶段、停滞阶段、衰落或复苏阶段，如图 2-12 所示。[①]

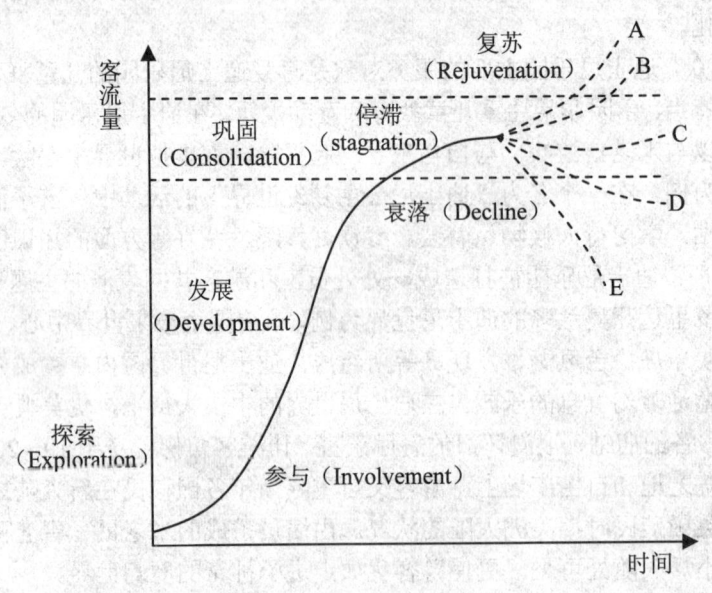

图 2-12 旅游地生命周期曲线

资料来源：R.W.Butler, "The concept of a tourist area cycle of evolution: implications for management of resources", *Canadian Geographer*, Vol. 24, 1980, P5-12.

1. 探索阶段（Exploration Stage）：其特点是，旅游景区只有探险型游客，且数量有限，分布零散，他们与当地居民接触频繁。旅游景区的自然和社会经济环境未因旅游而有所改变。南极洲的部分地区，拉丁美洲和加拿大的北冰洋地区处于这一阶段。

2. 参与阶段（Involvement Stage）：旅游者的人数逐渐增多，吸引当地居民开始专为旅游者提供一些简易设施。旅游者依旧频繁与本地居民交往。旅游季节逐渐形成，广告也开始出现，旅游市场范围也已界定出来。太平洋和加勒比海的一

[①] Butler, R.W. (1980). The Concept of a Tourist Area Cycle of Evolution. Canadian Geographer. 24(1): 5-12.

些较小的、次发达的岛屿正处于这一阶段。

3. 发展阶段（Development Stage）：一个庞大而又完善的旅游市场已经形成，吸引了大量的外来投资。旅游者人数继续上涨，在高潮时期甚至超过长住居民人数。交通条件和当地设施等都得到了极大的改善，广告促销力度也大大增强，外来公司提供的大规模、现代化设施已经改变了景区的形象。旅游业发展之迅速使其部分依赖于外来劳动力和辅助设施。这一阶段应该防止对设施的过分滥用，因而国家或地区的规划方案显得尤为重要。墨西哥的部分地区、北非和西非海岸正处于这一阶段。

4. 巩固阶段（Consolidation stage）：景区经济发展与旅游业息息相关。游客增长率已经下降，但总游客量将继续增加并超过长住居民数量。为了扩大市场范围，延长旅游季节，吸引更多的远距离游客，广告促销的范围得到进一步扩大。当地居民对旅游者的到来已产生反感。以前的设施现在降为二级设施，已不再是人们向往的地方。大部分加勒比海和北地中海地区正处于此阶段。

5. 停滞阶段（Stagnation Stage）：在这个阶段，旅游环境容量已达到或超过最大限度，导致许多经济、社会和环境问题的产生。游客数量达到最大，使得旅游市场在很大程度上依赖于重游游客、会议游客等。自然或文化吸引物被人造景观所取代，接待设施出现过剩。

6. 衰落或复苏阶段（Decline or Rejuvenation Stage）：在衰落阶段，旅游者被新的景区所吸引，只留下一些周末度假游客或不露宿的游客。大批旅游设施被其他设施所取代，房地产转卖程度相当高。这一时期本地居民介入旅游业的程度又恢复增长，他们以相当低的价格去购买旅游设施。此时原来的旅游景区或者成为所谓的"旅游贫民窟"或者完全与旅游脱节；另一种可能是旅游景区在停滞阶段之后进入复苏期，有两种途径：一是创造一系列新的人造景观；二是发挥未开发的自然旅游资源的优势，进行市场促销活动以吸引原有的和未来的游客。英国和北欧的许多旅游景区都属于此类。

在衰落或复苏阶段有五种可能性：①重新开发旅游景区很有成效，使游客数量继续上升，旅游景区进入复苏阶段；②限于小规模的调整和改造，使游客量以较小幅度继续增长，复苏幅度缓慢，注重对资源的保护；③重点放在维持现有游客量，避免其出现下滑；④过度使用资源，不注重环境保护，导致竞争力下降，游客量锐减；⑤战争、瘟疫或其他灾难性事件的发生会导致游客量急剧下降，而且很难恢复到原有水平。

二、旅游景区生命周期理论的启示

旅游景区生命周期理论（TALC: Tourist Area Life Cycle）已在以下三个方面发

挥着重大的作用：

第一，旅游景区生命周期理论为描述总结景区旅游发展历程提供了一套模式，该理论也可用来分析景区的增长状况。考察那些导致周期从一个阶段深化到另一个阶段的因素及其转折点的特征，有利于研究者或从事旅游的实践工作者掌握景区的发展阶段，以便采取相应的措施，尽可能延长其生命周期。

第二，TALC可用来预测景区未来发展趋势，例如，当景区处于"参与阶段"时，如果市场行情对景区发展有利，则可预测其游客数量将会迅速上涨，达到高峰期，利润也将随之上升，游客将从探险型转为占人口大多数的中间型，竞争对手也将迅速出现，而且数量居多，说明景区已进入"发展阶段"。

第三，TALC为景区管理决策者制定规划方案、进行市场促销等提供了长远的依据。

在周期的每一阶段，预期市场成长、市场份额占有率、竞争激烈程度和利润率都有所不同。因此在不同阶段就要求有不同的营销和管理策略，见表2-4。

表2-4 旅游景区生命周期理论的启示

	参与阶段	发展阶段	巩固阶段	衰落阶段
特征				
旅游者人数	少	高速增长	低速增长	负增长
私营部门利润	低	达到最高水平	持平	下降
资金流动	反向流动	中度流动	大量流动	流动减少
旅游者	开拓型/探险型	大众市场（开拓者）	大众市场（跟随者）	保守型
竞争对手	很少	增长	竞争者众多	竞争者减少
策略				
中心战略	拓宽市场	进行市场渗透	保持市场份额	重新定位市场
营销费用	增长	达到最高	下降	保持一定水平
营销重点	树立形象/灌输	建立偏好/通知	建立品牌忠诚	保护品牌忠诚/寻找新市场
分销渠道	独立的	通过旅游部门	通过旅游部门	通过旅游部门
价格	高	逐渐降低	低	最低
产品	初级产品/非标准化	产品升级/标准化	产品多样化	开发新产品
促销	无	人员推销/广告/公共关系	人员推销/广告/公共关系/促销	人员推销/广告/公共关系/促销

三、旅游景区生命周期理论的修正

(一) TALC 理论主要存在的问题

首先,不同的旅游景区的生命周期存在明显的区别。主题公园,尤其是单一产品的主题公园开业后 2～3 年就达到成熟期,然后马上走向衰落。这也就是主题公园开张就必须火爆,否则就很可能失败的原因。在主题公园中很少有能够先输后赢起死回生的。多产品的主题公园的生命曲线是单个产品生命曲线的包络线。而自然旅游景区有很长的成长期,慢慢地走向成熟。两者不可混同,见图 2-13。

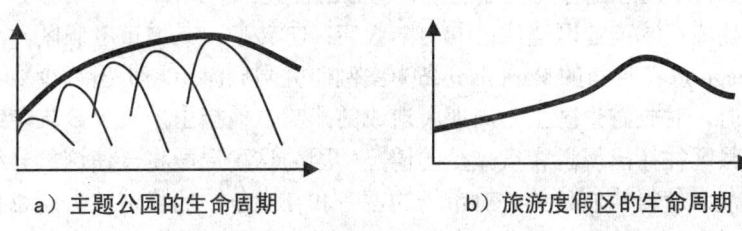

a) 主题公园的生命周期　　　　b) 旅游度假区的生命周期

图 2-13　主题公园与旅游度假区生命周期的比较

其次,生命周期曲线受很多外部因素的影响,诸如市场竞争状况、替代消费品价格、消费者口味的变化以及政府的法令法规等。Agarwal 认为,TALC 理论把景区看成是单一产品,而非不同要素的综合体,每个不同的要素有不同的生命周期。

再次,旅游景区生命周期理论不能作为一个完美的预测工具。原因包括:难以确认转换点;生命周期各阶段时间跨度差别很大;地理范围不同则生命周期差别很大。

最后,在市场营销方面,旅游景区生命周期理论没有考虑到市场细分的因素。它将旅游者视为同一的,而不进行市场和旅游者消费行为的细分,并且没有考虑市场营销和竞争状况。

(二) Butler 理论的修正

Ioannides 研究了 Cypriot 的旅游发展状况后指出,尽管这个岛屿的旅游业在相当程度上受到跨国公司的很大影响,但本地政府在其发展模式中起重要作用。他强调了政府机构的行为及其与国外旅行社的关系对旅游景区的发展及生命周期的形成的重大作用。Donald Getz 探讨了景区生命周期同旅游规划的潜在关系。Getz 详细地描述了 Niagara 瀑布的旅游发展过程,指出 Niagara 瀑布旅游景区已进入旅游的永久性成熟期,也就是说,它的巩固期、停滞期、衰落期和复苏期都已融为一体,交织在一起。

Meyer-Arendt 用 Butler 的 TALC 理论分析了美国路易斯安那海湾的一个度假区 Grand Isle 的发展情况，指出该旅游景区的每一发展阶段都有其不同的独特的居住模式，这些模式反映了环境和观念的变化。例如在开始的几个阶段，人们选择海滩边作为居住地，旅游也朝着海岸边的方向发展，这使得人们过度开发海滩，加速了水土流失的过程，使 Grand Isle 提前进入停滞阶段。然而于 1984 年底竣工的一项耗资 1400 万的恢复海岸线（或保护岛屿）的巨大工程是否能如期将 Grand Isle 带进复苏阶段，这取决于该工程的时限及其效用。

Smith 对度假区的演变模型的修正研究得比较透彻，他以标志性的建筑划分阶段，同 Butler 的理论存在明显差别：①旅游前期；②第二个家；③第一个饭店；④度假区建成；⑤商业区建成；⑥内陆饭店；⑦转型；⑧城市度假区。[①]

Debbage 以巴哈马的 Paradise 岛为案例研究当旅游市场上出现少数人控制市场的局面时，对旅游景区生命周期所造成的影响。他指出，被少数旅游经营者控制的旅游景区往往出现游客量减少的情况，因为这种局面将会使这部分经营者获取暴利，从而使得他们只关心对市场的占有和在竞争中的稳定性，而忽视了对新产品的引进和创新，最终导致游客的不满和游客量的减少。而现实当中，许多度假区都存在这种现象，即少数的跨国公司控制着景区的经营状况，从而严重影响着该地的生命周期。

大型事件对旅游景区的生命周期会产生重大影响，许多旅游景区或旅游目的地的复苏起因于一次大型节事活动。一些外部条件的变化也会导致旅游景区的复苏或者迅速走向衰落。曾经十分不景气的"天下第一城"，随着北京经济中心的东移以及京津冀区域合作的兴起而出现了复苏苗头。

---

① Smith, Russell A. (1991), Beach Resort—A model of development evolution, Landscape and Urban Planning. 21:189-210.

第三章 旅游景区开发与管理的目标模式

以体验为中心的景区开发模式的基本假设是，景区的核心产品是游客所获得的有益的体验。旅游景区就是一个快乐剧场，游客与居民、员工共同演出一场欢乐剧。一个景区实质上是"体验的制造者"，游客是"体验的消费者"。由于体验的互动性，游客同时也是体验的制造者。

第一节 管理目标与理念

一、目标

管理目标是，为游客提供舒畅的旅游体验，实现景区社会、经济与环境的可持续发展。以体验为中心的旅游开发有三个重要特点：①优质。可持续旅游在改善当地居民生活质量、保护环境质量的同时为游客提供高质量的旅游体验。②持续。可持续旅游要保证自然资源的持续与社区文化的持续。③平衡。可持续旅游要平衡旅游业、环境与地方社区的需要，重视游客、社区与目的地的共同目标，注重三方的协作。

也就是说，在资源质量上要保证资源的多样性、完整性与真实性；在游客体验上，要为游客提供物有所值、"畅"的快乐体验；在企业经营业绩上要保证合理回报与较低风险；在区域贡献方面要为社区提供更多的就业机会、税收，改善基础设施。

共赢是这场游戏的基本规则，没有共赢，游戏无法进行下去。共赢是指游客与社区都在这次演出中获得了自己想要得到的东西。游客得到快乐的体验，居民得到收入与就业机会，文化得到传承与发扬，环境得到保护。

二、管理理念

（一）经营理念——生产快乐

景区的使命是创造快乐。一切设施与活动，从生态环境、地方文化、居民态度、娱乐项目、旅游纪念品与服务都要围绕为游客创造舒畅的旅游体验这一核心。培养游客的"三感"与满足游客的"两求"是景区的使命。独特、参与、交往、知识与新奇是现代景区产品的主要特点。美国迪斯尼乐园成功的法宝只有一句话："家庭共享，销售欢乐。"迪斯尼乐园认为欢乐就是财富。碧峰峡的建设和营销理念和当年迪斯尼乐园的建造者沃尔特是一致的："希望人们在这里找到快乐和知识。这里是父母子女享受天伦之乐的好场所，是智者施教、后生求知的最佳途径。人们可以在这里了解、观赏到人、动物与自然和谐共存。老年人可以在这里怀旧，青年人可以在此展望未来。"

（二）情调设计——小资情调

很难用某种标准情调来统领一切景区，但小资情调的适用范围较广，是较多人群向往的生活品位。小资的特点是：有点钱也有点闲（独居/新同居/丁克/不爱孩子爱花草宠物）；有分寸的另类；怀旧永远都不会错；男人爱装痞，女人爱装嫩。

运动休闲方面选择网球、极限运动（潜水、蹦极、滑板、攀岩）、苦咖啡、料理（清酒寿司）；音乐上喜欢巴赫、莫扎特、肖邦的小品；雅尼、陈美的音乐，U2、阿巴演唱组、老鹰乐队的老歌；影视方面喜欢海外华人导演的电影：《喜宴》、《推手》、《花样年华》；欧美日本的言情片、轻喜剧，如《四个婚礼一个葬礼》、《布拉格之恋》、《绿卡》等。

阅读：偶尔看一下霍金的《时间简史》、罗素的哲学、米德·昆德拉的小说；保罗·福塞尔的《格调》、《恶俗》要熟读，而钱钟书、张爱玲、阿城、何清涟的书可以经常翻阅；维特根斯坦、海德格尔的书虽然看不懂，但要买一套摆在书架显眼位置。

服饰家居：按照"时尚十忌"安排服饰；用宜家家居装修客房。[①]

三、治理模式

前国家建设部部长俞正声指出：风景区工作的方针是"前提是规划，核心是保护，目标是利用，关键是管理"。旅游体验是以过程为载体的，因此，景区的管理是全方位与全过程管理：长期规划、总体控制、有序服务的整体经营模式；市场化、专业化、社会化的社区管理模式；从家门到景区大门的全程空间管理模式；

---

① 莫幼群. 小资是怎样炼成的. 读者，2002（3）.

挖掘筛选，多角度开发的资源整合模式。

（一）治理结构

在中国的旅游景区，许多地方采取国家、集体、个人一起上的开发模式，尤其是在一些开发资金缺乏的地区，为了吸引资金就不顾一切出让开发权，导致过度无序开发。如北京十渡，沿拒马河每1～2公里就被一家不同的开发商开发。修一条坝，放上几条竹筏子，就开始收门票。一条河被切割得七零八碎，景观很不舒畅。由于产品高度雷同，所以，只好通过价格战和相互拉客，形成恶性竞争。水流与植被破坏严重。目前国内景区经营权长期转让的做法值得商榷，大多数企业的寿命都达不到50年，这明显意味着经营权转手成为必然。

目前国内旅游景区根据各自的实际情况，分别采取了整体租赁、股份制、上市公司、整合开发与网络复合的治理模式[①]。应该说，目前乃至未来都不会有一个统一的旅游景区治理模式，必须根据双赢的原则，为游客提供独特畅快的体验。同时，只有实现旅游景区的可持续发展，才能实现景区的有效治理。

（二）政府角色

政府方面要鼓励公众参与规划，严格监管企业开发行为，制定行业规范；对游客进行教育与沟通，培养负责任的旅游者。对旅游影响进行评估与监控；推行"天然林保护"、"退耕还林"、"以粮代赈"等政策。政府也可以采用标准管理办法规范景区管理，比如1999年国家旅游局在全国推广旅游区（点）质量等级的划分与评定标准（国家标准GB/T 17775-1999），根据"服务质量与环境质量评价体系"、"景观质量评价体系"并参考"游客意见评价体系"对旅游景区进行评级。这项措施为景区建设提供了方向性意见，对旅游景区与国际接轨、走向规范化管理起到了重要作用。景区质量等级的划分与评定标准管理的范围广泛，包括各种以保护为主要目的的风景名胜区、自然保护区、森林公园、历史文物、动物园、植物园，也包括以经营为主要目的的各种人造景观、度假区等。

第二节 产品服务配置与布局

一、项目配置原则

PineⅡ和Gilmore还提出了塑造体验的5种方法：体验主题化、以正面线索

[①] 彭德成. 中国旅游景区治理模式. 中国旅游出版社，2003.

强化主题印象、淘汰消极印象、提供纪念品与重视对游客的感官刺激。景区项目的配置首先必须有一个主题。主题必须鲜明、特色突出。

景区项目配置的原则：差异性、参与性与挑战性。比如，碧峰峡从8个方面塑造游客的欢乐体验：良好的生态环境、独特的生态动物园、神秘的女娲文化、旅游与体育的巧妙结合、众多的参与性项目、悦目的资源整合、不同的消费档次满足不同层面的消费者需求、高质量管理与温情服务[①]。碧峰峡强调观光休闲与度假健身功能合一、文化挖掘与体育参与齐头并进、传统项目与特色品种互为补充、返璞归真与现代享受结合、中国旅游与世界潮流实现接轨的中国示范性生态。因此这个产品就叫新生活不可或缺的生态乐园——碧峰峡生态乐园。

（一）差异性

差异性表现为唯一、第一与多样。要体现新鲜感，首先景区产品要有特色，具有独特性；其次景区产品具有第一的特征；最后，要给顾客多种选择。特色，要求景区要有主题，要让游客对景区有地方感（sense of place）。它必须提供游客某种独特的旅游体验。就像你在黄山与在泰山会有完全不同的体验一样。由于任何项目都会衰老，因此维持独特性或新鲜感的根本是项目持续创新。深圳华侨城的成功在于它的不断创新，从锦绣中华，到中华民族园，到世界之窗、欢乐谷以及欢乐谷二期。中视无锡影视基地之所以成功，也在于不断的产品更新。1987年4月建西游记宫，1991年5月建唐城，1994年三国城开放，1997年建水浒城，以及2002年在水浒城内建大宅院。西方国家对主题公园衰老问题的对策是每3年进行一次产品更新，而节庆表演节目则每年有30%的更新率。

迪斯尼的卡通人物不断推陈出新：《美女与野兽》（1991）；《阿拉丁》（1992）；《狮子王》（1994）；《风中奇缘》《玩具总动员》（1995）；《钟楼驼侠》（1996）；《大力士》（1997）；《花木兰》《虫虫特工队》（1998）。迪斯尼的园区设计不断拓展，年更新率30%；每年淘汰1/3的硬件设备，新建1/3的新概念项目。迪斯尼还注重高科技创新、寓教于乐，80%为高科技产品。为了使产品真实，每个主题馆都由大公司支撑，如通讯馆——AT&T；石油和古生物馆——EXXON；发明馆——APPLE、IBM、GE和AT&T；交通馆——GM；食物与生态平衡馆——雀巢。在产品设计方面，追求质量、注重细节。

（二）参与性

如果没有参与，就难以形成真正的体验。游客不仅是体验的主体，也是体验的成分。参与性体现在两方面：项目本身需要游客参与；游客参与项目的设计与组合。景区是剧场，顾客则既是观众又是演员。"重在参与"不是一句空洞的口号，

---

① 刘理科，刘思敏．旅游概念：西部裂变碧峰峡．中国旅游报，2001（6）．

观众已经不满足于作为一个被动的旁观者。Pine II 和 Gilmore 在《体验经济》中指出,当一种产品符合以下条件时,可以基本认为它提供了独特的客户价值:
- 特别针对每一顾客——在需要的时间提供需要的服务;
- 针对顾客的特点——设计符合顾客需要的产品;
- 只为某一顾客。

同时还指出,"顾客就是商品"。要做到这些,必须要顾客来参与产品的设计,或者是提建议或者是自己组装,才能够提供顾客真正需要的个性化产品。

(三)挑战性

项目的设计还要考虑对游客有一定的挑战性,给游客突破自己生命极限、证明自己生命价值的旅游项目,这些项目为游客培养自豪感。当游客爬上一座高峰、跳一次蹦极、飞跃某一峡谷等征服某种艰难险阻,成功完成了别人无法完成或自己以前无法完成的事件时,自豪感就产生了。还有一些人为了缓解压力,寻找到了另外一些极端减压方式,如攀岩、蹦极、潜水、夜泳等。通过不断挑战和超越身体的极限而获得精神和心理的极大满足。比如极限运动需要冒受伤甚至死亡的危险,使人在跨越心理承受极限时获得极大的愉悦感和成就感。极限运动(Extreme Sports)除了追求竞技体育超越生理极限的"更高、更快、更强"外,更强调参与和勇敢精神,以及在跨越心理障碍时所获得的愉悦感、成就感。北京一家伞翼滑翔俱乐部的成员认为,是飞翔让他体会到了从未有过的新鲜感受:"你的心中没有杂念,没有胆怯,只有一种把握自我的自豪感和满足感。"科学家们称寻求新奇者是一群不停地渴望新鲜、有力刺激的人,他们体内的一种基因使大脑对神经递质多巴胺的反应特别灵敏。拥有这种基因的人可能对神经递质的快乐诱导效果非常敏感。极限运动是促使多巴胺流动的一个途径。

何谓超越自我?人人皆知,恐怕谁都想达到,却总有可遇而不可求之感。也许当你抛开了尘嚣琐事,凝神面对自我,寻求极限、挑战极限时,极静与极动转换间,你会发现,超越自我变得那么自然。这几种运动方式的真谛也许并不时尚,与人竞争尚在其次,先与自己的惰性和懒散竞争,战胜心中潜在的自卑,也许正是挑战自我的关键。目前流行的十种超越自我的方式有:人车合一(如 BMX:自行车越野)、横空而下、水上飘艇、水上滑翔、激流周旋、岩上芭蕾、雪地滑板、单排轮滑、碧空盘旋、水底探幽。

当然,景区配置项目一定要掌握好项目的难度,要让游客有所选择,大多数项目的难度要适中,即只要经过一定的努力就能够成功,否则反而会产生挫折感。

二、景区布局:最适人居环境理念

笔者在景区布局上倡导最佳人居环境理念。首先,在寻址上要选择自然环境较好的地点。比如我国确定风景名胜区的标准是：具有观赏、文化或科学价值、自然景物、人文景物比较集中，环境优美，可供人们游览、休息，或进行科学文化教育活动，具有一定的规模和范围。其次，在生态环境上，要培植最优的生态环境。生态环境成为了景区的重要吸引物，比如碧峰峡年均气温为15℃，最适合人类居住。其植被覆盖率达97%，曾经在唐朝与清朝两次出现一家九世同堂，这些都为塑造游客体验准备了条件。

根据中国传统哲学的"天人合一"与"天人感应"思想，负阴抱阳、背山面水是景区布局的基本原则与基本格局。风水原理对景区的布局有重要的指导意义。合理的景区布局要藏风聚气。郭璞在《葬经》中强调，理想的居住环境是"玄武垂头，朱雀翔舞，青龙蜿蜒，白虎驯俯"。《阳宅十书宅外形第一》提出，理想的住宅基地环境是"凡宅左有流水谓之青龙，右有长道谓之白虎，前有污池谓之朱雀，后有丘陵谓之玄武，为最贵地"。①按照风水原理来布局景区也是为了培养游客的新鲜感、亲切感与自豪感。居住在王侯风水地，容易形成自豪感，在玉带水地段容易产生亲切感，而在与自己家居环境不同的地点旅游居住就能够产生新鲜感。就像在目标市场主要是北方游客的地方，其景区若按照南方水乡布局则新鲜感就自然产生。

"青龙转抱其身，此地出官人"并非没有道理。对于旅游景区来说，选择上风上水、背风向阳聚气、无污染是最简单有效的原则。景区风水取向是人与天地和谐相生。安徽宏村就特别重视根风水来安排村落的布局，因此居民安居乐业，旅游景区也很受游客青睐。

第三节 资源管理方式

一、资源管理方式：梯度开发、循环利用、合理加减

资源与环境的多样性是独特游客体验的必要条件，也是新鲜感的基础。没有了生态多样性，自然就不能给游客带来新鲜感。在满足经济、社会和审美需要的同时，旅游景区要保证文化统一、基本的生态进程、生物多样性和生命支持系统。遵循"有效保护、合理利用、加强管理"指导方针，以及因地制宜，采用分区、容量控制、轮休等方法保证资源与环境的可持续利用，防止"吃祖宗饭、造子孙

---

① 邹统钎. 旅游开发与规划. 广东旅游出版社，1999.

孽"的恶性开发。碧峰峡的成功经验,总结为资源和资本结合,保护和开发结合,生态和旅游联姻。碧峰峡探索出了中国西部实施退耕还林后,使生态转变为财富,闯出了农民致富、发展当地经济的一条新路子,将资源优势的合理开发利用与西部大开发的持续发展有机结合。

（一）梯度开发、循环利用

景区资源采用梯度开发模式,是景区资源多次利用的方式。这种方式能够高效利用资源。比如在温泉度假区,50℃~63℃温泉水用于供热采暖;37℃~50℃用于洗浴;30℃~35℃用于养殖（鱼、虾、蛇）与景观用水;20℃~25℃用于农业（浸种、育秧、种菜、养花）、泳池用水、湿地用水;10℃~20℃农田灌溉。

景区资源循环利用模式,如珠江三角洲地区的桑基鱼塘休闲度假村,其基本循环是:塘基植桑,塘内养鱼,桑叶喂蚕,蚕桑废弃物和蚕蛹喂猪,蚕沙喂鱼,鱼池中的塘泥肥桑,蚕茧加工后销售。猪肉、鱼、蚕等分别可供游客食用、垂钓,或作为旅游商品购买。基塘之间一环扣一环,它们相互制约,相互促进,正是:"桑茂蚕壮猪肥鱼大,塘肥基好茧多丝优。"

辽宁盘锦生态养殖场是一个以生态养猪为主的综合性农场,场内有种猪场、养鸭场、有机水稻种植区、保护地蔬菜种植区、精品大米加工区和3个产品专营店,年饲养生猪5万头,肉鸭700吨,鱼蟹50吨,有机大米1400吨,2001年销售收入实现2 830万元人民币。1992年被联合国环境规划署授予"全球500佳"。它采取了梯度开发与循环利用相结合的方式,形成"四步净化、五步利用"的生态模式,被国家农业部确定为"全国同类猪场建设的典型模式"。其运行机制是:用清水冲洗猪栏,冲出来高质肥料的水流入水藻池塘养水藻,水藻喂猪,水藻池塘养鸭,从水藻池塘流出的较低质肥料的水流入稻田。稻田种稻、养蟹。从稻田流出的水再用于冲洗猪栏。整个养殖场又是一个生态农业观光景点。

（二）加法

碧峰峡对景区动植物资源保护做的是"加法"而不是"减法"。在碧峰峡,除了一些必要的餐饮、住宿、娱乐、交通、购物设施外,尽可能不对原有风光进行改变,即使改变,也是锦上添花。万贯集团在景区专门成立了动物管理部和林业管理部,配置了100多人的专职护林队和专用工具,日夜巡逻。碧峰峡不仅确定了20年不砍一棵树的政策,还有意塑造红、黄、绿、蓝等五彩的森林景观,二期规划中就准备在接待中心对面的山坡上种植一批红叶,精心营造良好的生态旅游环境。万贯集团还在碧峰峡同时配套种植黄芪、虫草、贝母、当归等中药材,以及沙棘、蔷薇、花椒、红豆杉等经济作物,变单一林种为综合资源。万贯集团还与四川农业大学、卧龙熊猫保护区等部门签定开发合同,在碧峰峡成立了以熊猫为主体的动物基因研究所和以国家级保护植物洪桐为主的植物基因研究所。将动物和植物的基因工程开发应用纳入旅游开发项目，这在中国乃至世界都是一个创举。

（三）减法

另一种资源管理方式是"减法"，就是对开发采取控制措施。常见的对开发进行控制的方法有：娱乐机会谱、分区、承载力与可接受的变化极限。其中普遍采用的就是承载力控制。承载力包括：环境承载力、设施承载力、社会承载力、感觉承载力与管理承载力。南非罗本岛（Robben Island）1999年12月被接纳为世界文化遗产，为了保护其文化遗产，地方政府制定了总体管理计划（IMP），其内容包括：

1. 限制总体游客数量：有些景点引进检票机，员工可以保证每个人都买票并且可以控制游客数量，不让游客数量超过承载力；

2. 暂时的景点关闭；

3. 提供复制品对顾客开放，而将真品保护起来；

4. 实行分区：在重点文物区与游览区之间设立缓冲区，减少游客对珍稀文物的破坏；

5. 价格限制：对有些景点免费，而对有些易受破坏的景点采用高价限流；

6. 移走人工制品：对一些易风化的文物，如摩崖石刻，采用搬迁的方法在博物馆中保存起来，而不暴露在外；

7. 设置固定参观路线。

在我国的敦煌和九寨沟已经实行了定时定量方法来限制旅游人数。莫高窟每日限定数百名游客进窟参观。九寨沟每日限定2000名游客进区旅游，对国外游客如日本游客实行预约参观。黄山则实行轮休制度。苏州开始通过政策杠杆与价值杠杆来达到保护园林的目的。在碧峰峡，为保证统一规划，万贯集团斥资1000多万元搬迁了景区内的数十户农户，其房屋除一部分改作竹制别墅外，其余部分全部拆除，恢复自然状态。

各地总在没完没了地争论旅游资源的开发与保护的矛盾，但只要有可持续发展的理念，就不会存在矛盾，一些"莫把遗产变遗憾"或"莫把遗产变遗物"的争议就会自然消失。应该说，可持续发展的理念已经为旅游资源的开发与保护解决了理论问题。

（四）旅游循环经济

循环经济是K.波尔丁在20世纪60年代提出的，是指在人、自然资源和科学技术的大系统内，在资源投入、企业生产、产品消费及其废弃的全过程中，把传统的依赖资源消耗的线性增长的经济，转变为依靠生态型资源循环来发展的经济。具体表现为以下的一系列观念，这些观念应用于旅游业就构成了旅游循环经济：

经济观。自然资源循环要考虑生态承载能力。在生态系统中,经济活动超过资源承载能力的循环是恶性循环,会造成生态系统退化。

系统观。要求人将自己作为大系统的一部分来研究符合客观规律的经济原则,将"退田还湖"、"退耕还林"、"退牧还草"等生态系统建设作为维持大系统可持续发展的基础性工作来抓。

价值观。不是将环境作为"取料场"和"垃圾场",而是将其作为人类赖以生存的基础。不仅考虑人对自然的征服能力,而且更重视人与自然和谐相处的能力,促进人的全面发展。

生产观。传统工业经济的生产观念是最大限度地开发利用自然资源,创造社会财富,获取利润。要求遵循"3R"原则:资源利用的减量化(Reduce)原则,即在生产的投入端尽可能少地输入自然资源;产品的再使用(Reuse)原则,即尽可能延长产品的使用周期,并在多种场合使用;废弃物的再循环(Recycle)原则,即最大限度地减少废弃物排放,力争做到排放的无害化,实现资源再循环。

消费观。循环经济观要求走出传统工业经济"拼命生产、拼命消费"的误区,提倡物质的适度消费、层次消费,在消费的同时就考虑到废弃物的资源化,建立循环生产和消费的观念。同时,循环经济观要求通过税收和行政等手段,限制以不可再生资源为原料的一次性产品的生产与消费,如宾馆的一次性用品、餐馆的一次性餐具和豪华包装等。

二、社区参与和旅游扶贫:中国特色的景区功能

社区是塑造游客体验的重要道具。社区参与的原因主要有两个:一是社区居民对景区开发的影响感受最深;二是社区居民本身是构成游客体验中"友好气氛(Hospitality Atmosphere)"的必要成分。促进社区发展实质上是保护了文化的多样性。社区为游客的新鲜感以及亲切感提供必要的基础。景区开发要带动社区发展,增加地方就业、社会收入与提高人民生活水平。在老少边穷地区,旅游扶贫是中国特色的景区开发的必要使命。旅游扶贫示范区是其代表。这类景区的事业化程度高,经营的政策性强,享受政府的各种优惠政策。比如,政府要求旅行社每年往这些景区输送一定数量的游客,并把它作为政治任务、干部考核标准来看待。

建立旅游扶贫示范区。2000年8月六盘山旅游扶贫试验区暨财政部旅游扶贫点揭牌开工建设仪式在宁夏回族自治区固原行署举行。这是我国第一个国家级旅游扶贫试验区。财政部把它作为旅游扶贫点。该扶贫点集旅游、生态保护、扶贫开发为一体,大力发展生态环境游、高原风光窑洞游、峡谷探险游、荷叶溪水赏花游、回族村寨风情游、长征路上重走游、历史文物寻古游、须弥山石窟游等特

色旅游，有力地推动了当地的扶贫事业。

在广东省，省旅游局向社会正式公布东源县东江画廊旅游区——万绿湖生态园等14个首批旅游扶贫重点项目的21个景区（点）。省政府从2002年起连续3年每年安排旅游扶贫资金3000万元，专项用于贫困山区和欠发达地区旅游基础设施等公共性的支出。广东67家旅行社与扶贫景点签约结对，承诺每年送1200个旅游团进入山区景区，把游客尤其是经济富裕的珠三角游客介绍到生态环境优美、民风淳朴的山区景点，将给旅游扶贫项目带来巨大的客源市场。

开发扶贫贫旅游产品（Pro poor tourism products）。如：文化节庆活动、文化产品、贫困社区教育旅游、手工艺品、地方特色的交通服务、地方餐饮等。

三、景区服务：亲切感的源泉

员工服务是游客亲切感与自豪感的重要来源。派恩二世与吉尔摩的专著的题目就叫做：《体验经济：工作是剧场，每项业务是舞台》（The Experience Economy: Work is theatre and every business a stage）。既然每项业务都是舞台，那么景区员工就是演员。现场服务（On-site Service）将会成为今后景区管理的核心。地中海俱乐部的导游（文雅组织者，Gentils Organisateurs）是地中海俱乐部的灵魂。他们与游客（文雅成员，Gentils Membres）同吃同住同娱乐，与顾客打成一片。他们就像一个节目主持人，风趣幽默、谦恭勤快、对顾客有求必应。为了给游客塑造一种愉悦的体验，景区必须研究顾客的消费心理。迪斯尼公司的Bruce Laval提出了顾客学（Guestology）的概念。顾客学的本质是把顾客（Customers）当客人（Guests）对待，并且从客人的角度来管理企业。为了给客人美好的体验，要从三方面努力：服务产品（Service Product）、服务背景（Service Setting）与服务过程（Service Delivery）[①]。现在的服务业特别重视服务情景中的员工与顾客面对面接触的真实时刻（Moment of Truth）的管理。

由游客和员工共同营造"迪斯尼乐园"的欢乐氛围。这一理念的正向推论为，园区的欢乐氛围是游客和员工的共同产品和体验，也许双方对欢乐的体验角度有所不同，但经协调是可以统一的。逆向推论为，如果形成园区欢乐祥和的氛围是可控的，那么，游客从中能得到的欢乐也是预先可度量的。在共同营造园区氛围中，员工起着主导作用。主导作用具体表现在对游客的服务行为表示上。这种行为包括微笑、眼神交流、令人愉悦的行为、特定角色的表演以及与顾客接触的每一细节上。

引导游客参与是营造欢乐氛围的另一重要方式。游客们能同艺术家同台舞蹈、

---

① Ford, Robert C. and Cherrill P. Heaton (2000), Managing the Guest Experience in Hospitality, Delmar Thompson Learning.

参与电影配音，制作小型电视片，通过计算机影像合成成为动画片中的主角，亲身参与升空、跳楼、攀登绝壁等各种绝技的拍摄制作等等。

在迪斯尼乐园中，员工们得到的不仅是一项工作，而且是一种角色。员工们身着的不是制服，而是演出服装。他们仿佛不是为顾客表演，而是在热情招待自己家庭的客人。他们在游客之中，即在"台上"；他们在员工们之中，即在"后台"。在"台上"时，他们表现的不是他们本人，而是一个具体角色。根据特定角色的要求，员工们要热情、真诚、礼貌、周到，处处为客人的欢乐着想。迪斯尼的格言是：员工是"演员"；顾客是"客人"；一群人是"观众"；一班工作是一场"表演"；一个职位是一个"角色"；一个工作说明是一个"脚本"；一套制服是一套"表演服装"；人事部是"制作部"；上班是"上台表演"；下班是"下台休息"等。简而言之，员工们的主体角色定位是热情待客的家庭主人或主妇。

四、价值链管理

一个景区要形成自己的价值链管理模式，如迪斯尼的价值链管理模式就是：用一两年时间制作出一部全球知名的动画片，在每一部影片推出前后都要通过耗资巨大的宣传去打票房，以带动电影拷贝和录像带的发行，从而为公司赚进第一桶金。凭借着票房的成功，迪斯尼接着马上启动后续产品的开发。迪斯尼把动画片的故事放在主题公园里，将动画片所运用的色彩、刺激、魔幻等表现手法与主题公园的功能相结合，让游客沉浸在这个童话世界中。同时，迪斯尼每一部动画片都会为主题公园增加一个新的卡通人物，使得迪斯尼乐园即使对回头客而言都是新鲜的。这样便可为迪斯尼赚进第二桶金。成功的卡通形象还会变成迪斯尼品牌产品，如电影中的道具，卡通玩具，还有服装饰物，摆进美国和全世界的许多商店。由于主题产品具有的高曝光率、高附加值的特征，因此使得它可以以较高的市场价格出售，为迪斯尼带来巨大的商业利润。据估计，目前美国玩具市场销售的50%是主题产品玩具。同时，迪斯尼根据这些动画故事制作的音乐产品，以及在动画片上映几年后把电影做成录像带都能为迪斯尼大捞一笔。

不断地收购电视频道。他们已经有了卡通电影频道、家族娱乐频道，甚至还买了新闻频道。借助电视的触角，迪斯尼要让它的形象深入每一个家庭。现在迪斯尼已成为世界第二大传媒巨头。正如艾斯纳所言："迪斯尼业务的指数增长是很快的。"

总的来说，迪斯尼的成长模式是：以卡通形象带动商品销售；以电影引领消费时尚；以主题公园强化产品形象；结合视觉图画和数字科技开发新产品；从目标群体的不满中发现兴奋点。

第四节 综合管理模式

旅游景区不可能采用某种通用的管理模式，而应该根据景区的类型采用不同的管理模式。本书将旅游景区的管理模式分为三种：科教基地模式、中间模式与快乐剧场模式。其管理模式比较如表 3-1。

表 3-1 旅游景区管理的三种模式的比较

管理模式	科教基地模式	中间模式	快乐剧场模式
资源等级	世界级国家级垄断资源	垄断竞争性资源	竞争性资源
典型例证	世界遗产	城市公园	主题公园
主要功能	保护与科教功能	科教休闲功能	旅游休闲功能
利益中心	全民中心	地方中心	游客中心
管理目标	资源保护为主	保护与开发并重	经济开发为主
指导理论	旅游可持续发展理论	融合理论	旅游体验论
管理性质	事业管理为主，企业经营为辅	企业管理政府监督	企业管理
资金运作	拨款+特许经营+赞助	经营创收+补贴	经营创收

科教基地模式适合于国家垄断资源，如世界遗产、国家风景名胜区、国家自然保护区等。这类景区以资源保护为主要目标，严格政府的监管，政府适当拨款，但在中国现行的情况下，景区仍然主要依赖自身的经营收益来维持与发展，其中的关键是对竞争性业务（如餐饮、旅游、休闲等）的经营权可通过拍卖、招标等方式让最好的经营者来经营。积极争取各种社会团体的捐赠，充分发挥旅游景区的科教功能。可持续发展理论是这类景区发展的核心指导理论。

中间模式适于那些有一定公益性的旅游景区。它们有一定的科教功能，但休闲旅游功能占据重要地位。旅游景区可以采用企业管理、政府监管的方式，以经营创收为主。其实目前的情况下应该积极引进非国有资本参与这类景区的开发，在现阶段，经济开发仍然是保证资源得到有效保护、社区得到发展的重要手段。

快乐剧场模式适合于主题公园、旅游度假区之类以经济开发为主要目的的景区。这类景区的核心是通过生产快乐满足游客，从而获利。它基本依托的资源属于竞争性的，许多属于人造的，因此，最关键的是满足游客的需求。迪斯尼乐园是这类景区的代表。

第二部分　功能管理篇

第四章 旅游景区财务管理

旅游景区是旅游资源的聚集地和集中展示地，是旅游吸引力的根本来源，是旅游活动的核心和空间载体。旅游景区的投资动辄上亿元，是旅游投资的重点。伴随着近年来旅游景区上市规模的不断扩大，我国旅游景区将面临更加激烈的竞争。对旅游景区财务管理问题进行分析，正越来越多地受到了有关各方的关注。

景区财务管理一般是指有关资金的筹集、运用和回收、分配等方面的工作。它是根据资金运动的规律，按照国家的有关政策、法令、规章制度，利用货币形式对景区内的财务活动进行组织、指挥、监督、调节的一项综合性的管理工作。本章将从旅游景区财务管理目标、财务管理内容、财务预算制度和投融资战略等几方面展开阐述。

第一节 旅游景区财务管理目标

财务管理是景区管理的一部分，是有关资金的获得和有效使用的管理工作。财务管理的目标是指财务管理在特定的内部环境中，通过有效组织各项财务活动，实施各项财务管理职能，处理好各项关系所要达到的最终目标。

旅游景区财务管理的目标与景区经营管理的总目标是一致的，并受其制约。旅游景区经营管理的基本目标是生存，核心目标是发展，最终目标是获利。这些目标要求财务管理必须做到及时筹措资金，保证资金供应；合理投放资金，增加企业盈利；妥善分配利润，协调各方关系；实施财务监督，提供经济信息。

景区财务管理的目标应包括经营目标和社会目标，通过财务管理活动实现这两大目标的最大化；财务管理的目标还应考虑其他相关主体的利益，并致力于履行社会责任。也就是说，要树立科学的财务管理目标，首先必须努力实现财务目标的多元化，分析哪些利益关系人会对旅游景区的理财产生重要影响。影响旅游景区财务目标的利益集团主要包括旅游景区的所有者、债权人、员工和其他相关利益集团。其次，要实现财务责任社会化。旅游景区财务管理目标主要应包括以下几个方面：

一、旅游景区市场价值最大化

旅游景区的市场价值是由景区的营利能力、发展前景、时间和风险等因素共同作用的结果，是市场对景区的综合评价。以价值最大化作为旅游景区财务管理的首要目标是最科学和合理的。旅游景区作为一个法人实体，能为社会创造财富；能更有利于保障债权人的利益、最大限度地增加投资者的财富；能为员工提供工资收入，能满足旅游消费者的消费需求，能消费供应商的商品，构成了一条从筹资→生产→销售→利润分配的完整的价值链。理财的目标是要使得这条价值链的整体价值最大化，而最能反映这条价值链价值最大化的，理所当然地成了景区理财的最重要目标。

二、人力资本所有者财富最大化

旅游景区人力资本所有者财富最大化的实现必须依靠员工富有创新性的劳动。员工是旅游景区未来超额经济利润的直接来源，是企业一切财富的源泉，是景区的不可或缺的宝贵资源。在过去传统的分配模式下，员工仅通过领取工资获取劳动力耗费的补偿，维持劳动力再生产的需要，并不能参与税后利润的分配，这势必影响员工工作的积极性、主动性和创造性，甚至危及景区的生存与发展，最终无法实现其市场价值的最大化。因此，改变旧的分配模式，使景区的物质资本所有者和知识资本所有者共同成为税后利润的受益者，公平地分享税后利润乃是大势所趋。任何一方的利益受损失，都不利于景区市场价值的最大化的实现，都会造成资源浪费。所以，在景区财务管理市场价值最大化目标的内涵中应该包括员工财富的最大化。

三、其他各相关集团的利益最大化

与旅游景区关系密切的集团包括债权人、客户、供应商、社会公众、潜在的投资者、政府、战略伙伴等等，满足这些集团的利益需要，是旅游景区财务管理目标组成部分。这一目标是以成本—效益为指导原则，其目的是为了维护良好的声誉，最终为了取得投入的回报。如，旅游景区的产品定价合理，有较高的吸引力，在客观上满足了消费的需要，在主观上满足了景区回收资金的需要。满足其他相关集团的利益需要与满足景区、员工财富最大化理财目标是一致的，但也有一定的区别：满足前者各相关集团的利益需要是有限度的，是以成本—效益为指导原则的，其根本目的是为了获取某种意义上的回报；满足后者各利益集团的利益需要是无止境的，是旅游景区生存发展的根本。满足其他相关集团的利益需要是从属于景区、员工财富最大化目标的，理应作为理财目标的内涵的一部分（赵黎明、黄安民、张立明，2002）。

四、责任社会化

景区也是社会的组成细胞，若也能与其他企业一道承担一定的社会义务，如保护消费者的权益、依法纳税、合理雇用人员、合理地保护资源，消除环境污染等，整个社会就能获得安定和发展。责任社会化是指景区在经营管理过程中承担的应对社会所尽的义务。企业的财务管理的财富最大化目标，总的来说是和社会责任相一致的，但有时也会存在一定的冲突，比如过多地承担社会责任会在一定程度上减少投资者的财富。而且，应该承担什么社会义务和承担多少社会义务，很难有一个明确的标准和界限。因此，现代财务管理理论认为，景区应该承担一定的社会责任，但不能放弃财富最大化这一理财目标，政府和有关部门也应制定一定的法律来强制景区承担社会责任。如国家旅游局制定的考核旅游业经济效益的指标体系中，也设计了社会贡献率和社会积累率等财务考核指标。旅游景区既要考虑资本投入者的财务要求，又要兼顾自身履行社会责任时的财务要求，积极寻求这两种财务关系的平衡点，这样既有助于景区实现其经营目标，也有助于其在社会大众中树立良好的形象。

五、其他因素

影响景区财务管理目标的因素，除旅游景区自身的经营决策外，国家的法律政策的变化、自然条件、国内外市场环境的变化等因素，都可能对其产生影响。如：国家税收优惠政策的变化使景区原来可以享受的优惠可能失去，并使得景区原来的财务管理目标产生新变化等等。

第二节 旅游景区财务管理内容

旅游景区财务管理的基本内容就是景区的财务活动，包括了从筹资、资金投放使用、资金回收、资金分配的全过程。具体概括为以下几个方面：

一、资金管理

（一）筹资管理

景区资金主要由自有资金和借入资金构成。自有资金主要包括资本金、发行股票、内部资本积累等。借入资金主要有长期负债（长期借款、长期债券、融资租赁）和短期负债（应付货款、商业承兑汇票、短期借款、票据贴现、抵押担保借款等）。

（二）投资管理

投资管理的主要任务是对投资项目进行财务评估和投资风险管理。

（三）资产管理

旅游景区的资产管理主要有固定资产、流动资产、无形资产、递延资产和其他资产等类别，对旅游景区的资产进行管理，要求做到既保证各类资产数量的完整，又要保证资产质量的完整，确保资产处于良性运行状态。

二、成本费用管理

旅游景区成本费用控制的好坏直接影响利润的增加，是经济管理尤其是财务管理的重要内容。景区经营活动的一切支出最终都要从成本费用上得到反映。成本费用作为经营耗费补偿的最低界限是制定景区产品价格的依据，是影响景区经营预测和决策的重要因素。其控制与管理是否有效、成功，将直接影响到景区的盈亏，决定着景区经营效益的高低，反映着景区经营管理水平。因此，景区经济管理和财务管理的一项重要任务就是要通过预测、计划、控制、核算、分析和考核等途径来加强成本费用的管理工作，并建立一套完整的成本控制体系，及时监督成本费用发生的各个环节，使成本费用管理达到预计的目标，不断降低成本费用，提高成本费用管理水平和经济效益。成本费用管理包括成本费用的开支标准、开支项目和开支范围的管理。

三、收入和利润分配管理

景区营业收入管理主要是对景区营业收入进行内部控制，要求设计出适合景区内部控制的技术方法。利润分配管理是对利润的所有权和占有权进行划分，保证其合理归属和运用的管理过程。

四、进行财务分析

景区财务分析主要包括景区业务经营活动分析和景区财务状况分析，前者是对景区经营过程各方面的财务审视，尤其在对景区财务运行现状调查的基础上分析景区财务管理过程中的问题，找出本景区与其他景区或全行业平均水平的差距，并提出改进的措施；景区财务状况分析主要是着眼于景区长远的财务发展战略，即对景区的财务结构、资产与负债及所有者权益的关系进行深入分析，提出景区发展的长期财务战略。

第三节 旅游景区投资融资战略

一、旅游景区投资管理

旅游景区的投资是指景区为取得更多的投资收益而采取的多样化的资本投资。它包括以现金、实物、无形资产投资；通过签订联营合同或协议，组成新经济联合组织，参与其他企业的经济活动；或者通过购买政府债券、金融债券、公司债券、股票等的长短期投资，扩展经营业务的一系列活动。其中通过购买股票、有价证券而向其他单位投资，是基本和常见的对外投资形式。

旅游景区对外投资的目的是为获得投资收益或控制投资的企业以谋求长远的经济利益。

（一）投资的种类

景区投资行为内容较多，依据不同的目的可以进行不同分类。

1. 按投资时间长短，可分为长期投资和短期投资。

（1）长期投资。

旅游景区长期投资是指不准备随时变现，持有时间在一年以上的有价证券投资及超过一年的其他投资，包括股票投资、债券投资和其他投资。

长期投资投入资金较多，投资周期长，投资风险大，投资报酬率高。旅游景区长期投资的目的主要是为了获得长期的经济利益，参与控制接受投资单位的生产经营活动，发展自己所经营的业务。有目的地投入资金，有利于开拓新的产品市场，获取新的资源，提高旅游景区的声誉。参股或控股，直接参与投资接受单位的经营活动，控制其经营生产，往往可以获得较高的股利，也利于本景区经营格局的调整。

长期投资按照投资的形式可分为股票投资、债券投资和其他投资。

旅游景区以购买股票的方式对外投资，作为股份有限公司的股东，关心的是按期取得优厚的股利和股票的升值。股票投资是一种风险投资，股份有限公司经营亏损或破产，投资者都要承受巨额损失，甚至不能收回股本。股票投资具有风险大、责任大，但获利较多的特点。

债券投资是指旅游景区以购买债券形式对外投资。按发行主体划分，它可分为政府债券、公司债券和金融债券三大类。

政府债券是政府作为发行人的债券。国家根据信用原则，以发行债券形式举借的各种债务，目的是满足政府的需要或兴办公共事务，包括政府公债、国库券等，与其他债券相比，国家债券信誉高，风险小。

公司债券是企业为发展业务或补充资本而向投资者出具的在一定时期还本付息的债务凭证。国家对发行债券的企业都要经过资信评估机构进行资格审查，并在发行时间、期限、利率等方面做出具体规定，以保护投资者的利益。

金融债券是经中央银行或其他政府金融管理部门批准，由银行或其他金融机构作为债务人，向投资者发行的借款凭证，其目的在于筹措中长期贷款的资金来源。经中央银行批准其发行额度后，一般由金融债券的发行机构在其营业网点以公开出售的方式发行，利率高于同期定期储蓄存款利率。

债券投资，其投资风险小于股票投资，一般不承担责任，获取的经济利益也较为有限。

旅游景区除债券投资、股票投资以外的投资称为其他投资。其他投资一般指以现金、银行存款、实物、无形资产进行的联营投资。联营投资与接受投资单位的经营成果结合较为紧密，经营得好，可取得较多回报；经营不好，分得的利润较为有限。投资期间，除合同期满或由于其他特殊原因造成联营企业解散外，一般不得抽回投资。

（2）短期投资。

旅游景区的短期投资又称流动资产投资，是指能随时变现，持有时间不超过一年的有价证券，以及投资期不超过一年的其他形式的投资。

短期投资灵活方便，变现周期短，收益快，风险较小。旅游景区可以利用暂时不用的闲置资金，进行短期的有价证券投资，力求获得超过同期银行存款利率的收益。短期投资价值的确认主要有成本法和市价法。成本法是指在购买有价证券时，按实际支付的成本计价的方法。实际支付的成本包括有价证券的买价，购买有价证券时所发生的各种费用，如经纪人佣金、手续费、印花税等。市价法是指在购买有价证券时，按证券交易市场现行价格作为计价标准，确定有价证券价格的方法。在选择短期投资方法时，可根据自身的具体情况择优选用。

2. 按投资目的的不同，可分为经营性投资和战略性投资。

经营性投资主要是指景区在维持景区正常经营管理的基础上对外投资，以求得更多的经济收益，更好地为景区的经营和发展积累资金。

战略性对外投资主要是为调整本景区产业结构、产业布局和控制竞争对手等进行的投资。它的投资期间较长，所需资金较多，风险也较大，主要是为谋求长远发展而进行的投资。

3. 按照投资的范围，可分为对内投资和对外投资。

对内投资是指为保证旅游景区正常的经营活动，满足景区内部经营需要而进行的内部生产性投资,如投资购置新设备,新建娱乐场所,对老设备进行更新改造等。它对景区生存和发展起到举足轻重的作用。

对外投资是旅游景区将自己拥有的各种形式的资产直接投资到其他单位,如参股兴建铁路、公路,购买电力债券,购买投资基金和上市公司股票,等等。

4. 按投资风险程度分类。可分为确定性投资和风险投资。

确定性投资是指投资风险小,对投资收益及未来情况可确定的投资,它能确定投资收益,但是投资回报率较低。如旅游景区购买国库券、金融债券和其他由银行提供担保的公司债券。国库券由政府发行,利率稳定,信用可靠,金融债券、企业债券都由银行提供担保,到期还本付息,收益可以准确预计,基本无投资风险,只是投资收益较低。

风险投资是指风险大,对外投资收益或未来情况难以预测,但能获得投资风险价值的投资。风险投资收益不确定,投资风险大,追求较高的投资回报率。旅游景区对新景区、景点的开发投资,很大程度上属于风险投资,对资源的保护性开发,创造性娱乐活动设施的建设,其未来预期的投资回报都无法预计,项目投资的风险随投资金额的大小和投资周期的长短而变动。

(二) 投资应考虑的因素

旅游景区对外投资应考虑投资收益、投资风险、投资约束、投资弹性等因素。

1. 投资收益。景区对外投资的根本目的就是追求投资收益的最大化,所以投资首先需考虑的因素就是投资收益。考虑投资收益首先应选择具有确定性的方案,分析这些因素对投资方案的作用与反作用的方向、程度,寻求更有效的途径提高和稳定投资收益。

2. 投资风险。景区对外投资的风险表现为商品或者是服务的价值不能充分实现或者根本不能实现的风险。它主要是因为投资者不能正确地预测市场以及经营缺乏效率。管理者必须充分认识投资风险的可能性,积极寻找产生投资风险的原因和对策。

3. 投资约束。景区对外投资,对接受投资的企业行使制约权利的程度。通常有控制权约束、市场约束、用途约束、数量约束、担保约束、间接约束等六种形式。通常当投资风险较大时,投资企业的约束就会增强;反之则减弱。

4. 投资弹性。投资弹性是指投资收缩和投资结构调整的可能性,包括规模弹性和结构弹性。规模弹性是指景区投资必须根据自身可供资金的实际能力和投资效益或者市场供求状况来调整投资规模。结构弹性是指景区对外投资必须根据市场风险和市场的价格及时调整现有的投资结构。

二、旅游景区融资管理

景区的运营离不开资金的支持，需要不断筹措和融集资金。

（一）融资渠道和融资方式的配合

资金的融集需要一定的渠道和方式。融资渠道是指资金的来源和途径。融资方式是指获得资金的具体方法和形式。同一融资渠道的资金可以采用不同融资方式取得，而同一融资方式又可以融集到不同渠道的资金。两者之间是可以结合起来的，如表4-1所示：

表4-1 融资渠道和融资方式的配合

融资渠道＼融资方式	吸收直接投资	发行股票	银行借款	商业信用	发行债券	发行融资券	租赁
国家财政资金	√	√					
银行信贷资金			√				
非银行金融机构资金			√				√
其他法人单位资金	√	√		√	√	√	
民间资金	√	√			√		
景区内部资金	√						
境外资金	√	√		√	√	√	

（二）自有资金

自有资金是指景区接受的投资者投入资本金以及内部积累资金。主要包括资本金、发行股票、内部资本积累等。

1. 资本金。

旅游景区的资本金是指在工商行政管理部门登记的注册资金。按照投资主体的不同，分为国家资本金、法人资本金、个人资本金以及外商资本金等。

国家资本金是指有权代表国家的部门或者机构，以国有资产投入旅游景区所形成的资本金。

法人资本金是指其他法人单位以其依法可以支配的资产投入旅游景区形成的资本金。

个人资本金是指社会个人或者本企业内部职工以个人合法财产投入旅游景区形成的资本金。

外商资本金是指外国投资者以及我国香港、澳门和台湾地区投资者投入旅游景区形成的资本金。

旅游景区可以根据国家法律、法规的规定，采取吸收国家投资、各方集资或者发行股票等方式筹集资本金。采取发行股票方式筹集资本金的,股本按照股票面值计价。投资者可以用现金、实物、无形资产等形式向旅游景区投资。系用吸收实物、无形资产投资方式筹集资本金的,按照评估确认或者合同、协议规定的金额计价。

旅游景区资本金可以一次或者分期筹集。一次性筹集的,从营业执照签发之日起6个月内筹足;分期筹集的,第一次筹集的资金不得低于投资者认缴出资额的15%,并且从营业执照签发之日起3个月内缴清。

2. 发行股票。

股票是股份公司为筹集主权资本而发行的、表示股东按其所持股份享有权益和承担义务的可转让的书面证明。旅游景区通过发行股票的方式来筹集资金,可以最大限度地利用社会闲散资金,还能有效地提高旅游景区的知名度。

股票按持有人的权利和义务分为普通股和特殊股;按投资主体可分为国家股、法人股、个人股和外商投资股;按票面是否标明金额划分,可分为面值股票和无面值股票;按票面有无记名划分,可分为记名股票和不记名股票;按发行地区划分,可分为A股、B股和H股股票。

股票发行的价格是指股票在发行时所使用的价格,通常会受到法律和财务两种因素的影响。股票发行有平价发行、市价发行和中间价发行三种情况:平价发行,是以股票面额为发行价格发行股票,在股票市场不发达的情况下,平价发行有利于及时、足额地筹集资金;市价发行,即以公司原发行同种股票的现行市价为发行价格。按市价发行股票,实际上股票在第二次发行时已经增值,这更加吸引投资者,可促使股票的顺利发行。中间价发行,即取市场价格与面额的中间值作为股票的发行价格。例如,某种股票现行市价9元,面额1元,如果发行公司按5元的价格增发这种股票就是按中间价发行。显然,中间价具有等价与时价的特点。选择时价或中间发行股票,可能是溢价发行,也可能是折价发行。按照国际惯例和我国政府相关规定,企业不能折价发行股票(国家旅游局人事劳动教育司,1999)。

3. 内部资本积累。

内部资金积累是指景区按一定比例从税后利润中提取公积金、公益金及未分配的利润来积累的资金,可用于补充景区资金、弥补景区以后年度亏损等。景区内部职工入股融资也是一种可行的融资方式。

(三)借入资金

借入资金即负债融资,是指景区向债权人借入资金来实现融资目的的。景区负债经营时利益和风险是并存的,所以只有正确运用财务杠杆,权衡利弊,才能取得较好的经济效益。

企业负债分为流动负债和长期负债。流动负债是指偿还期在一年内或者超过一年的一个营业周期内的债务，包括短期借款、结算中形成的应付及预收货款、应付票据、应交税金、应付利润、应付股利和其他应付款、应付短期债券、已计入成本但尚未支付的预提费用、已提取但尚未支付的职工福利费。长期负债是指偿还期为一年或者超过一年的一个营业周期以上的债务，包括长期借款、应付长期债券、融资租入固定资产应付款等。

景区负债融资的主要方式有金融机构借款、商业信用、发行债券、融资租赁。

金融机构借款主要是指景区向银行或者非银行金融机构借入的长期或短期借款，是旅游景区负债融资的重要来源。其优点是融资速度快，但限制条件多、风险较高且融资数量有限。

商业信用是指在交易过程中由于预收货款或延期付款所形成的一种借贷关系。具体形式包括应付账款、应付票据、预收账款等。

发行债券是旅游景区为筹集资金而发行的，并约定在一定时期还本付息的有价证券。它代表着持券人与景区的债权债务关系。

融资租赁是由租赁公司按照承租单位要求出资购买设备，在较长的契约或合同期内提供给承租单位使用的信用业务。融资租赁的租赁期较长，接近于资产的有效使用期，在租赁期间双方无权取消合同；承租方负责设备的维修、保养和保险；租赁期满后，按事先约定的方法处置设备，通常租赁方会采用留够的办法，可以免除处理设备的麻烦。

（四）资金成本

景区融资管理的主要内容即资金筹措和对筹集资金的管理。资金筹措重点考虑方式的选择，旅游在选择融资方式时主要是根据资金成本来进行融资决策。筹集资金必须付出代价，这一代价就是资金成本。资金成本是指旅游景区为筹集和使用资金而支付给资金提供者的一种报酬。不同来源的资金其成本的表现形式是不同的，从外部的资金市场筹集来的资金，其成本是支付的利息和股息，表现为货币成本；从企业内部筹集的资金（如留存利润等），其成本表现为机会成本，不需支付货币成本。此外，在筹集资金的过程中发生的委托金融机构代理发行股票、债券的手续费、管理费、注册费、向银行支付的手续费等，均被称为融资费。它虽然不属于资金成本，但在计算资金成本时应予以考虑。

值得注意的是，通过借款和发行债券所要支付的利息一般是作为费用在税前开支的，因为支付利息加大费用而少缴了一部分所得税，所以实际负担的利息成本应当从利息支出中扣除本来应缴的所得税税额。

在财务管理上资金成本可以用绝对数表示，也可以用相对数表示，通常把资金成本额同所提供的资金之间的比率，称为资金成本率，其计算公式为：

$$资金成本额 = \frac{利息额 \times (1-所得税税额)}{筹资总额 - (1-筹资费率)}$$

例如,某景区从银行取得长期贷款100万元用于景区基础设施建设,年利息率为10%,期限2年,每年付息一次,到期还本,融资费率为0.2%,所得税税率为33%,则:

$$资金成本率 = \frac{100 \times 10\% \times (1-33\%)}{100 \times (1-0.2\%)} = 6.8\%$$

资金成本是企业筹借使用资金所发生的成本。资金成本的高低也是影响旅行社盈利水平的重要因素。企业在融资投资时一定要把资金成本作为决策因素之一,要以最小的资金耗费取得所需要的资金。同时,要把企业的投资利润率与资金成本率作比较,以作出科学的投资决策。

第五章 旅游景区营销管理

旅游景区营销管理是通过旅游市场分析、准确确定目标市场,为旅游者提供满意的产品和服务,实现旅游景区产品交换的全过程的管理,是一种游客需求的管理。旅游景区的营销是一个复杂的过程,它遵循一般市场营销的原则和程序,同时具有自己的内容和特点。营销人员必须对目标市场、市场定位、产品开发、定价、配销渠道、实体分配、沟通和促销等做出决策。旅游营销管理的任务就是刺激顾客对本景区的产品产生兴趣,以便尽量扩大游客量以获取更多利润。本章将对旅游景区市场营销理念、营销内容及途径进行阐述,并简要介绍旅游景区营销前沿。

第一节 旅游景区市场营销理念

观念决定策略。错误的理念会对旅游业产生较大的负面冲击,影响其健康发展,而错误的营销理念也会带来促销资金的浪费,影响形象。旅游景区必须在实践中对传统的营销理论进行创新和发展,更重要的是从理念到具体的实施手段进行创新性的思维和操作,而不能只是沿用传统的营销模式。

一、树立"社会营销"理念

市场营销观念经历了生产观念、产品观念、推销观念、市场营销观念和社会营销观念等五个发展阶段。"生产观念"根本谈不上营销,其本质是产品决定经营;"产品观念"将产品和服务作为经营核心,但依然漠视市场;"推销观念"依然是卖现有的产品,并没有推出适销对路的产品;"市场营销观念"的本质是根据市场的需求来提供相应的产品和服务;"社会营销观念"产生于20世纪80年代,其核心是关注社会,通过在社会上树立良好形象做到间接促销。

中国很多旅游企业的营销理念,基本上处在第二和第三阶段上,甚至有的处在第一阶段上,等客上门的思想依然十分严重,促销经费几乎没有。社会营销是旅游营销的努力方向。在从"市场营销"过渡到"社会营销"观念的进程中，应注重社会形象的树立，实际上也是树立景区整体形象的关键一步。旅游企业虽然追逐利润，但也有传播社会文明，进行爱国主义教育、文化教育的义务和责任，过分追求利润最大化将带来美誉度的降低。

二、树立"品牌营销"理念

品牌与名牌之间虽有密切联系，但两者又根本不同。名牌是一个表征高知名度的产品名称，它只是品牌的一个侧面。品牌比名牌具有更深层次的内涵价值。有人认为旅游经济是知名度经济，那么旅游促销的关键就是要提高知名度，而做大量广告就成为提高知名度的最根本的方式。诚然，大量的广告可以"轰"出名牌，却造就不了"品牌"。片面追求知名度往往会导致对品牌的其他要素如美誉度、忠诚度、品牌联想以及游客满意度等方面的建设视而不见。一些企业往往靠广告造势，在市场上拥有高知名度，但单纯依靠广告是造就不了品牌的。真正的品牌是有生命力的，甚至会被赋予一种精神上的象征意义，并远远超出它的实体价值。品牌建设是一项复杂的系统工程，建立一个强势品牌不是一朝一夕能完成的，需要长时间的磨砺。忽视品牌建设的名牌虽然可能带来一时的旅游高峰，却不能带来持久性的效益。

三、树立"体验营销"理念

体验营销是体验经济时代一种全新的营销理念。Bernd H. Schmittren 认为，体验营销涉及消费者的感官、情感、思考、行动和关联五个方面，设计营销的思考方式中，"感官"引起人们的注意，"情感"使消费者的体验个性化，"思考"加强对体验的认知，"行动"唤起对体验的投入，"关联"使得体验在更广泛的背景下产生意义。

旅游在本质上是一种主要以获得心理快感为目的的审美过程和娱乐过程，是为了寻求愉悦而发生的行为。旅游的根本目的在于寻求愉快体验，这是旅游本质的规定性。体验营销打破传统营销关于"理性消费者"的假设，认为消费者在消费前、消费时和消费后的体验才是营销的切入点，特别强调消费者的接触性和参与性，以在消费者心中造成深远而持久的影响力。这与旅游景区的特点正好相符。

在体验经济指导下，量身定制的产品和服务将实现差异化，让消费者沉浸在不同的文化体验中，从而增强产品的吸引力。旅游景区的体验营销就是景区内的工作人员通过声音或图像等媒介为游客营造一种氛围，一种情境，让游客沉浸其中，努力为游客创造一系列难忘经历的活动。

第二节　旅游景区营销内容与途径

旅游景区要想获得合理的经济利益，就必须吸引更多的顾客，扩大市场份额。其基本方式有4种：开发新产品、改进老产品、强化促销、降低价格。其中强化促销对于提高旅游景区的知名度、引发旅游者游览愿望是一种行之有效的手段。但是，旅游景区与其他物质产品的一个很大不同在于它的"不可移动性"——旅游者购买的只是特定时间的使用权而不是产权，游客是无法将旅游景区带走的。"购买者"身处异地，不促销就无法让他们获得信息，也就无法达到吸引游客的目的。因此，旅游景区的市场营销与传统的物质产品有很大的不同。它包括异地促销和本地促销两种形式。"异地促销"是指在异地（旅游客源地和潜在游客集中区）的宣传、招徕，通过在大众媒体上做广告，请旅行商散发宣传品，参加旅游交易会或举办说明会、信息展示会，实现潜在游客的现实化。"本地促销"包括邀请目标市场地区旅行商和媒体记者踩线，以及通过提高服务质量吸引回头客，发挥游客的"口碑"效应（日本交通公社曾经做过一次关于宣传引起的旅游动机调查，结果是一种更经济有效的本地促销手段）。可以说，旅游景区的营销是管理工作的不可或缺的组成部分。一个称职的旅游景区管理者和经营者应当具备良好的市场开发能力、敏锐的市场识别能力。

一、旅游景区市场营销的基本原理

旅游景区属于服务产品。作为旅游产品，它具有以下特点并影响着其销售方式：

● 游客是生产过程的一部分，而员工是产品的另一部分。前者是服务的对象，服务过程就是生产过程；后者直接参与产品的生产和销售，他们的技术、态度和服务行为是游客服务体系的构成要素。因此，员工和游客都是营销的重要组成部分。

● 产品的无形性决定了游客在购买之前无法实验或试用产品。因此，要通过一定渠道让公众产生对景区产品的认知，这些渠道的核心是借助公众舆论和公共关系传播景区的形象信息；同时要十分重视让每一个游客都有满意的游览经历，因为他们会将这种经历推荐或介绍给潜在的游客。

● 由于旅游产品具有"不可存储性"，淡旺季、团队与散客可以实行差价以实现经济效益的最大化。但是，价格对供求关系的影响并不很大。

● 旅游产品只提供给游客以共享使用权和暂时使用权。由于游客的逗留时间决定着他们的消费程度,因此尽可能地延长逗留时间成为很多景区的重点工作。

● 虽然旅游景区会因为类型不同而竞争程度不同(主题公园和海洋公园的竞争激烈,替代性程度高),但每一个旅游景区要突出差别性营销策略,以形成自己独特的形象。

● 旅游产品易受大环境特别是易受时尚的影响。例如,2000 年皖南古村落被列入世界文化遗产,引发了古镇游览热,不但皖南古村落,浙江北部的乌镇、南浔、西塘,苏州的同里、周庄等都成为人们追寻的一大时尚。抓住时机推销自己,可以事半功倍。

(一)营销组合的"4P"理论与"4C"理论

为建立企业、顾客、竞争者之间稳定的联系,在传统的《市场营销学》中经常应用"4P"理论和"4C"理论来构筑营销组合。4P 是指:产品(products)、地点(place)、价格(price)、促销(promotion)。4C 指的是:消费者需求(consumers' wants and need)、成本(cost)、方便(convenience)、沟通(communication)。两者的不同之处在于,前者从产品出发寻找促销策略,后者从消费者需求出发寻找促销措施。1993 年营销学又出现了"8P"理论,即在传统的 4P 基础上增加了信息提供(providing information)、过程(processes)、政策(policies)、人员(people)。当然,按照营销学原理还可以增加很多个 P 或 C,但指导意义会越来越小。上述理论同样适合于旅游景区。国内外许多专家依据"4P"或"4C"理论为旅游景区设计营销组合方案。

(二)Gilbert 的"商品—身份"模型

吉尔伯特(Gilbert)的"商品—身份"模型的基本含义:要想让顾客出更多的钱购买一种商品,产品必须具有一种"特质",使购买者所购商品从普通的商品上升为身份的象征。假定的前提是产品可以相互替代,价格敏感,对某种商品的需求完全偶然。这一理论要求各旅游景区努力开发自己的特色,花费可以很高,但品位也很高。同时保持顾客与旅游景区之间的忠诚度。

(三)Butler 的生命周期理论与促销策略

巴特勒(Butler)生命周期论是旅游学中的一个经典理论。旅游地生命周期这一概念最初是由克里斯塔勒(W.Christaller)于 1963 年研究欧洲的旅游发展时提出的,1978 年 C.Stansfied 在研究美国大西洋城旅游发展时提出了类似的概念。1980 年加拿大学者巴特勒(R.W.Butler)将这一概念提升为理论,并提出旅游地的演化须经过六个阶段。一个旅游地存在从诞生到死亡的自停滞阶段,或长或短,但都经历探索阶段、参与阶段、发展阶段、巩固阶段、停滞阶段、衰落与复苏阶段。我们如果从旅游产品推向市场的过程来分析,可以分为五个基本阶段,即:市场进入期、成长期、成熟期、市场饱和期和衰退期。不同发展阶段的营销策略和措施是有差异的。

（四）Poon 的可塑性理论

Poon 认为，旅游产品是可变的，可细分的，可根据市场塑造的。一个旅游地要想不断提高竞争力，就必须保持可塑性，即永远地创新，不断地变化。这一理论的指导意义在于旅游产品要"常唱常新"，通过节庆活动和新景点的介入而提高它的竞争力。但是，由于大部分旅游景区是大众化的、标准化的和经过严密包装的，因此改变形象是不经济的，也是难度很大的。对这些成熟的景区要采取更新、更有力的促销措施以保持旅游吸引力。

表 5-1 旅游景区促销的阶段性策略

阶段 措施	市场进入期	成长期	成熟期	市场饱和期	衰退期
促销目标	唤醒客源	让客源了解	说服客源	说服客源	建立忠诚度 建立新市场
战略重点	扩大影响	渗透	维持	维持	再推介
促销费用	增加	高	高	下降	稳定
产品档次	基础产品	改善	好	退化	糟糕
促销手段	推介	广告	业内促销	业内促销	业内促销
产品价格	高	高	较低	低	低于成本
销售形式	独立	独立	业内销售	业内销售	联合销售

二、旅游景区营销策略的制定

（一）程序

基本环节：细分客源市场、确立目标市场、进行市场定位、制定营销计划。
在上述步骤中要解决 5 个基本问题：
- 确定针对不同客源市场的促销活动的时间或重点；
- 使用何种促销方法；
- 向公众和潜在旅游者表达何种形象；
- 需要克服的困难；
- 在区域内占有何种地位。

（二）促销方略

国家旅游局提出在"十五"期间旅游宣传促销要实施"组织模式多元化"、"促销方式多样化"、"年度宣传主题化"、"运作机制创新化"四大战略。这四大战略对旅游景区而言同样适合。例如，促销方式除了寻求旅行商、代理人的传统方式外，还要有面向公众的扩张方式，形成集中的媒体共识，吸引公众注意力，打造注意力经济。促销形式也要创新，大篷车招摇过市、社区促销进万家、文艺表演添活力、电子商务成网络。

选择合理的促销方式，一要突出效果，二要花费适当，三要推陈出新，四要文明健康。其中，创新是旅游宣传促销的"灵魂"，提高知名度和美誉度是目标，而活动往往是"吸引公众注意力"的关键。例如，杭州"之江度假村"在2000年10月与浙江电视台、《中国时尚报道》、《都市快报》、报喜鸟集团等联合举办了一期"时尚沙龙"的节目，时尚人物胡兵、胡东、王阳、王伦琴、毛戈平、潘杰等云集"之江度假村"草坪，名模、名师、名酒、顶尖时尚、草坪酒会构成了一幅时尚画，实况在全中国20多个城市电视台播出后引起了很大反响，达到了很好的促销效果。另外，他们还举办了"杭州国际哑剧精品表演"、"杨一民谣新起点演唱会"等活动，均以较小的经济代价，取得了良好的促销效果，很值得借鉴。

（三）促销措施

1. 广告促销。
- 在广播、电视、报刊、因特网等大众媒体上刊登广告；
- 在旅游专业媒体上刊登广告或新闻报道、特写、经验介绍；
- 在旅游超市或景观展示一条街上做广告；
- 制作VCD风光片并在相关媒体上播放；
- 聘请旅游形象大使；
- 在飞机票、火车票或出租车票等载体上做广告；
- 开通以景区名称命名的专列、专机。

2. 公关促销。
- 邀请、接待旅游批发商、零售商和媒体（旅游栏目）记者、作家、摄影家采风，在主要客源地的有关媒体上发表宣传文章；
- 为输送团量大的旅行社提供优惠和年终奖励；
- 管理者和促销人员在名片等公共载体上印制景区介绍和通达路线；
- 印制宣传册、地图、线路图等免费赠送的促销材料；
- 参加有积极意义的公益活动；
- 借助名人和公众人物促销；
- 举行各种形式的庆祝活动（如周年庆典、接待人数或收入过某一数字的庆典）、演出活动等。

3. 促销活动（业内促销与公众促销）。
- 参加各种旅游交易会、展示会、专业论坛，设立展台；
- 到主要客源地举行说明会、推介会；

- 特别纪念节日举办优惠活动（如儿童节对学生免票、老人节对老年人免费）；
- 节庆活动。

4. 公共信息促销。
- 拍摄电视散文；
- 唱响一首主题歌；
- 编制导游丛书、文化丛书、摄影丛书等；
- 利用电影促销（成功的例子有：《庐山恋》将庐山炒热 20 余年；《少林寺》为嵩山少林寺引来滚滚客流；《大红灯笼高高挂》使山西的大院走红全国，形成了独具特色的大院文化；《红高粱》让宁夏西部影视城魅力无穷；还有《神秘的大佛》（四川乐山大佛）、《刘三姐》（桂林漓江山水）等电影对旅游景区客源的促进作用；
- 充分利用领导人讲话的效应。例如，原中共中央总书记胡耀邦在其在位期间的一次中央全会上向全党发出"要有攀登泰山南天门"的精神，直接使泰山游客火爆；江泽民总书记又提出"责任重于泰山"的口号，对于泰山知名度的提高有很好效果。

5. 特种事件促销。

利用特种事件促销会带来意想不到的效果。例如，1978 年邓小平同志在黄山游览，并发表对黄山旅游的重要意见，对推动黄山旅游起到了决定性的作用；克林顿访华经过的西安、北京、上海、桂林等地成为西方民众特别是美国民众的旅游热点。

对旅游景区这一特殊商品而言，还应当充分依靠各种社会传播体系，发挥其非单纯的商品形象的效果。为了使游客产生对旅游景区有一个鲜明的识别形象，以下方法是应当借鉴的：
- 新闻发生地。如发现奇特景观的报道；
- 游记。如《徐霞客游记》中涉及到的景点；
- 文学作品描述地或故事发生地。如金庸武侠小说、中国古代四大名著；
- 流行电影或电视剧的地点及故事发生地、拍摄地：如《大红灯笼高高挂》、《廊桥遗梦》；
- 口头文学。神话与传说的发生地；
- 课本信息传播。中小学教材；
- 邮票、货币、门票、烟盒、火柴盒等纪念品或消费品的外包装图案；
- 名人效应。出生地、活动地等，如韶山是毛泽东的出生地；
- 历史事件或战争纪念地。中国的古赤壁，柏林墙（"二战"见证物）、纳粹集中营；

- 充分利用景区股票上市对景区知名度的影响。

第三节 旅游景区营销前沿问题

一、旅游景区品牌管理

当今,旅游业已经成为一项十分重要的产业,旅游业应该实施品牌战略,建立自己的品牌。实际上,在旅游业中虽然没有明白地提到旅游品牌,但是旅游品牌已经在旅游产品的生产、销售过程中发生着作用。例如兵马俑、故宫等旅游项目,西安、北京等旅游地,已经在旅游消费者心目中形成了一定的影响。

旅游品牌实际上包含两层含义:一是旅游项目品牌,如西安兵马俑、北京故宫等;这一类品牌依靠旅游资源本身的条件形成。二是旅游地品牌,如北京、西安等;这一类品牌是区域旅游经过长期发展后而形成的。其中旅游项目品牌是旅游地品牌的基础,一个著名旅游地是由众多具有一定影响力的旅游项目组成的;而旅游地品牌的形成也对于旅游项目获得成功有很大作用,使那些著名旅游地经过分析调查开发出来的新项目更容易得到消费者的认同,在宣传和推广方面更加容易。在旅游品牌的树立方面,树立旅游地品牌是区域旅游品牌战略的重要内容。21世纪是"品牌经济"时代。品牌是企业和产品的形象,它是对自身形象高度浓缩之后加以精心设计再尽情发挥市场功能的一种标志物。市场经济需要著名品牌。著名企业的著名品牌可以达到望文生义、家喻户晓的效果,蕴涵着巨大的无形资产,最鲜明、最集中地标识出所在企业的产品、形象、专长和竞争力,而这些企业也会因拥有著名的品牌而具备"双高":高知名度和高保障职能。而旅游品牌就隐含着服务质量优秀、市场信誉良好、信用可靠。旅游景区作为旅游服务业的重要组成部分,必须树立自己的品牌。只有这样,才能适应"知名度经济"和"注意力经济"的发展趋势。很多旅游景区在经营过程中得出的经验是:景区效益=品牌+制度+理财。品牌代表着旅游产品的品位、实力和服务质量,对游客而言也代表着安全感。因此,树立自己独特的品牌,对旅游景区而言是独步市场、保持良好的旅游吸引力和生命力的重要"法宝"。

(一)旅游景区品牌的树立

景区品牌与旅游项目品牌不同,它具有如下特点:

1. 整合性。

旅游项目是景区品牌的"血与肉",基础设施是景区品牌的"骨与筋",人文精神是景区品牌的"气与神"。天安门广场是北京的标志，外滩是上海的标志，黄鹤楼是武汉的标志，长城是中国的标志；自由女神代表了美国，金字塔象征着埃及；等等。这种独特性可以由自然景观构成，也可以由建筑、人物等人文景观构成。

2. 综合性。

综合性是由景区品牌丰满的内涵所决定的。不论是北京的天安门广场，还是武汉的黄鹤楼，作为一个景区品牌的某一方面的代表，虽然只是一种独特的建筑物，但是都蕴涵着极为丰富的历史文化内涵和社会时代精神。如果撇开这些文化和精神，则这些建筑物不过是一堆死的物件、毫无意义，更不可能成为一个区域形象的象征。

3. 整体性。

景区品牌是一个有机整体，景区品牌中的独特资源、综合要求是具有内在逻辑联系的有序排列系统，既不是多种因素的简单叠加和排列，又不是一种因素的简单替代。整体性是对旅游地区域内多种资源的整合与提炼，从而凝聚成景区品牌的独特内容和表现形式。

只有具有了以上这些特点，一个旅游地才能成为一个品牌。大连的美丽，在中国城市中特别是北方城市中殊甚少见。这可能缘于大连人对城市发展的道路有着迥异于其他城市的理解。一年一度的大连国际服装节和各种服装设计博览活动，使大连成为服装城；一年一度的东北地区进出口商品交易会和众多的对外招商活动，使大连成为"开放城"；一年一度的赏槐会和各种主题的旅游活动，使大连成为"旅游城"。绿化工程，种草、种树、种花，使大连成为一座花园城市。所有这些相得益彰，形成组合，并在不断的积淀中造就了大连这一具有广泛知名度和美誉度的城市品牌。虽然这种思想是对经济建设来讲的，但是正是这种思想使得大连市也同时成为一个著名的旅游品牌。公元208年发生的赤壁大战，创造了"以少胜多，以弱胜强"的著名战例。虽然1700多年的风雨早已洗尽了当初鏖战的硝烟，但历史的厚赐却随着时间的推移越来越显示出无穷的魅力。湖北省蒲圻市充分挖掘这一历史和文化的深厚底蕴，坚持实施"项目战略"，大做"旅游兴市"文章。1998年6月蒲圻市更名为"赤壁市"。赤壁市为了进一步弘扬赤壁文化，激励进取精神，解放思想，开动脑筋，引天下之财，借天下之力，再打一场发展经济的现代"赤壁之战"。这是借项目的品牌树立景区品牌。

（二）景区品牌的内容要素

区域旅游品牌建设包括开发新项目、繁荣经济、规范服务、美化家园、保护环境、提升人的精神境界等方面。名牌旅游产品的出现与经济繁荣有着绝对的因果关系；服务的规范也就是一种名牌服务；美化家园和保护环境，就是追求人与自然的和谐统一，这与名牌旅游产品的发展方向相一致；提升人的精神境界，才能更好地建设名牌旅游景区。景区形象建设中的品牌营运包括三个方面：由产品形象和企业形象组成的经济产业中的品牌形象；人文精神上的品牌形象；通过基础设施建设和城市化进程表现出来的外在显性品牌形象。三个方面有软有硬，相辅相成，成鼎足之势。其重心不在全面，而在于鲜明的区域特征、鲜明的识别系统和鲜明的品牌形象。

（三）景区品牌定位

旅游景区根据不同的消费者应该各有定位，并且这种定位要突出自己的特色。当前，我国城市形象问题已得到一些城市的重视。但就总体而言，我国大部分地区的景区品牌建设还处于自发状态。主要问题是缺乏整体观念、重软轻硬。同时，景区品牌建设大多是一个社区、一个城市在做。这些问题将来应该逐步加以解决。

旅游品牌应当具备的特征：

- 旅游品牌必须与一定的旅游企业紧密联结。企业是创造品牌的主体之一，并且独立地、排他性地经营该项品牌；
- 品牌最终要落实到游客购买的具体的旅游产品上；
- 旅游品牌要实现商标化；
- 旅游品牌与品牌企业要成为一个整体，而不是多个单体；
- 内在质量是旅游品牌最重要的依托。优质优价、批量优势成为品牌产品的生命；
- 一个旅游品牌的打造包括品牌定位、品牌包装和品牌传播三个步骤。

旅游景区的品牌管理是一个建立、维护、巩固品牌的全过程。一个有效监督控制与旅游者之间关系的全方位的管理过程，只有通过品牌管理才能确立景区在旅游者心目中的定位。它以增强景区竞争力为目的，以旅游景区品牌资产为核心，通过品牌定位、品牌设计、品牌传播、品牌保护、品牌延伸和品牌创新这六位一体的管理体系（图5-1），提高景区在旅游者心目中的知名度和美誉度，扩大品牌的号召力和影响力，巩固和提升景区在旅游市场中的形象和地位，建立起相对于其他景区的竞争优势（朱强华，张振超 2004）。

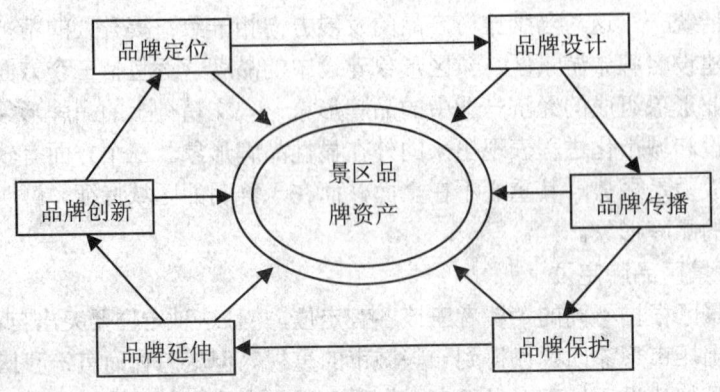

图 5-1 旅游景区品牌管理模型

（四）旅游景区品牌的管理与经营

旅游景区的品牌形成之后还存在一个经营和管理的问题，即对自己的品牌注册后进行有效的管理，一要保护品牌形象，二要激活品牌的无形资产价值，不断提升品牌形象。但是，我国许多资源品位极高的旅游景区仍然处于低级经营阶段，原因除了旅游景区企业的产权地位和市场主体地位不成熟、不明晰外，旅游产品本身也有无形产品的特殊性，易模仿难控制，无法直接注册而取得商标专用权。

1. 保护措施。

（1）尽可能地使注册商标合乎表征企业形象的各种标识；对于跨多个行政区的旅游景区及时注册更有必要。如杭州的富春江小三峡、满陇桂雨、瑶林仙境、天目山火山石谷等；

（2）利用法律武器对企业商标进行排他性保护；

（3）主动向游客和旅行商宣传自己的品牌、商标，提高识别力。

2. 经营策略。

由于品牌体现着经济价值，而且能够产生和创造价值，因此品牌可以经营。无形资产的经营方式大致包括投资、转让、许可使用、权利质押、融资等几种类型，可以利用合适的方式实现。

（1）品牌延伸：不断扩大品牌的使用范围，围绕旅游六要素，实现旅游生产力要素的产业化，使品牌在各个产业领域内得到延伸。旅游交通、文化、纪念品、餐饮、旅行社等企业可以借助著名品牌而获得发展动力。如千岛湖可以发展纯净水、茶等绿色食品；泰山的女儿茶、金银泰山酒、泰山烟等也是泰山的品牌延伸内容。但是，泰山作为一个知名度很高、品位不错的旅游景区，"泰山"名称专用权还没有得到保护（因为没有进行旅游产品和服务方面的商业注册），现在许多以泰山命名的企业和商品其实与泰山没有多少关系，只是希望利用泰山的高知名度。

例如，泰山表是山东聊城生产的，泰山烟是青岛产品，泰山电视机在济南生产，与泰山属地泰安没有关系；"泰山集团"虽然在泰安，其主导产品却是锅炉，与泰山文化内涵根本不搭界。笔者假设，泰山风景名胜区管理委员会作为泰山国有资产的代表人和授权管理者，如果能注册泰山商标，那么，通过转让商标权获得的国有资产收入将是非常可观的。

（2）品牌扩张：利用自己的品牌在市场上的号召力和影响力扩大实力，扩大品牌的经济范围和内容。如深圳华侨城控股经营曲阜孔子旅游股份公司。但是这种扩张要与主业相关联，否则会损坏品牌的社会形象。淳安县在扩张利用千岛湖品牌上做了大量卓有成效的工作，其一，建设"华东第一石林"景区、水上大世界等旅游精品工程，并实施区域合作营销，增加千岛湖旅游容量；其二，加快房地产开发，创"千岛湖"生态人居品牌；其三，立足生态特色农业，加快轻工业发展，创"千岛湖"绿色无污染品牌。如饮料饮用水开发、渔业资源开发、天然保健品、绿色食品加工业，"农夫山泉"纯净水就是一个突出案例；其四，实施农产品区域化发展，创"千岛湖"生态农业品牌，茶叶、桑蚕、畜禽、水果、蔬菜、干果等均属于千岛湖品牌辐射的范围。

二、旅游景区价格管理

（一）旅游景区价格的构成和确定

门票价格是景区旅游产品价值的反映。景区旅游产品不仅包括景区资源、环境条件，还包括景区管理、资源保护、景点开发及提供的各种有偿服务等。门票体现的景区旅游产品价值中，资源仅是一个基础要素。众所周知，资源只有经过开发利用，完善配套设施，创建优美的旅游环境并提供良好的服务，才能形成完整的景区旅游产品形态，而门票价格浮动对客源、旅游企业、相关行业都有很大影响。因此，景区在制定价格时，除了依据旅游资源的级别、景区开发管理成本、旅游服务外，还需考虑游客的经济承受能力以及与相关行业的关系等多方面的因素。

1. 影响景区门票价格调整的因素。

（1）景区门票价格应与资源的特色相联系，反映旅游资源的品位、价值和稀缺状况（李学江，2004）。按质论价，优质优价，除了准公共产品类旅游景区外，稀有旅游资源可制定垄断价格。然而，垄断价格的制定也要适度，经营企业往往因资源的垄断性而缺乏有效的竞争，易使垄断价格攀升且难以制约。如果听任市场机制决定这些景区的价格，市场经济中的利润目标容易诱使经营景区的企业将价格提高到高于边际成本的水平来攫取超额利润，这不仅对整个旅游业产生不好的影响，也偏离了价格形成的经济原理。因而垄断价格的制定也需考虑市场状况，应高低适度。尽管高等级景区对游客有很大的吸引力，但如果门票价格过高，游客可能会依据自己的经济状况而选择其他景区，使高等级景区的价值无法实现。

（2）景区门票价格应与旅游资源的管理与保护、景区环境容量相协调，有利于资源、环境的可持续利用。景区资源具有很大的脆弱性，无论是自然的还是人文的旅游资源都容易遭到旅游活动的破坏。景区生态环境因旅游活动也极易恶化。这就要求制定门票价格时，应含有景区资源管理保护费和对资源、生态损耗的补偿费用。在确保资源和环境持续利用的前提下，使价格与景区旅游容量相适应，用价格来调节旅游需求和客流。在具体操作过程中，旅游容量与价格的平衡点是难以掌握的。景区旅游容量相对稳定，在总体规划时接待游客的数量即已确定，而需求则是多变的，难以把握。因而，准确把握景区旅游容量与价格的平衡点，实现景区门票价格、客流、容量三者的和谐统一，对于景区旅游资源的管理、保护和可持续发展都是非常重要的。

（3）景区门票价格的调整要与景区环境质量、旅游设施的完善程度、服务质量的高低联系起来。一般来说，景区干净整洁、优美宜人的旅游环境，安全方便的旅游设施及员工热情、细致、周到的服务往往使游客感到物有所值。对于处在开发初期且软件设施不完善的景区，门票价格不可定得太高。

（4）景区门票价格与其他行业具有很强的关联性，价格调整要与各相关行业的价格协调。景区价格变动往往产生连锁反应，引起相关行业如餐饮、饭店、交通等部门的价格的变动。有些景区门票单方面涨价，造成了一些旅行社经营困难，使本来微利的旅行社不得不放弃这些景点，这不利于这些景点的长远发展。

（5）景区门票价格的调整要考虑旅游者的经济承受能力，价格上涨应与居民的可自由支配收入增长的水平相一致。近几年，国内旅游需求随着人们可支配收入的增长而不断增加，但旅游业的总供给与总需求之间基本上还是平衡的，1999、2000、2001年三个旅游黄金周期间供不应求的现象其实是一种转瞬即逝的暂时现象。当然，旅游供给与需求结构上的矛盾还是很大的。我国目前旅游需求增长速度很快，但多数旅游者消费能力有限，"旅游主体趋于平民化，工薪阶层占了67%左右"，门票价格应与国情相适应。

当然，不同景区中，资源的价值和功能是不同的。许多资源具有科研价值、历史文化价值，景点功能具有较强的教育意义和公益性，如各种博物馆、纪念馆、城市公园等，制定这类景区门票价格时应把社会效益放在首位，价格不可定得太高。另外，景区在制定价格时，不仅要考虑以上几个方面，更应该考虑旅游行业的整体效益、社会效益和环境效益。合理的门票价格应有助于经济、社会、环境三者效益的统一，有利于旅游业的可持续发展。

2. 景区门票价格制定的基本原则和要素。

景区门票价格制定的基本原则：

（1）游览参观点的资源评定价值。价值是价格的基础，是游览参观点门票价格内在决定的根本因素，因此，游览参观点门票价格要根据价值等级实行分等定价，使价值高的景点门票价格与价值低的景点门票价格拉开距离，使资源得到优化配置。游览参观点门票价值可结合上述评定标准确定，也可单独划分价值评定标准。如北京市将游览参观点价值划分为历史文化价值、审美价值、科研价值、生态价值、舒适满意度价值、市场价值等六个方面。

（2）价格要考虑居民消费水平和心理承受能力，有利于增加社会效益。对与居民日常生活关系密切的城市公园、纪念馆、博物馆和展览馆等门票价格应按照充分体现公益性的原则核定。同时，对学生、现役军人、老年人、残疾人，要实行优惠票价。

（3）价格要促进资源的保护与利用，有利于可持续发展。主要是对保护性开放的重要文物古迹、大型博物馆、重要风景名胜区和自然保护区等，门票价格应按照有利于景点保护和适度开放的原则核定。

（4）价格要合理补偿大环境建设价值。我国旅游业开发与发展属于政府主导型的模式。在这一模式下，政府需要进行大量投资来改善旅游交通、电力、通讯条件，加强旅游资源和环境的保护，因此，景区门票价格构成中可适当包含政府投资回报因素。比如，我国一些大景区门票价格中有的含有资源保护费、宣传促销费、机场建设费等。

（5）游览参观点开发和管理成本。补偿游览参观点开发和管理成本是维持游览参观点正常运行的保障。（覃文乐，2004）

在景区门票价格制定中，应当考虑如下几个因素（广东省物价局课题组，2005）：

（1）资源价值。包括：历史价值，观赏价值，社会价值，科研价值。

（2）成本构成。包括：资金投入构成游览参观点门票价格的成本，以及资源价值构成游览参观点的无形资产。

（3）客源市场。指不同游览参观点的客源市场不同，其价格的承受能力都不尽相同。

（4）市场比价。根据质价相符、优质优价的原则，在游览参观点门票价格制定中，应参考其他地区同类型景点的价格比。

（5）社会效益。其目的可归纳为：支持当地经济发展；保持资源可持续发展；提高公民基本素质。

3. 完善旅游景区门票价格定价机制的思路。

（1）合理界定游览参观点实行政府定价（政府指导价）和市场调节价的范围。

一是从投资主体的角度合理界定政府投资和商业性投资。对由政府委托国有企事业单位全资兴建和维护的旅游景点，如：思想文化教育馆、文物单位、独特的自然文化风景区以及城市居民休闲公园等毫无疑问属政府投资、公益性质；对实行投资主体多元化的自然风景区或文化教育场所应视不同情况进行界定，在自然风景区内由国资以外的投资主体或混合投资兴建的人造景观、游客互动项目应视为商业投资；在自然风景区整体上的混合投资则不能视为商业投资，可界定为准政府投资，以体现自然资源的国有性质，强化国家监管；对自然风景区以外，由国资以外的其他投资主体投资兴建的主体人造景观应界定为商业投资。

二是根据投资主体的不同，合理确定旅游景区门票价格管理范围。对由政府投资兴建、维护、管理的全国和省级重点文物保护单位、风景名胜区和自然保护区、省和地级市博物馆、与居民密切相关的城市公园、纪念馆（堂）、展览馆实行政府定价或政府指导价；界定为商业投资的一律实行市场调节价。

（2）建立科学合理的旅游景区门票价格形成机制。

第一，是对实行政府定价和政府指导价的游览参观点，以景点保护、适度开放和充分体现公益性为原则制定门票价格，真实反映资源价值和投资成本。

第二，不同类型游览参观点区别对待，采取不同的定价模式。对属于准公共产品类的博物馆、爱国主义教育基地、国家和省级自然风景区、城市公园等实行政府定价模式，体现其社会公益性，使社会福利实现最大化；对划归为准政府投资的游览景点实行政府指导价模式，允许经营者根据市场变化在一定幅度内浮动价格，既体现定价的灵活性，又可适当保护游客的利益；对界定为商业投资的人文景观、游乐场所等实行市场调节价模式，充分发挥市场机制的作用。

第三，门票价格形成基础必须合理，既要体现其内在价值，又要对资源损耗、经营成本等合理补偿。游览参观点资源的内在价值是构成门票价格的基础。旅游景区的价值反映了资源的独特性、稀有性、不可再生性，应体现"享受、受益、负担"的原则，将资源损耗作为资源使用费纳入门票价格中。此外，门票还必须反映旅游景区的维护费和全部经营成本。要建立成本约束机制，尽快解决当前旅游景区成本核算不清的问题，使成本真正做到真实、合理。

第四，充分反映市场供求状况，考虑市场定位对门票价格的影响。建立市场定价机制的核心是依据市场的变化灵活调整价格，价格的变动要适应市场供求变化。改革和完善旅游景区门票价格形成机制，无论采取何种定价模式，都必须根据旅游市场的特点、游览景点的市场定位，使价格的变化适应不同游客的需求。

第五，完善旅游景区门票价格决策听证制度。一是整章建制，根据各地价格听证制度暂行管理办法有关规定和旅游行业自身的特点，制定内部的价格听证制度规范，确保游览参观点门票价格决策听证制度的顺利实施；二是真正落实听证制度的公开性，使广大消费者可以及时将自己的意见反馈给听证代表，用于听证的材料应真实、客观反映事实，做到听证不走过场。

（3）完善旅游景区的经营机制。

博物馆、爱国主义教育基地、国家和省级自然风景区、城市公园等是典型的准公共物品和公共资源，对这一类公益性的游览参观点应当列为公益性事业单位，由政府对其实行财政收支两条线的管理模式，门票收益权归属政府。其作用是可以保护一部分有独特的自然文化价值的游览景点，排除更多的人为干扰，为子孙后代保留下一份未被破坏的人类自然遗产资源。在列为公益性事业单位的同时，其经营管理应引入竞争机制。可参照经营者投资的游览参观点的经营模式，对风景名胜游览点试行招投标的方式，将所有权和经营权分离，门票权仍归属政府，但超额部分可作为奖励返给经营单位。与此同时，政府要把好价格关，合理地控制好价格水平。通过市场机制运作可进一步提高旅游服务质量，约束企业成本，并兼顾国家长远和现实利益。

（4）建立灵活的旅游景区门票价格运行机制。

第一，制定不同的优惠票价。由于游客对景点游览的需求具有一定的刚性，而各旅游景区的功能定位又是有区别的，为适应游客的不同需求，旅游景区门票价格形式应多样化，可区分不同人群如老人、儿童、军人等制定免费、优惠群体门票价格；对其他人群制定单人票、家庭套票、团体票、年票、月票等。

第二，制定差异化门票价格。适应旅游业的总体特点，同一游览景区，按游客的差别或时间、地点差别可以细分市场，针对不同的细分市场，对不同季节、不同时间段，参观游览区的不同游览段制定多样化价格，使每一市场达到最大收益。但对本地居民以健身、休闲为主要功能的景点不宜采取此办法，而应以低价政策为宜，以体现社会公众福利。

第三，实行灵活的价格制定策略。旅游产品作为一种特殊的商品，从区域的角度看是具有一定的垄断性，但放在更大的范围看，它又具有一定的竞争性。根据旅游产品的这种市场特征，应采取灵活的定价策略。一是根据游览景区的成熟度定价，在旅游景区的不同生命周期，如：开发期、成熟期、衰落期制定不同的价格；二是转移定价，将整个旅游景区看做"商业经济与管理一盘棋"，门票价格定得低些，通过游客在景区内的其他消费补偿；三是捆绑定价，即将有明显需求差异的几个景点合在一起制定一个套票价格，但其价格又略低于几个景点价格之和。

（二）旅游景区价格战略的策划

门票收入对很多风景区而言是收入的主要来源，对一些政府首脑来说，一谈到旅游产业化，就想到收门票。确实，在旅游市场蓬勃发展的今天，著名风景区资源仍然供不应求（假日经济使该问题更加突出），尽管门票价格过高，但依然游人如织。门票收入更成为一些地区预算外资金的主要来源。千岛湖2000年全年的门票收入5656万元，对相对贫困的淳安县来说，这是一笔不小的资金；泰山年门票收入1亿元（不含索道收入），蓬莱阁8000万元，崂山6000万元；杭州全年景点门票收入更是超出5亿元。这其实也是各地大力发展旅游业的动力来源。

旅游市场调查的结论表明：尽管旅游门票价格是旅游产品价格体系中的非常重要的一环，然而由于用于购买门票的消费支出所占比重较小，特别是远距离散客旅游者的此项支出仅占总消费的5%~8%左右，因此消费者、企业主及学术界对门票价格的重视程度不足，表现在价格定位上论证不够，随意性强，变动频率过大。

然而，我们切不可低估门票价格定位的作用。虽然价格并不是影响购买力行为的唯一因素，但在旅游业为主导行业的区域中，它的地位是显而易见的：门票价格的定位和变动既是微观层次上的旅游成本、供求关系及旅游竞争的现实反映，又在中观层次上影响其他产业部门的发展，从宏观上又影响区域经济战略与规划，影响到地区经济、社会及环境。因此，旅游门票价格定位及其变化的影响具有综合性。对于旅游促销而言，价格的影响效应非常明显：旅行社已进入微利经济时代，对价格的变化非常敏感，降价会刺激团队游客的增加，提价则可能导致团队游客的减少。

当前价格过高的现实已超出游客多次消费的能力，价格总量已与世界水平接轨。因此，门票价格变动引发的市场效应在我国表现得非常突出。秦皇岛在2000年7月5日宣布区内景点门票价格全面下调，旅游人数随之增加，总收入反而提高。其中，山海关接待人数增加22.6%，收入增长12.7%，南戴河甚至高达157%和204%。

（三）旅游门票价格定位的一般原理

1. 必须充分反映旅游产品、资源及环境的价值（效用）量。

这主要取决于旅游资源开发的投入水平、资源赋存状态及组合质量。例如：泰山主景区门票价格应高于其西侧的扇子崖风景区，因为前者的资源赋存水平高于后者。

2. 必须充分反映旅游资源和产品的供求关系。

它包括两种基本含义：其一，对区域特异性强、知名度高、容量大的旅游景区，门票价格定位要高，以体现其高质量、高品位、高价格的"三高"策略；其二，随着旅游景区资源容量的不断扩大，其价格应随之有所提高，但价格增加的速率应小于资源增加的速率，因为"边际效用递减规律"同样适用于旅游者。例如，甲景区资源容量为乙景区的两倍，二者的门票价格比应大于1而小于2。

3. 以获取满意的经济效益为目标。

此处所指"满意"不等于最大或最佳，因为如果门票收入达到最大，很可能导致资源的破坏或闲置、间接收益的降低、社会知名度和信誉的下降等副作用。这就要求管理者在进行价格定位时要考虑长远与综合因素。

4. 充分考虑旅游者收入状况及消费水平。

因为旅游开发所产生的旅游产品，其需求具有较大弹性，脱离旅游消费者消费能力的价格会使旅游部门失去旅游客源市场。因此，需要在调查旅游客源市场状况的基础上进行旅游产品定价。

5. 充分发挥环境效益水平，合理控制游客容量，通过门票价格的调整，使风景区旅游环境承载力实现最佳。

应竭力避免两种倾向：其一，价格定位过低，致使游客数量大大超过其合理容量，损害作为旅游业持续发展基础的资源与环境；其二，价格定位过高，游客数量远达不到其合理容量，造成资源的闲置和浪费。

6. 要参照近邻地区风景点门票价格。

特别是能纳入同一旅游线路上的景点，其门票价格与资源赋存（或效用值）的比值不宜相差太大，基本做法应该是：按旅游者浏览先后顺序而使门票价格有所不同，越靠线路终端，其门票价格与旅游产品效用量的比值也应越小，即"消费者剩余"（consumer's surplus）越大。

7. 人造景观、主题公园一般可采用取脂价格定价策略，即高于成本价定价。

（四）旅游门票价格变动的原理

引发旅游门票价格变动的因素很多，例如物价水平的提高，居民收入的增加，供需矛盾的加剧，旅游资源开发力度的加深等。由于旅游产品的不可贮存特征，运用价格杠杆调整市场需求是十分重要的策略。旅游进行价格调整，根据自身或企业环境状况的不同而不同，其所选择的旅游产品价格调整目标有7种：利润目标，即以短期或长期利润最大化为目标；市场目标，即以扩大对客源市场占有率为目标；竞争目标，即以击败竞争对手为目标；消费者目标，即以吸引特种消费者群体为目标；稳定收益目标，即以获取一定的收益为目标；环境保护目标，即以保护资源环境，限制游客密度为目标；社会效益目标，即以某种社会效益指标为目标。

（五）旅游门票价格变动策略

旅游企业在综合分析价格形成因素的基础上，确定价格变动的目标值，对旅游门票价格重新定位。一般可供选择的策略有5种：提价策略；限价策略；稳价策略；降价策略；季节性浮动价格策略。

第六章 旅游景区游客管理

第一节 旅游景区游客管理概述

游客管理活动最早是在保护地中受到关注和重视的,起因是西方一些国家公共公园游客量的急剧增加。二战后,西方各国经济复苏,人民生活水平的提高促进了户外游览需求的不断增强,给整个国家的发展政策以及国家公园运动带来相当大的冲击。到了20世纪60年代,公共公园开始被过度利用,游憩活动对环境的冲击加剧。游客管理实践活动在欧洲与北美洲的许多国家公园得到了重视与发展,并扩展到一些普通旅游目的地及发展中国家旅游目的地。学界由此展开了一系列的研究和实践探索。

一、游客管理的必要性

一般认为,景区对游客进行管理主要出于解决旅游景区保护与管理中的一些突出问题。

1. 保证游客活动对旅游目的地不会带来不可接受的负面影响。

旅游由于游人不断增加,产生了一系列管理压力与问题。例如,游人对植被的践踏、污水垃圾排放到自然环境中以及景区建设对地形地貌的破坏等等。这些活动给旅游景区和保护区带来了长期和不可恢复的破坏。虽然简单控制游人数量和行为方式可以起到一定的保护效果,但不能同时充分满足人们游赏景区和保护区的愿望。在这种情况下需要科学的管理模式来协调两者之间的矛盾,实现资源保护和游客体验的双重目标。

2. 通过游客管理来确保游客的体验达到最优化。

随着景区和保护区内旅游活动的不断发展,游客体验的范围不断扩大,包括了学习、欣赏、冒险、挑战等多种感受,对旅游品质的要求也越来越高。游客不再满足传统的大众观光游形式,转而要求自由选择有特色的娱乐地点、时间和方式。所以在制定管理条例时，要充分考虑游客的期望与可接受程度，不断提高游客体验。

3. 避免或解决发生在旅游者中间以及旅游团队之间的矛盾。

游客有着不同的兴趣和爱好，他们并不一定欣赏其他游客的活动。研究显示，一个团队活动带来的视线遮挡、声音干扰以及人员拥挤很可能影响另一个团队的活动和体验，使后面的团队离开旅游区。所以在游览活动的组织中，管理与调整旅游者之间的时空分布和相互关系也是规划中不可缺少的组成部分。

4. 协调与周边社区的关系。

旅游景区的规划管理并不因边界戛然而止，它与景区周边社区有着千丝万缕的联系。所涉及的内容包括社区成员的经济收益、社区与游客的关系、对社会文化资源真实性与完整性的保护等。

二、景区游客管理的定义

景区游客管理是旅游管理部门或机构通过运用科技、教育、经济、行政、法律等各种手段组织和管理游客的行为过程。管理者通过对游客容量、行为、体验、安全等的调控和管理来强化旅游资源和环境的吸引力，提高游客体验质量，实现旅游资源永续利用和旅游目的地经济效益的最大化。

游客管理有助于旅游管理部门更加全面深入地了解现有和潜在的游客需求偏好，建立科学的管理决策机制，提高旅游目的地经营管理水平，因而具有重要的理论和现实意义。作为一个新兴的研究领域，游客管理涉及行为学、环境学、管理学、社会学、心理学等诸多学科。

三、游客管理应遵循的原则

1. 系统性原则。

游客管理系统只是旅游景区管理系统中的一个子系统，而游客管理这个子系统又由许多要素组成，所以游客管理子系统的运行要注意与其他管理子系统的衔接，同时也要处理好子系统内部各要素之间的关系。

2. 利润最大化原则。

为了体现管理的效率问题，要做到既定成本条件下包括环境成本在内的利润最大化或既定利润条件下的成本最小化。

3. 针对性原则。

由于游客行为存在很大的差异，所以针对不同游客类别要采用不同的管理和服务方式。另外，由于不同类型的旅游景区有不同的特征和管理要求，所以针对不同类型的旅游景区，游客管理的目标和方式也要有所差异。

4. 公平性原则。

公平性是可持续发展理论的要素之一。它强调当代人之间、各代人之间应平等分配有限的资源。其实质是参与者的权利与责任的对等性，这种对等性表现在两方面，一是所有参与者既应享受权利也应承担义务，二是每位参与者享受的权利与承担的义务平衡。游客管理涉及的主体不仅是游客，还包括旅游目的地诸多利益相关者，只有遵循公平性原则，保证所有参与者权利与责任的对等，才可能实现游客管理的目标。

第二节　旅游景区游客行为分析

传统的旅游管理注重对旅游经营者行为的管理，如旅游服务质量、旅游价格、旅游诚信等等，而且为了维护旅游形象，也逐渐开始重视对旅游地社区居民行为的管理，但却忽视了对游客行为的管理。游客行为包括决策行为、游览行为、购物行为、娱乐行为、交往行为等许多方面。这些行为对旅游活动的开展同样具有重要影响，是旅游管理的重要内容。从旅游公共管理的层面来看，游客行为管理主要是对游客决策行为、游览行为和交往行为的管理。

一、对游客决策行为的管理

游客决策行为表面上看是一种简单的市场选择行为，是游客自身偏好的自由表现，不应进行干预。但实际上，由于游客在旅游活动中的核心地位，游客的非理性决策行为不仅会对自身利益，而且会对旅游市场，甚至整个旅游产业带来不利影响或导向，需要进行有效干预与引导。导致游客出现非理性决策的核心原因是旅游活动中大量存在的信息不对称现象。由于旅游产品的不可移动性，其在消费市场上的存在方式不同于有形商品，往往表现为是一种带有期货性质的信息产品，因而全面准确的信息对游客决策非常重要。但在旅游经营者、游客之间却存在着明显的信息不对称，处于劣势方的游客往往难以搜寻到足够的信息来准确识别产品的内涵、价格、质量差异，导致盲目追求低价、错误选择旅游景区等非理性决策行为。这种非理性决策行为不仅使游客利益受到损害，而且使旅游市场出现"劣币驱逐良币"的"柠檬化"现象，引发零负团费、欺骗购物、诚信缺失等一系列市场问题。因此，应对游客的非理性决策行为进行有效干预，通过丰富和规范信息渠道、加大信息供给、严格监管企业广告、建立全面便捷的信息咨询与诚信体系、积极推进品牌建设和维护等措施，一方面提高有效信息供给，另一方面剔除能够引起错误决策的不良信息,尽可能地减少信息不对称现象,避免非理性决策。此外,要通过提示、忠告、发放旅游消费指引等措施,加强对游客的教育引导,增强游客解读信息、识别产品、理性决策的能力。

二、对游客游览行为的管理

旅游活动的开展不仅会对目的地社会、经济、自然、文化产生积极的推进作用,也可以造成环境污染、文化冲击、道德弱化等一系列负面影响,而游客的不良游览行为是造成这些负面影响的主要原因。由于游客脱离了原有社会自然形成的道德约束,到目的地容易出现道德松弛现象,表现出一些不良游览行为,如大声喧哗、不尊重当地文化风俗、不注意公共卫生和公共秩序、损害旅游资源和设施等等。对这些不良行为若不进行主动干预与引导,就会影响旅游活动的健康开展。此前我国出境游客在目的地的不文明旅游行为就曾经引起很大反响,有些国家甚至因此而提高了对我国游客的入境签证难度,就是明显一例。

不良旅游行为一方面会给目的地带来多重负面影响,另一方面也会影响到其他游客的旅游质量和满意度,最终给目的地形象带来损害。因此,加强游客游览行为管理,是游客管理的一个极其重要的方面。目前,虽然许多旅游景区都制定了针对游客游览行为的规定,也推出了文明旅游公约,但往往流于形式,缺乏应有的约束效力。而且有些旅游法规至今还只有对旅游经营者行为的规定,而没有对游客行为的规定。因此,对游客游览行为的管理,除了加强对游客的教育与宣传、强化自律外,应该高度重视游客游览行为管理的重要性,通过制订专门的《游客游览行为管理处罚条例》、在旅游合同中增加行为约束条款、加强现场管理等措施,使游客游览行为管理法制化、系统化、自觉化和常态化。

三、对游客交往行为的管理

游客的旅游过程实际上就是一个不断与外界进行互动交流的过程,其中既有游客之间的交往,也有游客与景区所在地居民之间的交往,还有游客与亲友之间的交往等等。这些交往行为对旅游景区发展具有重要意义,其如果是良性的,就会提高游客对旅游经历的愉悦度,激发景区所在地居民对旅游的参与和支持热情,形成良好的"口碑"宣传效应。反之,则会影响旅游景区的健康发展。因此,应该高度重视游客的交往行为,将其视为旅游活动的重要组成部分,主动进行干预与引导。针对游客之间交往行为的管理,重点是通过宣传教育、专门提示、制定团队旅游客际行为规范等措施,使游客充分认识到良好的客际关系是旅游产品的组成部分之一,涉及每个游客自身的旅游质量,需要大家共同维护与升华;针对游客与景区所在地居民之间交往行为的管理,重点是帮助游客增加对该目的地风土人情的了解，对游客提供尽可能详细的相关信息，使游客能够主动尊重景区所在目的地的文化信仰、风俗习惯、生活禁忌等，以形成良好的主—客关系；针对游客与亲友之间交往行为（旅游后行为）的管理，重点是通过提升游客在旅游景区的实际感知质量、认真处理游客在旅游过程中的意见和投诉等措施，主动影响游客的口头传播行为，让游客能够形成良好的"口碑"，最终使之成为旅游景区的义务"宣传员"。尤其是随着网络技术的发展与普及，游客通过个人博客、网上圈子、QQ群、MSN等交流工具对旅游景区所进行的评价，影响广泛，成为"口碑"传播和非正式信息咨询的重要途径，更需要我们进行主动引导与管理。

第三节 旅游景区游客关系管理方法

一、数量管理

虽然对游客的数量控制已被证明是存在很大缺陷的，但不可否认的是，游客的体验水平和对环境的负面影响程度与游客数量还是存在普遍的相关关系的。这也是环境容量理论在被越来越多地发现存在缺陷后还能一直在实践中运用的缘故。某些特殊情况如喀斯特溶洞、石窟等，其环境和保护文物等负面影响的直接因素主要是二氧化碳、细菌含量的增多，而这种情况主要只与游人数量相关，与游客行为无明显联系。为此，很多景区必须考虑限制游客进入数量。最简单的方法就是强制性限制，但考虑到对旅行社业务、游客的出游计划的影响，一般必须采取建立客流信息系统、预订系统、价格策略以调节控制。有时为达到数量控制目的，可以采取特别的办法，如美国黄石国家公园采取抓阄进入的办法控制每天进入公园的人数。有些景区可以适当保持或提高景区进入难度、减少宣传等手段控制游客数量。

二、分流对策

限制游客进入数量对于游客来说总不是愉快的事，因为计划好的旅游目标却无法实现。因此，对于游客人数的多少与环境的影响并无主要关联的多数景区，应该考虑的是实施游客分流，降低客流在景区内部局部景点的时空集中程度，从而减少各局部景点的游客的拥挤。主要是对游览线路顺序及时间安排，使客流的时空分布情况的掌握非常有助于分流，通过信息的及时传递反映各处的游客拥挤情况，可组织引导游客分流或实现游客自发分流，如吉萨高地引入了地理信息系统（GIS）。GIS 是一个计算机应用系统，可以储存各种数据，如线路的位置，同时还可以分析并显示哪些线路距古建筑区较近，还可以分析游客的流量，以及游客的人数是否超过了这里的容量，帮助景区管理人员为游客分流提供数据。

三、队列管理

分流措施并不总是能解决游客数量过多的问题，其效果与措施的实施成本也有联系，因此排队现象经常是难以避免的。这种现象在主题公园等景区十分突出。排队是影响游客总体体验的重要因素。因此要尽量采取措施缩短游客的排队时间。一些可供借鉴的改善游客体验的队列管理方法，如：提供排队的详细资料、超额估算剩余时间、使人们排队时总是有事可做，等等。各种措施的目的主要在于减少或避免游客的等待所带来的枯燥单调的环境。在英国奥尔顿塔楼、伦敦眼等主题公园引入绩效排队体系，即通过计算机订票系统保留各自位置，并在指定时间获得相应位置。绩效排队的意义在于基本避免排队等待现象。

四、团队管理

保持适宜的团队规模、频率、距离对游客体验的质量是非常重要的。团队规模过大易于造成空间拥挤。在旅游景区，狭小的景点往往有几个团队的导游同时解说，相互干扰是经常出现的现象。

五、投诉管理

随着游客自我保护意识的增强，游客对景区的期望值也越来越高。游客在旅游的同时，也在评估他所得的服务是否"物有所值"。当可预期效果不能如愿或者不够理想时，对景区的投诉就会产生。面对游客投诉，景区管理者应该以积极的心态与游客及时沟通和协调，及时妥善地解决问题。为此，需要建立一套完善的投诉处理程序，首先必须有一个完善便捷的投诉受理渠道；其次，对游客的投诉要做出及时的、合适的反应，注意对游客的意见做到耐心倾听、安慰、负责；最后能快捷地拿出一个使投诉游客满意的处理方案。

六、解说系统的建设

解说系统通过各种媒体形式在提供信息服务的同时，达到对游客的分流、安全提示、行为提示等的管理功能。解说系统形式可以分为向导式解说和自导式解说，分别包括各种导游讲解、咨询服务、影音材料、标志、牌示、地图、手册等。让游客有更多的机会获得信息是关键的一步，对此应充分发挥导游的解说引导作用；景区一般应有专门的游客中心为游客服务和管理；尽量能低价或免费地提供地图、手册等资料供游客浏览，但这在我国做得还很不够。景区内的牌示、标志等首先需要注意位置的得当及信息的醒目、简洁、准确；其次，人性化的设计、提示更能赢得游客的配合。完善的解说系统可以变对游客的直接管理为间接管理，真正体现游客管理的服务性特点。

第七章 旅游景区人力资源管理

21世纪是全新的知识经济时代，人作为企业的"活"资源，是知识的创造者和传播者，是为企业创造价值的源泉。各行各业对人力资源的重视程度都提高到了一个新的高度，人力资源成为企业竞争的新焦点。旅游景区作为劳动密集型行业，人力资源对其发展具有更突出的重要性和更加深远的意义。人才是景区建设、经营管理和进一步发展的支柱。因此旅游景区要拥有可持续的竞争力，必须加强对景区人力资源的开发与管理。

第一节 旅游景区人力资源管理必要性

一、管理观念滞后，制度难以健全

现代人力资源管理与传统人事管理的最大差别，就在于现代人力资源管理将"人"提升到了组织战略性资源的高度。人力资源管理的职能也从微观到宏观、从不重要到重要，由招聘、调配、发工资、档案管理、办理退休等低层次而繁杂的日常事务，逐渐集中到参与组织变革管理、领导和发展文化建设等关乎组织命运的重要工作。然而，目前国内除了一些发展较为成熟或是走企业化经营道路的旅游景区外，相当一部分景区都处于传统人事管理的阶段，也就是人力资源管理的低级阶段，整体上存在管理观念滞后的现象，而管理观念的滞后又会进一步阻碍相关制度的建立、健全。

二、人才引进困难，遭遇人才瓶颈

首先，旅游景区的高素质人才，尤其是接受过专业旅游知识培训的各方面管理人才十分缺乏。一般来说，接受过专业旅游知识培训的高素质人才主要来源于高等院校。然而，目前很多高等院校特别是名牌院校旅游管理专业的毕业生往往不愿意到旅游景区工作。其次，旅游景区的人才引进和专业人才的市场需求之间出现了偏差。一方面，现代旅游景区人力资源管理工作对战略性思维和专业化技能的要求逐渐提高，因而要求更专业的人才从事相关工作。另一方面，多数旅游景区尚未建立起现代人力资源管理的专业化模式和流程，其制度化、规范化建设显得非常滞后，进而严重束缚了专业人才的引进力度，也因此使得真正具有人力资源管理专业技能的人才要么是不愿意去景区去工作，要么是因为制度的不健全而被拒之门外，要么是进去了其能力却得不到施展。这种人才需求与人才引进之间的矛盾，直接导致了以下情况的出现：旅游景区从事人力资源管理的人员不懂人力资源管理，而人力资源管理专业人员却无法引进或其才能无法得到施展，这也就严重制约了旅游景区人力资源管理的进步。

三、淡旺季较明显，供需难以平衡

旅游业具有很强的"季节性"特征，这里的"季节性"不仅仅是指因春、夏、秋、冬四季旅游条件不同而导致旅游客流规模大小的变化，而且还泛指一切因时间的变化而发生的旅游客流规模有规律地大幅度集中、大幅度减少的变化。对旅游景区而言，这种"季节性"特征的影响尤为明显，例如，在周末、国家规定的带薪长假以及举行大型旅游节庆活动的时段，旅游景区的客流规模往往会大幅增加。

"季节性"造成了旅游景区在淡旺季人力资源供需难以平衡的问题。在旺季的时候，客源丰富，景区门庭若市，相应地需要大批导游、餐饮、娱乐、保安、保洁等服务人员。这时候人才可谓是"供小于求"，在人手不够的情况下，旅游景区往往让员工超负荷工作，或者紧急招聘，如"黄金周"期间寻找高校学生担任临时导游的现象就非常普遍。而一旦进入淡季，景区客流很快减少，此时人才会"供大于求"，甚至出现人力资源闲置的现象。这种"一紧一松"的交替规律给景区人力资源管理带来了很大的困难，其一，使得旺季旅游景区的服务质量下降，这一时期一般是游客投诉的集中期；其二，使得旺季旅游景区员工的满意度也下降，间接降低了旅游景区吸引人才的难度，并提高了员工的流失率。

第二节 旅游景区岗位分析与规范

一、岗位分析简述

（一）岗位分析概念

工作：是对各类工作岗位的性质任务、职责权限、岗位关系、劳动条件和环境，以及员工承担本岗位任务应具备的资格条件所进行的系统研究，并制定出工作说明书等岗位人事规范的过程。

（二）岗位分析的内容

在企业中，每一个工作岗位都有它的名称、工作条件、工作地点、工作范围、工作对象以及所使用的工作资料。

1. 在完成岗位调查取得相关信息的基础上，首先要对岗位存在的时间、空间范围作出科学的界定，然后再对岗位内在活动的内容进行系统的分析，即对岗位的名称、性质、任务、权责、程序、工作对象和工作资料，以及本岗位与相关岗位之间的联系和制约方式等因素逐一进行比较、分析和描述，并作出必要的总结和概括。

2. 在界定了岗位的工作范围和内容以后，应根据岗位自身的特点，明确岗位对员工的素质要求，提出本岗位员工所具备的诸如知识水平、工作经验、道德标准、心理品质、身体状况等方面的资格和条件。

3. 将上述岗位分析的研究成果，按照一定的程序和标准，以文字和图表的形式加以表述，最终制定出工作说明书、岗位规范等人事文件。

（三）岗位分析的作用

工作岗位分析的作用可概括如下：

1. 工作岗位分析为招聘、选拔、任用合格的员工奠定了基础。
2. 工作岗位分析为员工的考评、晋升提供了依据。
3. 工作岗位分析是企业单位改进工作设计、优化劳动环境的必要条件。
4. 工作岗位分析是制定有效的人力资源规划，进行各类人才供给和需求预测的重要前提。
5. 工作岗位分析是工作岗位评价的基础，而工作岗位评价又是建立、健全企业单位薪酬制度的重要步骤。

此外，还能使员工通过工作说明书、岗位规范等人事文件，充分了解本岗位在整个组织中的地位和作用，明确自己工作的性质、任务、职责、权限和职务晋升路线，以及今后职业发展的方向和愿景，更有利于员工"量体裁衣"，结合自身的条件制定职业生涯规划，愉快地投身于本职工作中。总之，工作岗位分析无论对我国宏观社会和经济发展还是对企业单位人力资源开发和管理都具有极为重要的作用。

二、旅游景区主要岗位服务规范

（一）景区接待服务规范

景区接待服务的主要工作包括售票服务、入门接待服务（包括验票及咨询）和投诉受理服务。

1. 售票服务。

（1）积极开展优质服务，礼貌待客，热情周到，售票处应公示门票价格及优惠办法。

（2）主动解答游客的提问，做到百忙不厌，杜绝与游客发生口角，能熟练使用普通话。

（3）主动向游客解释优惠票价的享受条件，售票时做到热情礼貌、唱收唱付。

（4）向闭园前一小时内购票的游客提醒景区的闭园时间及景区内仍有的主要活动。

（5）游客购错票或多购票，在售票处办理退票手续时，售票员应按景区有关规定办理，如确不能办理退票的，应耐心向游客解释。

（6）热情待客，耐心回答游客的提问，游客出现冲动或失礼时，应保持克制态度，不能恶语相向。

（7）耐心听取游客批评，注意收集游客的建议，及时向上一级领导反映。

2. 验票服务。

（1）验票岗位工作人员，应保持良好的工作状态，精神饱满，面带微笑。

（2）游客入景区时，应使用标准普通话及礼貌用语。

（3）对漏票、持无效证件的游客，要礼貌地耐心解释，说明无效原因，说服游客重新购票。

（4）残疾人或老人入景区时，应予以协助。

（5）如遇闹事滋事者，应及时礼貌予以制止，如无法制止，则立即报告有关部门。切忌在众多游客面前争执，引起景区秩序混乱。

3. 咨询服务。

（1）接受游客咨询时，应面带微笑，且双目平视对方，全神贯注，集中精力，以示尊重与诚意，专心倾听，不可三心二意。

（2）咨询服务人员，应有较高的旅游综合知识，对游客关于本地及周边区域景区情况的询问，要提供耐心、详细的答复和游览指导。

（3）答复游客的问询时，应做到有问必答，用词得当，简洁明了。

（4）接待游客时应谈吐得体，不得敷衍了事，言谈不可偏激，避免有夸张论调。

（5）接听电话应首先报上姓名或景区名称，回答电话咨询时要热情、亲切、耐心、礼貌，要使用敬语。

（6）如暂无法解答的问题，应向游客说明，并表示歉意，不能简单地用"我不知道"之类的用语。

（7）通话完毕，互道再见并确认对方先收线后再挂断电话。

4. 投诉受理服务。

（1）景区工作人员应把游客的投诉视为建立诚信的契机，受理人员要着装整洁，举止文明、热情、耐心地接待投诉游客。

（2）受理投诉事件，能够现场解决的，应及时给予解决。若受理者不能解决的，应及时上报景区负责人，及时将处理结果通知投诉者，并注意收集反馈意见，科学分析，以便及时改进，提高服务质量。

（3）要以"换位思考"的方式去理解投诉游客的心情和处境，满怀诚意地帮助客人解决问题，严禁拒绝受理或发生与游客争吵现象。

（4）接待投诉者时，要注意礼仪礼貌，本着"实事求是"的原则，不能与客人争强好胜、与客人争辩，既要尊重游客的意见，又要维护景区的利益。

（5）景区应设立专用投诉电话，并在景区明显位置（售票处、游客中心、门票等）标明投诉电话号码，且有专人值守。

（二）景区导游（讲解员）服务规范

1. 景区导游（讲解员）应符合有关规定和要求，取得导游员（讲解员）资格，方可上岗。

2. 导游（讲解员）要时刻保持饱满的工作、服务热情，时刻处于良好的工作状态。

3. 景区导游（讲解员）应尊重游客，礼貌待客、微笑服务，热情主动并耐心地倾听游客的意见，在合理而可能的情况下，尽量满足游客的要求。

4. 导游（讲解员）要严格按照讲解服务单位确定的游览线路和游览内容进行讲解服务，不得擅自减少服务项目或中止讲解服务。

5. 导游（讲解员）在讲解服务中，对涉嫌欺诈经营的行为和可能危及游客人身、财产安全的情况，要及时向游客作出真实说明或明确警示。

6. 导游（讲解员）不得向游客兜售物品和索要小费，不得欺骗、胁迫游客消费。

(三)旅游景区商业人员服务规范

1. 娱乐服务。

(1) 服务人员每天上岗前要认真仔细检查娱乐设施、设备,加强对设备、设施的定期维护和保养,使其处于良好的使用状态,保障游客安全。

(2) 娱乐服务人员应具备良好的职业道德、文明素质、娴熟的技能技术和良好的心理素质。

(3) 娱乐服务人员应提醒游客安全须知,并帮助游客做好安全措施,确认安全无误后再启动娱乐设施。

(4) 对于不遵守安全规定的游客,服务人员要耐心说明违反规定的后果。如有解决不了的问题,应及时上报。

2. 购物服务。

(1) 商品购物服务人员除了要注意自己的着装和仪容仪表外,还要善于与游客沟通。

(2) 应主动向客人介绍富有本景区特色的旅游商品,明码标价,无价格欺诈行为。

(3) 购物市场管理有序,经营者应统一佩戴胸卡,亮照经营,无尾随兜售或强买强卖现象。

3. 景区餐饮服务规范。

(1) 餐饮服务人员要做到文明礼貌,热情待客。做到来有迎声、去有送声,微笑服务,耐心解答就餐者提出的问题。

(2) 注重个人仪表仪容,保持个人卫生整洁,站立端正,面带微笑。

(3) 按照《中华人民共和国食品卫生法》和国务院《公共场所卫生管理条例》有关要求,切实做到景区餐饮设施格调统一、卫生三证齐全(包括卫生许可证、经营许可证、健康证)、餐饮服务周到、无假冒伪劣商品、无过期变质食物、无食品加工过程中的交叉污染。

(4) 餐厅环境整洁、空气清新。有完善的防蝇、防尘、防鼠及污水处理设施。

(5) 操作间应设专用冷藏、冷冻设施。餐具、饮具要做到一餐一消毒,有专用消毒设施,食品贮存应生熟分开。禁止使用一次性不可降解餐具。

(6) 餐饮要做到质价相称、公平合理。在做到卫生、可口的前提下,还应注意用餐氛围、环境,体现本地区(景区)饮食文化特色。

(7) 严格执行服务规范和操作程序,根据菜肴种类按顺序上菜。要准确清楚地报上菜名,主动介绍饭菜特点。

(8) 客人离开后应提醒客人带好随身物品。

4. 景区客房服务规范。

（1）景区内宾馆客房应清洁整齐。客房内各种设施、用具应消毒，保持卫生，做到一客一换。

（2）客房环境应保持宁静。服务人员须做到"三轻"——走路轻、说话轻、操作轻。

（3）客房安全设施要齐全可靠，做到防火、防盗。

（4）服务人员未经客人允许不得擅自进入客人房间，如需进入客人房间，应先敲门，经客人允许后方可进入。

（5）客房服务人员要让客人看到的是真诚的微笑、听到的是真诚的话语，得到的是热情的服务，遇到客人应主动问好，使客人真正体验到"宾至如归"的感觉。

第三节　旅游景区员工满意度建设

20世纪80年代中后期，人力资源管理的研究发现新的视角，认为：一定的组织战略，要求与之相适应的员工行为；而一定的人力资源管理活动，能够产生符合要求的员工行为。此后，研究者们开始从行为主义视角入手，以角色理论为依据，开始关注不同环境下人力资源管理对员工行为、态度和组织绩效的影响。Schuler等首次使用角色行为理论将人力资源管理与组织绩效联系起来，强调员工态度和行为对组织功能的影响。他们认为，组织使用人力资源管理作为控制和解释员工态度和行为的工具，不同的人力资源活动能够强化或刺激相对应的员工角色行为，从而使不同的竞争战略和相应的人力资源管理活动相匹配有利于战略的实施。Miles等主张将员工态度、行为作为人力资源管理与组织竞争优势之间的中介变量，这是因为组织必须通过人力资源管理才能促进员工的行为，才能提高组织绩效。Frederiksen（1986）认为，人力资源管理是组织输入角色信息、评价角色表现的重要途径，有效的人力资源管理能将组织员工的期望和对其行为的评价等与组织自身的行为要求统一起来。

总之，组织的人力资源管理包含了组织所期望的员工角色信息，员工根据这一角色信息会采取相应的行为，从而产生不同的个人绩效与组织绩效。员工的行为与方式能反映其对组织整个人力资源管理的理解与解释。人力资源管理是组织的重要工具，可以传递角色信息，审核角色表现，帮助实现组织期望达到的行为。匹配于组织战略的人力资源管理活动所激发出来的相应的员工角色行为，是组织获取竞争优势的关键，也是组织提升绩效的关键。

因此，加大旅游景区人才的满意度建设力度，将进一步提升旅游景区发展的软实力，是促进旅游景区健康持续发展的必由之路。

一、加强管理，建立公平的薪酬绩效体系

旅游景区的薪酬设计要兼顾内部公平、外部公平和员工间公平，从景区长远发展的角度出发，建议拉大分配差距，提供有竞争力的绩效薪酬，活用政策，吸引并留住优秀人才。根据两因素论（博尔曼），旅游景区的绩效考核既要包括任务绩效又要包括周边绩效，即在对工作质量、数量和时效等方面进行评估的同时，也要对工作态度、组织协作和团队建设等支持性工作因素进行评估。同时要注意让考核结果充分发挥作用，如设立岗位目标责任制、能上能下制度、奖惩制度等配套机制，完善考评制度。景区要实现从固定用人制度向合同用人制度的转变，实现从因人设岗向因事设岗的转变，实现行政管理向法制管理的转变。另外，绩效管理制度要分绩效计划、每天的指导和绩效评估，这三部分在全年度中同时持续地进行。

二、提高认识，加强员工的职业生涯管理

职业生涯管理的本质是在企业价值基础上实现个人价值的管理。企业的组织环境和管理状况对个人的职业发展有重大影响。因此，景区要给予员工必要的帮助和有效的指导，设置多重职业生涯发展路线，提供信息支持和咨询帮助。旅游景区管理者应根据景区的实际，结合员工的具体情况，确定员工的职业生涯规划。职业生涯的具体执行程序如下：员工自我评价——实际检验——设置目标制定具体职业生涯路线——制定行动计划——评估反馈——自我评价。但值得注意的是，员工的职业发展应该与景区的绩效管理工作结合起来，制定职业发展的监督和反馈制度，充分实现职业生涯发展与组织绩效之间动态的互助发展。只有人与事最佳组合，个人的事业才能获得最大成就，景区员工才能获得更高的满意度，同样，组织绩效才能有最大提高。

三、强化培训，有针对性地实施有效培训

培训是企业获得发展的有效保障。培训首先要做好需求分析，包括景区需求和个人需求。其次要做好培训计划，计划要结合旅游行业发展趋势、景区经营战略、发展方向和员工职业生涯规划，针对不同类型的人员，制定系统性和具有前瞻性的规划。再次，要通过多层次、多渠道确保培训计划的实施，建设好培训平台，加强激励，创新培训形式，提高培训质量。最值得注意的是，一定要建立并

强化培训评估体系。培训评估是企业培训发展的保障。旅游景区要结合定性和定量分析建立能够客观反映培训投资回报和效果的有效培训体系，如可以采用 360 度调查反馈方式评估培训效果。总之，旅游景区要大力营造和发展学习型组织，加强培训宣传，进而促进个人和组织的发展。

四、充分重视，实施有效的员工参与管理

员工参与决策管理可以满足赫茨伯格所说的成就感、责任感和实现自我价值等内激励因素，可以提高景区组织绩效。但在景区的实际经营管理中，员工参与管理要分层次分时间区别对待才能有效实施。从层次上来说，管理层方面的员工参与方式是让低层级的员工分享高层级的决策权利，是权利的再分配，能够发挥出个人的最大潜力；从员工层面来讲，员工必须有自我实现的需要，有参与意识才能有效参与管理，并不是所有员工都要盲目参与管理，要视情况和员工的能力而定。从时效方面来说，市场发展瞬息万变，需快速处理的事项则不必事事由员工参与，领导要保持有适当的决策权。总之，只有充分认识到员工参与管理的利弊，有效地实施员工参与管理，才能更好地促进景区员工满意度的提高。

第三部分　分类管理篇

第八章 人文古迹类景区管理

第一节 人文古迹类景区概述

  人文古迹属于文化遗产范畴。随着社会的发展，传统的文化遗产事业正逐渐地发挥经济产业所拥有的功能。遗产使命的延伸必然引发社会管理的变革。

  人文古迹类景区是将文化历史古迹资源经过挖掘、整理、规划、开发等一系列复杂过程，建设成能够满足旅游者旅游需求或承担教育功能和经济发展使命的经营性或公益性单元。通常，人文古迹类景区包括文化遗产景区、历史文化名城、古镇、古村落、古遗址、古墓葬群等。

  目前，无论是旅游管理部门，还是旅游学界，均尚无人文古迹类景区这一景区分类。由于具有共同的遗产属性，并且在景区经营管理过程中，它们所面临的问题有很多相似之处，因此，本书尝试将其纳入一章进行总体论述。同时，在下面两节中也会分别阐述文化遗产景区和古城古镇古村在规划、开发、经营、管理中所涉及的具体问题。

一、人文古迹类景区的特性

（一）公共物品性

  因为人文古迹类资源属于文化遗产，所以为全民共有，它的所有权不归属于任何单位、团体和个人。公共物品具有非排他性和非竞争性。当人文古迹类资源被开发成景区后，公共物品的非排他性减弱，但并不影响它的非竞争性，即游客购买门票便获得使用权，一人观赏文化景观不影响其他人的观赏。

（二）不可再生性

  作为历史留给今人的遗产，文化遗产是不可再生、不可复制的。一旦人文古迹类资源遭到破坏，它的文化价值、历史价值、艺术价值将随之受损，甚至消失。鉴于该类资源的不可再生性，应该在景区开发和管理中注重对它们的保护。这也是实现文化遗产代际公平的体现。

（三）文化多元性

由于人文古迹类景区是依托于历史各个时期的文化资源开发建设而成，所以此类景区的文化多元性体现得十分明显。皇宫殿宇、先人祠堂、名人故居、宗教寺庙、石刻壁画、佛塔墓葬都是不同文化符号的物质载体。它们体现了不同历史时期、不同民族、不同信仰人群的文化记忆，成为中华民族文化的重要组成部分。

（四）经营垄断性

人文古迹资源的个体唯一性决定了这类景区天然的差异化。从文化本质上讲，两个人文古迹类景区之间彼此不会完全相同，进而不存在整体性雷同现象。从经营角度看，由于资源的独特性，人文古迹类景区容易形成垄断经营。这意味着政府必须对这类景区从票价、设施到人员服务实现全面严格监管和控制。

二、人文古迹类景区管理体制

中国文化遗产包括物质文化遗产（文物）和非物质文化遗产，其中人文古迹类景区主要由物质文化遗产开发而成。物质文化遗产又分成两个子类：可移动文物和不可移动文物。

国有可移动文物一般依托博物馆保护和利用（所以也叫馆藏文物），而国有不可移动文物则一般通过成立文物保护单位来保护和利用（目前有相当数量规模较大的文物保护单位也称为博物馆或博物院）。建国后的一系列举措使我国的文物事业的主体通过文物保护单位和博物馆来体现（常简称为文博单位）。因此，我国文化遗产管理体制的主体是文物保护单位的运行管理体制。不过，由于我国的文物保护单位全部为国有（所有权的主体为国有或至少名义上为国有资产），所以管理体制的主要内容集中于行政管理方面。

目前，中国文物保护单位的管理体制是依法建立的，主要特征可概括为：公有制和分级属地化管理。

（一）所有权

《文物保护法》第五条规定："中华人民共和国境内地下、内水和领海中遗存的一切文物，属于国家所有。古文化遗址、古墓葬、石窟寺属于国家所有。国家指定保护的纪念建筑物、古建筑、石刻、壁画、近代现代代表性建筑等不可移动文物，除国家另有规定的以外，属于国家所有。国有不可移动文物的所有权不因其所依附的土地所有权或者使用权的改变而改变。"这说明，绝大多数不可移动文物的所有权属于国家，对其管理显然在公有制体系内。

（二）管理权

最早的《文物保护管理暂行条例》规定："各级文化行政管理部门必须进行经

常性的文物调查工作，并选择重要文物，根据其价值大小，报人民政府核定公布为文物保护单位。根据文物保护单位的价值分为三个不同的保护级别，即全国重点文物保护单位、省级文物保护单位和县（市）级文物保护单位。"其后的《文物保护法》第八条第二款规定："地方各级人民政府负责本行政区域内的文物保护工作。"第十五、十七和二十二条等条款进一步明确了文物所在地地方政府是日常管理主体——充分责任主体和财政支持主体。这说明，对不可移动文物的管理应该主要是对应级别的地方政府的事权，即主要是分级属地化管理。各个文物保护单位分成国家、省、市县级，不同级别的单位由不同级别的政府划分到各个政府部门负责或直接对政府负责。

但这种分级管理没有做到文物价值级别与政府层级对应，高价值级别不可移动文物委托低层级地方政府管理是一种常态。极端的情况是，国家级文物保护单位由县级政府甚至由县级政府下属的某个部门代管。如全国重点文物保护单位乔家大院，由山西祁县人民政府直接管理。这种分级属地化管理的典型特征可概括为："条块结合、以块为主、多级委托。"

关于分级属地化管理的特征具体解释如下：

中国文化遗产的管理体系，由纵向多层级管理（条条管理）和横向多部门管理（块块管理）构成。纵向多层级管理，主要是中央政府、地方各级政府以及各文物单位的管理。横向多部门管理，主要由文化部、建设部、水利部、国家文物局、国家档案局等国务院有关职能部门负责。

各级地方政府把各类文化遗产交由各个部门管理，如文化、文物、建设、宗教、档案、旅游等部门。除了文物部门负责全面的执法及业务指导外，其他部门负责其日常业务管理。各个部门之下设立不可移动文物的具体管理机构，具体执行对不可移动文物的管理权。事实上，这又形成了一级委托代理关系。不管哪个部门，都从属于地方政府，这形成了文化遗产管理中"块"状的分部门管理结构。而在各个政府部门的系统内，上级对下级有业务指导关系，形成"条"状的分级管理格局。它们共同构成了文化遗产管理中横向分部门管理与纵向分级管理相交叉的格局。

这个过程中，国家对文物的所有权和管理权（包括经营权）大多委托给了地方政府，而文博单位作为具体行使管理权的机构就是被委托的代理者。显然，这是一种"条块结合、以块为主、多级委托"的管理格局，在不同系统之间还存在管理业务的交叉现象。

因此，文化遗产的行政管理体系的特点可概括为：公有制基础上的部门与层级相结合（所谓条块结合）的委托代理制度。

在文物保护单位横向的分部门管理中，由于文化遗产自身的复杂性，还存在着业务交叉的情况。其中较为普遍的是三类交叉：①和拥有文博单位的各个部门在管理上的交叉关系；②和建设部门在处理自然、文化复合遗产上的关系；③和规划部门在处理历史文化名城（村）保护上的关系。

尽管许多地方政府设立了起综合协调作用的文物管理委员会，把拥有文博单位的系统和相关职能部门都作为委员吸纳进来，但由于文物部门的权力和相关资源调配能力有限，基本上没有改变这种"条块结合"的委托代理制度。

不过，这种对文物保护单位的交叉管理关系相对中国目前的自然文化遗产管理格局来说，还算是简单的。这种"简单"基于以下两方面比较：①基本不存在自然遗产管理中常见的"一地多牌"、"区中套区"等现象；②在文博单位中，文物保护单位的管理和隶属关系相对博物馆的管理要简单。博物馆不仅存在公立、私立的区别，而且即便是公立博物馆，也分散在多达 30 个以上的系统。

例如，在北京市截止到 2007 年共有 127 座注册博物馆。与外省市一般 80%~90%的文博单位均隶属文物系统相比，北京市行政区域内的博物馆隶属关系极为复杂：北京市文物的局属博物馆仅 16 座，占博物馆总量的 12.60%，各区县文委属博物馆 27 座，占博物馆总量的 21.26%；而非文物系统博物馆共有 84 座，占全部博物馆数量的 66.14%，其中中央属博物馆 43 座，市属博物馆 23 座，民办馆 18 座，分别隶属于各中央在京部委、大专院校、公安部队、科研院所、行业企业集团及市园林、宗教、民政、科委等部门，以及社会公民个人。

三、营利模式引入

多年来，我国对人文古迹类文化遗产的管理主要采取单一的非营利的行政管理方式。随着中国社会经济的发展与经济体制转型，一些社会力量开始介入该类遗产的经营领域，且程度不断加深。目前，营利性社会力量已经成为文化遗产管理体系的重要组成部分，这使我国传统的非营利的行政管理体制逐渐转向以非营利与营利两种模式共存、行政管理和营利社会力量共同发挥作用的管理体制。

营利模式的建立是基于经济学角度的这样一个理由：即文化遗产事业的属性、功能应该与管理体制相对应。在具体承担文化遗产事业工作的文博单位中，其职能包括事业职能和产业职能两方面。只有事业职能是公益性的，必须用非营利机构的模式运作，而产业职能则可以交由市场化运作的公司承担。所以，目前诸多文博单位进行的市场化改革，引入社会力量，原则上都要求严格实行"事企分开"，将文博单位事业职能之外的资产分离出来，明晰产权关系，组建符合现代企业制度要求的经营性企业。文博单位和旅游企业从资产、人员、管理等方面彻底分开。文博单位事业性收入实行收支两条线管理并严格依照《文物保护法实施条例》规定的用途使用。

在实行营利与非营利的管理模式中，实行两权分离——所有权和经营权分离。行政管理体系（拥有所有权）主要负责维持管理体制的执法、监督、日常维护（这三项属于保护活动）、科研、经济（包括了传统管理体系下单位自己开展的经营活动，通过这些活动体现了文化遗产的教育功能和经济功能）；营利性社会力量（拥有经营权）主要负责经营（与部分经济、教育功能相对应）和日常维护（包括了一定程度的保护活动）。行政管理体系已经覆盖了文化遗产的全部功能，经营权的转让、特许经营或承包给社会力量并不能增加文化遗产体系的功能，而只能起到补充文化遗产的保护力量、提高教育功能实现力度、提高文化遗产的经济效益、盘活文化遗产的效率这四个方面的作用。因此，社会力量参与的绩效评价标准就可确定：在不降低原行政管理体系独有功能的情况下，是否起到了在交叉功能上补充力量、提高效率这两方面的作用。

由于我国的市场化改革尚未结束，社会事业单位的营利性社会力量参与机制没有完善，相关法规的与时俱进也还不够，我国目前的文化遗产管理体制仍然以非营利性的行政管理方式为主，营利性社会力量的介入为辅。而且，由于市场化改革中缺少规范，营利性社会力量介入文化遗产事业的程度和方式已经成为当前文化遗产管理体制的问题频发领域。

四、人文古迹类景区管理特征

由于文化遗产产权的国有性质以及我国长期计划经济的影响，并与国家财力和政治经济体制相适应，随着改革的逐渐深入，目前我国文化遗产事业的管理体制仍呈现出以下三个显著特征：

（一）非营利性

虽然在文化遗产的改革中有营利性社会力量的介入，但与管理体系的构成相一致，我国文化遗产体制的主体仍然是非营利性质。主要体现在以下几个方面：管理主体、管理体制、经费来源、收益分配和文化遗产的公众享用。

我国文化遗产管理单位大多是政府遗产主管部门（如文物部门）的一部分或是它的延伸，文化遗产的管理权（包括经营权）通常也掌握在这些部门或文物单位手中。管理主体的政府或"事业单位"性质决定了文化遗产管理体制也是"行政型"的、"非营利型"的，即不同类型的遗产单位划归相应的职能部门管理，而这些部门在行政上则隶属于各级地方政府。文化遗产管理的费用主要来自于地方财政经费，但各级别文物保护单位并不对应享受相同级别（国家、省、市县级）政府的财政支持。另外，各文化遗产管理单位还有部分收入（市场渠道的如门票收入，社会渠道的社会捐款等），但这些收入对大多数文化遗产管理单位来说很有限。文化遗产单位经营产生的收入通常作为财政外收入，采用"收支两条线"进行管理，一般上缴承担事权的地方政府财政，再根据保护和利用情况向地方政府财政申请经费。最后，由于文化遗产的全民所有性质，其享用也是公益性的，任何遗产经营行为不得损害公众的利益或是妨碍遗产文化价值的共享性质。

（二）委托代理制

我国文化遗产管理制度的特征是：横向的分部门管理和纵向的分级管理相结合，形成"条块结合、以块为主"的委托代理管理格局。我国文化遗产资源归全民所有，代表国民行使所有权的国家又将所有权委托授予各级地方政府。地方政府将各类文化遗产委托交由各系统管理，各系统设置自己的管理机构代为行使管理权。我国的文化遗产被划分为不同级别的文物保护单位，依据遗产资源的特点，在中央都有相应的职能部门（如建设部、国土资源部、水利部、环保总局、文化部、文物局等）对其进行业务指导和法规管理。这种委托代理管理，在中央财政紧张的条件下，可以调动各方面的积极性，参与文化遗产的管理和保护。

总之，中国在文化遗产方面委托代理的实质就是："老子无力管就交给儿子乱管。"中央政府为了减轻财政负担而不是为了改善文化遗产的公益性服务，把文化遗产的事权下放；地方政府在文化遗产的管理中担任管理、保护、开发和发挥文化遗产三大功能的职能。文化遗产的财权与事权不对称的委托代理制度，地方政府管理经费财政供给不足，必然产生市场寻租行为。

在文化遗产的两权分离过程中，企业经营者通过贿赂文化遗产的直接管理者（政府官员），政府官员利用手中的职权将文化遗产资源的使用权低价出售、转让或承包给经营者，经营者以低于市场价格的使用成本获得文化遗产资源的经营权，从而使一部分遗产所有者的收益转化为经营者的收益，如图8-1所示。

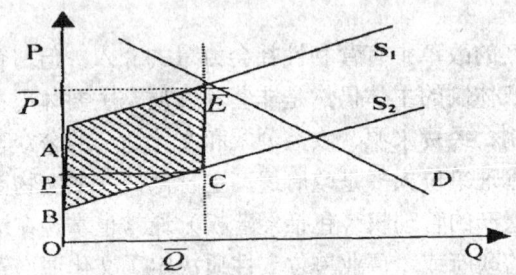

图 8-1 文化遗产寻租：遗产所有者收益转化为经营者的利润[①]

图 8-1 中，D 为市场需求曲线，S_1 为经营者以市场价格的使用成本购买文化遗产资源的使用权所对应的生产成本曲线，S_2 为经营者以低于市场价格的使用成本购买遗产资源使用权所对应的生产成本曲线，市场均衡点为 $E(\overline{Q}, \overline{P})$，在这

---

① 黄秀鹃. 寻租行为与国家自然文化遗产管理. 林业经济问题，2003（8）.

一均衡状态下，经营者获得正常利润（图中 $\triangle \overline{AEP}$），遗产所有者获得所有的租金收益（$\overline{OQEA}$）。但由于经营者贿赂政府官员，使得经营者以较低的使用成本获得文化遗产的使用权，其真正的生产成本曲线为 S2，结果经营者只支付给产权所有者相当于 $\overline{OQCB}$ 的使用成本，P将 BCEP以超额利润形式占为己有。这是经营者通过对文化遗产资源的寻租获得对文化遗产所有者国家权益的侵占行为。

目前，我国文化遗产管理体制改革中，特别是在改革事权与财权不对称的委托代理制度中，主要有两条改革路径：政治体制角度的分权化和经济体制角度的市场化（见表8-1）。两条改革路径强调的是管理权和经营权分离，各自扬长避短，优势互补。

表8-1 文化遗产管理体系改革路径

改革路径	市场化	非市场化
分权化	地方交给公司整体承包或完全变成资产	地方事业单位管理（主流）
集权化	一个单位、两块牌子，所有权和经营权不分开（黄山模式）	中央直属

实际上，分权化管理后，由于外部性的受益主体和范围不同、受益时间和特性不同，文化遗产必然被当作资产来经营，而不是当作遗产来管理，结果是地方政府从遗产经营中"抽血"，把遗产领域的收入挪用到其他行业和领域。在市场化路径改革中，文化遗产的分级管理（事权分级）不明晰、主体公益模糊、业务分类不合理，使文化遗产的三大功能不能和谐发挥，公益性服务职能不足。

（三）管理交叉

人文古迹资源依据其资源特点，分别归建设、旅游、文化、宗教、文物、规划以及档案等部门的管理，在地域分布上，散落于风景名胜区、文物保护单位、国家地质公园等之间。由于这种资源及属地特点，使得在文物保护单位横向的分部门管理中，还有不同部门之间的业务交叉情况。主要表现在：文物部门和拥有文博单位的其他部门在管理上存在业务交叉；文物部门和建设部门在处理自然、文化复合遗产管理上存在交叉；文物部门和规划部门在处理历史文化名城（街区、村镇）的管理上也存在交叉。

五、人文古迹类景区面临的问题

（一）多头管理

人文古迹类景区多头管理的根源在于上面提及的"条块分割"管理体制。主要表现在：人文古迹资源要受到上级主管部门的控制，即所谓条状管理；而经营这些景区的单位往往还要受到地方政府部门的控制,即块状管理。管理部门纵横交错,加之景区能够为管理部门带来利益,所以争权夺利现象在该类景区中表现得格外明显。

(二) 经营权转移

人文古迹类景区的所有权属于国家。从传统体制来看,国家对旅游景区既拥有所有权,又拥有使用权和经营权。随着旅游业和市场经济的快速发展,这种落后的体制已显现弊端,如权责不明、保护不力、资金匮乏等。景区经营权转移的做法开始被运用到管理实践当中,由景区经营权转移引发的讨论已成为业界热点。

(三) 法律不健全

当前涉及人文古迹类景区的法律法规有《中华人民共和国文物保护法》、《博物馆管理办法》、《风景名胜区管理暂行条例》等几十部之多,但总体仍不健全。由于前文提到的人文古迹类资源具有多元性的特点,所以由某一部法律来统一管理人文古迹类景区是不现实的。这就要求相关法律部门出台专门性的法律法规,但同时也要注意这些法律法规之间的联系,形成相对完整的法律体系。

(四) 社会力量介入不够

目前,民间组织和个人在文化遗产管理中发挥的作用十分有限。一方面,由于我国对人文古迹类资源和景区的管理一直是"国家的事",公民参与程度低,尚没有形成普遍的文化遗产保护意识。另一方面,我国社会团体无论在公众影响力方面,还是在政策影响力方面,都是不够的,与国家行政机关相对处于明显的权力弱势地位。因此,造成社会力量介入不够的主要原因来自于制度层面。

第二节 文化遗产景区管理

文化遗产属于垄断性资源,具有极高的文化价值、政治价值、经济价值、教育价值,是开拓我国入境旅游市场的关键依托,同时也是我国旅游业发展的基础性资源。文化遗产具有稀缺性、独特性、不可再生性和脆弱性等特点。这些特点决定了文化遗产类景区在开发管理过程中的特定性。

一、文化遗产资源调查与开发

(一) 文化遗产资源调查

资源调查是文物旅游资源开发的基础性工作。由于文化遗产的不可再生等特性,不是所有文化遗产都能用于旅游开发,也不是所有文化遗产地区就一定能开发成旅游区。针对文化遗产资源的特点，从旅游开发的角度对文化遗产资源进行分类[①]。

1. 已经得到开发利用的文化遗产资源。

这类遗产资源已经成为我国旅游业发展的重要资源。如颐和园、永乐宫、兵马俑等。对这类资源必须加强有效保护并进一步开发利用。

2. 当前不宜开发的文化遗产资源。

这类资源从文物保护和旅游资源保护的角度来看，当前都不宜开发。如对濒临危险境地的古建筑，应首先进行抢救与保护。

3. 当前不具备条件开发的文化遗产资源。

这类资源当前由于技术等客观条件不足而不可能开发，但从长远看是有可能开发利用的，如秦始皇陵、乾陵等。

4. 可进行局部开发的文化遗产资源。

这类资源主要旨在整体开发中必须进行局部封闭保护的文化遗产资源。例如，敦煌、龙门石窟中大量洞窟已经开发，但有些洞窟只能封闭保护、禁止游人参观，有些洞窟只能限时、限人参观。

（二）文化遗产资源开发

对于文化遗产资源的开发，应以文化遗产资源本身特征和价值为基础，突出文化性主题，深层挖掘遗产资源的历史文化内涵。

1. 文化遗产景区应特色鲜明，主题形象突出。

从历史价值、艺术价值和科学价值三方面突出景区的旅游特色。历史价值方面，应突出文化遗产的文化属性、民族特点，其历史意义、与重大历史事件或历史名人的关联及其影响；艺术价值方面，应突出文物的艺术品位、在艺术史上的地位及艺术魅力的大小；科学价值方面，应探寻文物的科学技术含量、科学研究的意义及在科技史上的地位。

2. 根据不同类型的文化遗产资源进行针对性的开发。

我国遗产资源类型多样，每类遗产资源又有不同的子类型。如古建筑又可分为宫殿建筑、民间建筑、工程科技建筑、宗教建筑等。对古建筑的开发，不仅可从建筑本身如建筑布局、外观造型、内外装饰等方面开发，而且可深层挖掘蕴涵于建筑实体中的文化内涵。中国古建筑的选址，不仅与中国古代阴阳五行学说有关，还反映了当时社会的传统审美观念；宗教建筑中的雕塑、壁画、碑刻等不仅增强了宗教的吸引力和神秘感，也有极高的艺术价值等，这些都可在景区中深层

---

① 谭白英. 文物与旅游. 武汉大学出版社，1996.

开发①。

3. 文化遗产资源的开发应以正确的文化为导向。

在对文化遗产资源开发时,应不断挖掘文化遗产古迹的丰富的内涵。历史文化景区应把握历史文化导向。正确的文化导向是保证资源永续性利用的前提,更是真正吸引游客的持久性资源。目前有些文化遗产景区盲目强调参与性,在景点增添一些娱乐性项目或一些"假文物",旅游文化品位不高,层次低俗,不仅无法吸引观众,更成为资源开发中的"败笔"。

(三)无形资源的开发

文化遗产资源的开发,还应注重无形资源的开发,特别是蕴涵在遗产资源中吸引旅游者的艺术文化内涵,从遗产资源的服饰、饮食、礼仪、节庆活动、乡土工艺中开发蕴涵的审美趣味、思维方式、风情风俗等无形的旅游吸引物。

在旅游景点开发中,应深层次地挖掘历史文化内涵和当地独特的民族文化。许多景点因名人佳作而闻名,如江西滕王阁是因王勃的《滕王阁序》而闻名于世。

景区还可根据文化遗产资源的内容开发出不同的专项旅游,如民俗旅游、宗教旅游、艺术旅游、考古旅游、寻根旅游、修学旅游等。如"丝绸之路旅游"的开发,抓住重大考古发现,利用新的考古成果,使之成为新的旅游热点;如北京老山汉墓在考古挖掘现场参观等。还可深层次地挖掘本地民俗文化、独特风情、历史传统等营造出浓郁的地方特色,如丽江的纳西鼓乐表演等。

二、文化遗产景区规划

文化遗产景区的规划管理应针对文化遗产旅游资源的特性和现状,在保护的基础上,对文化遗产景区进行科学、系统、长远的规划。

(一)功能分区

文化遗产景区的功能分区,是为了将文化遗产资源的保护与开发和为游客提供满意服务合理地结合起来,加强文化遗产资源管理,减少对环境的负作用,同时满足游客的多种休闲需求。遗产景区功能分区一般可分为保护区、游览区、旅游接待区、旅游商品加工区和居民区。其中游览区和旅游接待区是景区的两大重要组成部分。

在游览区中,应坚持景区的非营利性经营,保证资源和环境的安全和可持续发展;在旅游接待区可以由非遗产单位进行营利性经营或特许经营。

(二)旅游容量

对于文化遗产类景区来说,应该控制旅游容量,保证文化遗产资源的安全和

---

① 肖星,严江平. 旅游资源与开发. 中国旅游出版社,2000.

质量。近几年，国内许多文化遗产热点遗址，特别是国家重点文物保护单位，其旅游接待超负荷，给文化遗产资源带来严重压力。如苏州园林，游客人数远远超过旅游容量，尤其在旺季，数量庞大的旅游流造成旅游景区旅游垃圾污染、空气污染、水体污染、植被破坏、噪声污染等一系列问题，旅游者无法欣赏到中国古典园林艺术的悠远诗意神韵，旅游质量大大降低。因此，应对文化遗产景区的旅游容量进行严格控制和限制。

（三）景区环境管理

景区环境保护管理是景区旅游可持续发展的保障。首先，必须严格遵循国家的有关政策和法规，如国家环保局、国家旅游局、建设部、林业部和国家文物局联合下发的《关于加强旅游区环境保护工作的通知》、《中华人民共和国文物保护法》等有关部门和各地方性的法规和规章；其次，要坚持"保护中开发，开发中保护"的原则，旅游项目、旅游设施的风格、数量等应与自然环境相协调；再次，对文化遗产古迹要明确保护等级，拟定保护环境，严格保护文化遗产资源及景区环境，确定旅游将取得环境保护目标和环境卫生系统布局，提出防止和治理污染的措施，如确定垃圾处理方式、处理等级、处理设施位置等。

三、文化遗产景区公共服务

旅游服务与管理的实质是通过政策的制定和战略实施鼓励建立旅游者、居民和环境之间的更和谐的关系，其目的是保护和改善景区环境，提高旅游经历的质量，加强对历史遗迹的保护，从而使景区持续良好地发展。

（一）景区解说系统

景区解说系统一般包括有形的环境解说和人员解说两类。环境解说包括交通导引解说系统、接待设施和物业管理中的导引系统、景区解说系统、印刷物解说系统、双语解说系统等。人员解说包括信息传递和导游解说。信息传递人员负责告知游客专门游览设施和参与性项目的时间、地点和使用方法。[1]

文化遗产景区解说的关键是通过解说重建过去与现在的联系。文化遗产古迹的解说涉及对过去事件的描述和信息传递，同时还受保护计划、建筑设计和重建技术等的影响。解说不只是信息的交换，还应该起到激发游客的兴趣和思考的作用，引领游客体验跨越历史，创造自己的想象空间，完成自我实现的文化遗产旅程；应将文化遗产资源的重要性传达给游客，使游客能在今天对其有深刻的理解。成功的解说所产生的积极效果就是带来赞助商的投资以及游客量的增加。因此，解说系统是景区营销、管理和规划的有机部分。[2]

---

[1] 张成渝．加拿大国家公园的解说系统．中国旅游报，2002.10.25.
[2] Nuryanti Wiendu (1996). Heritage And Postmodern Tourism. Annals of Tourism Research, 23 (2).

(二) 游客服务与管理

文化遗产景区应提高对游客服务意识和服务质量。首先应为游客提供信息服务，为来访游客提供便利，以丰富其旅游经历；合理引导游客活动，防止某些景点、景区过热。其次，加强基础设施的建设，提高景区可进入性，使游客进得来、散得开，出得去。再次，加强景区的安全管理，设立专门的旅游安全管理机构，提高景区安全监测水平，加强旅游安全宣传和教育。最后要加强景区的人性化细节服务，如辅助设施卫生间等的设置；满足一些特殊游客的要求，如轮椅通道等。

文化遗产景区还应加强对游客行为的管理和引导，增强旅游者的文化遗产保护和环境保护意识。对游客进行必要的宣传和引导，使游客自觉约束自己的行为，不去随意触摸、践踏，或是在禁止拍照的地方拍照等。同时应采取必要的监督措施，及时地发现和制止游客不当行为。对少数损坏景区环境或文物的游客，要给与应有惩罚；情节严重者，应按有关法律法规处理。

第三节　古城古镇古村管理

一、古城古镇发展的主要矛盾

对历史文化名城的开发管理涉及到一系列需要解决的矛盾，只有将这些矛盾处理好，才能真正实现对历史文化名城的有效开发利用。

(一) 传统风貌与现代化的矛盾

一方面，城市文化出现趋同现象，地域文化的多样性和特色逐渐衰微、消失。城市人口的急剧增加，居住环境的变化，引起住宅的乱修乱建，大规模的旧城改造和新城建设使城市传统文化特色面临衰落；另一方面，狭义和毫无建设性的保护，使许多历史地区、文化名城走向博物馆化，无法容纳现代的生活。

(二) 旧城与新城建设的矛盾

旧城以保护为主，不仅保护文物古迹、历史街区，更应注重保存文物建筑的空间关系、风貌格局。而新城以建设为主，以改善人民生活水平、发展经济为发展目标。新与旧之间必须达到和谐完整，不论是保护还是建设，始终应强调历史文脉的延续，反映城市的独特的个性及艺术魅力。在保护有形的文物古迹，开发新的建设的同时，更重要的是保护和发展城市无形遗产——文化内涵。

(三) 旅游开发与古城保护的矛盾

历史文化名城一般都是重点的旅游城市，目前，旅游开发似乎成了古城保护可持续发展的唯一手段,既能增加当地政府和居民的收入,又能保护古城的"三赢"的结果正轰轰烈烈地推动着古城保护行动的发展,旅游也顺理成章地被当作了包治百病的"灵丹妙药",而结局就是出现了一个又一个有着类似的古躯壳的小商品城,卖着千篇一律的旅游商品。

过度的旅游开发会导致历史文化名城的自然和人文环境的原生状态的破坏,扭曲地区的社会和文化结构。一方面,旅游业发展促进当地经济发展,增加居民收入,促进了城市的发展;另一方面,旅游业导致当地物价上涨,交通拥挤,环境质量降低等。文化的商业化趋势,或多或少影响了原有古朴的历史文化氛围和传统城市风貌。

(四)原真性与"假古董"的矛盾

原真性是在历史文化名城保护中应该坚持的"四项"准则之一(其余三项为整体性、可读性、可持续性)。它是指保护文物要坚持历史真实性标准,保护历史文化遗存本来的真实历史原物,保护它所遗存的全部历史信息。但从国内大环境而言,更偏重于追求完整"原状"的真实,而不是体现历史文化延续和变迁的"原状"。这种对原真性概念的片面认识最直接的就导致了某些地方对文物古迹采取大修大整,采取"大团圆"式的整体翻修,然后再用油漆翻修一新,甚至是推倒重来,其结果就是"拆了真宝贝,造了假古董"。

(五)空间功能与经济发展的矛盾

我国目前处于经济发展和城市化的快速发展期,历史文化名城保护的利益在时间和空间上的不重合的问题就表现得特别明显。首先,历史文化名城保护的好处是长远的,效益是逐渐释放出来的,而且社会经济发展水平越高,历史文化名城保护的价值就越明显,这就决定了历史文化名城的保护是以牺牲老城目前的经济发展为代价的。老城居民和单位的发展不但得不到合理补偿,在整体经济快速发展时,还不得不受到各种各样的限制。其次,历史文化名城的城市规划编制过于保守,不能与时俱进,只是片面地强调对历史城区的保护,没有充分考虑到对城区内部现代化的改造,没有考虑到老城区内老百姓的居住环境、基础设施落后,强烈希望改善生活环境、提高生活质量的愿望。

(六)政绩观与科学规划的矛盾

城市规划是政府职能,但在一些地方受到城市决策者的主观意识,特别是片面政绩观的制约,决策者干预城市规划、追求城市面貌的现代化是为了政绩,而不是为了历史文化名城保护的客观实际和城市面貌的和谐和渐进。虽然在规划编制中也实行民主,即专家、学者民主提出宝贵意见,但只要阻碍决策者搞政绩,规划就只能向决策者意愿集中。在城市规划中,由于片面的政绩观,导致专家、学者在城市规划中的"缺位"和领导决策的"错位",历史文化建筑遗迹在城市建筑中受到很大破坏。

二、历史文化名城名镇名村法制建设与政府管理

截至2010年底,住建部和国家文物局已公布350个中国历史文化名镇名村。历史名城名镇名村的提法是我国特有的,目前已经成为我国对历史文化行政建制的保护手段和有效体系。

20世纪70年代,国际古迹遗址理事会就关注到历史城镇的保护,并制定出台《关于保护历史小城镇的决议》、《关于乡土建筑遗产的宪章》等,掀起了国际社会对人类不同规模历史聚落的保护与开发浪潮。

自1982年第一批中国历史文化名城公布以来,目前我国共有历史文化名城113座。1986年,国务院在公布第二批国家级历史文化名城时,首次提出"对文物古迹比较集中,或能较完整地体现出某一历史时期传统风貌和民族地方特色的街区、建筑群、小镇、村落等予以保护",拉开了我国历史文化名镇名村保护的序幕。

2002年《中华人民共和国文物保护法》关于"历史文化村镇"保护的明确规定以及2003年中国首批历史文化名镇(村)的公布命名,标志着我国历史文化名镇(村)保护制度的正式建立。

2008年4月,国务院颁布了《历史文化名城名镇名村保护条例》,分别从历史文化名城名镇名村的申报批准、保护规划的编制、保护措施等多方面进行了具体规定,7月1日正式实施。《条例》是全国各级建设行政主管部门工作人员依法行政必备的法律工具,也是历史文化名城名镇名村所在地的建设单位、施工单位和设计单位等参与历史文化名城名镇名村事业和维护自身合法权益的重要工具。

三、古城古镇古村的发展对策

历史文化名城的建设和发展的目标,不仅包括对名城内历史遗产的修复和保护,而且应更加致力于对历史地段内的居民生活环境的改善以及对于历史文化遗产的再利用,从而保持历史文化遗产的活力,并使其价值在新的时代得到提升。因此,对历史文化名城的保护,是城市建设和规划的前提和基础。对历史文化遗产价值的重现,是使名城得以保持自身特色和历史传统的根本。同时,城市的发展应兼顾社会、经济、功能等多方面,考虑保护区内居民有关居住、就业、服务和交通等的需求,最终使历史文化遗产的保护纳入到不断发展的城市建设与管理的完整体系中,从而保证名城的活力。

(一)明晰发展定位

历史文化名城的发展定位是对城市结构和职能的要求。由于历史、自然和社

会的种种原因，每个历史文化名城总是具有某一方面的特征，使其在世界城市之林中引人注目，独具特色。因此建设和管理历史文化名城，要根据城市自身的资源状况、自然地理环境、经济基础、文化历史背景，树立品牌意识，打造历史文化名城的个性，确立可持续发展的独特发展战略。历史文化名城的发展，要注重挖掘城市特色，塑造城市形象；突出城市功能，丰富城市形象；打造城市精神，提升城市形象。

（二）编制科学规划

历史文化名城的保护与发展规划必须以科学发展观为指导，在保护好名城文化遗产的前提下，深入挖掘遗产的历史文化内涵，使其独特的历史文化内涵在保护和发展中得以延展和发挥，使历史文化名城的文脉得以延续。

历史文化名城规划是以保护城市文化遗产及其环境为重点的专项规划，是城市整体规划的重要有机组成部分。城市规划要处理好保护与发展的辩证关系。历史文化名城的经济发展，必须在保护文化遗产、城市面貌、文化传统的前提下发展，不能以牺牲历史文化遗产为代价；要最大限度地保持历史连续性，保护好历史文化名城的地方特色和特定历史空间布局；要把握好整体性保护的重点环节；要树立正确的政绩观，认识到保护历史文化也是发展，是政绩，将遗产的保护纳入到城市的总体规划中，保护好遗产的真实性和完整性。

规划要进一步扩大历史文化名城保护的范围和视野，从文物保护单位，到文物保护区，以及名城的历史文化风貌及非物质文化遗产都应被列入规划的范围内。任何名城历史文化资源的开发规划和方案都必须建立在科学研究和深入论证的基础上，必须经由文物行政管理部门或名城保护管理部门进行审定，并最终由政府进行审批。

（三）保护与开发相结合

历史文化名城的发展要以有效的保护为前提和基础，以合理的开发来促进有效的保护。旅游开发必须由市政府主导，在资源开发、战略规划、资金安排、行业管理等方面由政府统筹协调，健全各级旅游工作机构和运作机制，提高旅游管理部门的权威，提高市场竞争力。①

（四）改善城市环境

城市的功能和建设不只为当地居民，旅游开发也不只为外地旅游者，应从城市发展的大背景入手，统筹规划，考虑旅游业的产业的地域分工，立足于历史氛围浓郁的大环境建设，城市新建项目在建筑风格、形象特征、文化内涵等方面要与历史文化名城的特征和传统风貌保持一致。应挖掘无形的历史文化内涵，并将

---

① 李芸. 历史文化名城旅游开发现状与可持续发展战略. 镇江高专学报，2001（11）.

其运用于城市保护和发展中,增加旅游业的吸引力。

(五)全民参与、和谐发展

历史文化名城的发展需要全社会的关注、支持和参与,将文化遗产的保护融入到城市建设中去,城市基础设施和建设应融入旅游功能意识,旅游业的发展也要与城市建设相协调。名城发展还应把社会进步与保护人类传统生活方式和传统文化遗产和谐起来,让城市成为历史、现实和未来的和谐载体,使我国的历史文化名城真正成为具有深刻文化内涵的现代化的旅游城市。

(六)理顺管理体制

要调整保护管理体制,中央管理要注重宏观管理调控,地方要成立名城管理专门机构;负责制定、宣传、执行名城管理的相关法律、法规和政策,负责管理的融资与资金管理等。要规范保护管理程序,建立科学的城市历史文化遗产和风貌特色名录,形成文化遗产的修缮管理机制;建立名城历史环境的建设管理体制,管理历史文化名城的城市面貌保护范围、历史街区和重要历史建筑等文化遗产周围的新建项目;建立融资和保护基金管理体制,建立国家、地方、企业和个人捐资等多渠道、全方位资金保障体系;完善保护管理立法,要把名城保护管理体制与工作机制纳入法制轨道,建立开放的管理与执法监督体系,保证依法行政,增加公众参与程度、社会监督力度。

第四节　国内外经典案例

案例1:山西·平遥古城——"组合拳"

2002年5月,平遥古城旅游股份有限公司成立,它是全省旅游行业首家股份制企业。该公司注册资本金3200万元,其中平遥县国有资产管理公司占有股权81.25%,太原东京科技实业有限公司占6.25%,另外,平遥县陆源焦化有限公司、太原东日商贸有限公司等四家公司各占3.125%。除第一大股东外,其他都为民营企业,其中太原东京科技实业有限公司为张小虎所有。公司由平遥县常务副县长常明德任董事长,张小虎任副董事长兼副总经理,另一民营股东王春福任总经理。

平遥古城旅游股份有限公司是按照政府主导、行业主管、企业主营和政企分开、事企分开、所有权和经营权分离的原则,引入市场机制而组建的,实现了旅游由政府事业性管理向企业化运作的转变,为古城保护和平遥的开发构建了融资平台。

平遥政府为了更好地实施古城统一管理、统一执法组建成立了城市管理综合行政执法局和城市管理监察大队，在全国尚属首例。

平遥古城旅游产业发展中，使用"组合拳"，全方位地实现经营管理科学化，并积累了一定的经营管理经验。

1. 积极开展宣传促销。

2001年，由平遥县旅游局主办、山西国旅承办，开展了"法国人平遥游"的促销活动。在那次活动中，特地邀请了几名法国报社的记者和几个作家来平遥亲自感受体验这里的民俗生活。这些记者和作家工作很认真，在平遥居住了好几个月，几乎走遍了平遥的大街小巷，每天住的是平遥特色的土炕，吃的是平遥当地的特色"面格拉"。这些记者回到法国后先后在《费加罗报》和《法国妇女》等杂志上发表文章介绍作为历史文化古城的平遥，并在各主要航线上把介绍平遥的书籍和杂志免费送给乘机客人，这在法国引起很大的轰动。

2. 加强旅游基础设施建设，改善旅游环境秩序。

平遥围绕旅游硬环境建设，实施了旅游通道建设、文物保护、星级宾馆、城内企事业单位搬迁、城市功能设施等重点建设项目，旅游基础设施条件明显改善。

围绕创造宽松的旅游环境，凝聚各职能部门的力量，重点实施了"环境治脏、秩序治乱"为重点的旅游环境综合整治，集中打击了黑导、黑店、黑社、黑车的"四黑"行为；集中整治了乱建、乱倒、乱贴、乱停的"四乱"现象。

3. 充分发挥政府作用。

大力推广以市场经济办旅游的观念。晋中市领导部门用市场经济的观念筹措资金，改革体制，集约经营，主导旅游的发展，取得了显著的成效，为平遥及其他地区旅游产业的经营提出了新的发展思路。晋中市和其他城市一样，在旅游业发展中也遇到资金严重匮乏的矛盾。面对这种情况，晋中市积极探索市场化开发经营的路子，摸索出一些成功的模式。一是政府出资，二是多种资金分块开发，三是民营独资，四是股份合作。据统计，晋中市正式对外开放的65处景点中，由社会力量兴办的就达到37个，占到总数的57%；在已投入的13亿元开发资金中，政府投入2.9亿元，仅占22.4%；社会投资就达10.1亿元，占到投资总数的77.6%。晋中的实践表明，社会资金的投入不但改变了计划经济条件下一切靠财政的投资体制，而且随之改变了经营体制，决策及时，贯彻迅速，还强化了经营理念，大投入，快产出，提高经营规模和效益。

晋中市的领导层，特别是主要领导对旅游是"大旅游、大市场、大产业"的认识，亲自抓旅游的行动，出台许多政策加以引导的措施，市县两级成立旅游发展协调委员会，主要领导挂帅，及时发现、解决旅游发展过程中的各种问题的做法，都是值得效仿的。平遥古城的直接领导部门——晋中市政府解决了平遥旅游发展受政策限制的矛盾，同时，协调了平遥与周边地区间的竞争与合作关系，为平遥旅游产业更好地发展创造了良好的大环境，为平遥旅游发展提供了大舞台。

案例2：湖南·王村——影视之路

王村是一座有土家族民族特色和两千多年历史文化的古镇，是猛洞河水道旅游的门户，猛洞河风景区的南大门。镇中风光风情独特，五里青石板长街，两旁板门店铺，土家吊角楼顺坡而建，淳朴的土家民族风情十分迷人。

正是由于王村的红火的独特的厚重的历史和文化，才被谢晋导演选中。电影《芙蓉镇》的成功，为王村做了一次不大不小的户外广告。王村镇所在的永顺县，依托得天独厚的资源优势，大力实施旅游带动经济战略，加快旅游产业开发，改革旅游经营体制，变资源优势为产业优势，促进了旅游经济的发展。王村作为永顺的主要旅游景点在永顺县的旅游发展中起到重要作用。

2001年，全县实现接待游客41.6万人次，旅游行业收入4934万元。

2002年，全县接待游客42.6万人，行业收入6230万元。旅游总收入占全县GDP的6%。

2004年，随着景区公路、游道的全面开通，宣传的进一步到位，永顺县的旅游形势来势较好，一至五月份，全县共接待游客28.8万人次，实现旅游行业总收入4767万元。

总结近年来王村旅游业的发展，主要有三点经验，即政府主导、旅游促销和高质量规划。

1. 政府主导。

永顺县政府在发展王村旅游时以"围绕旅游业发展，调整第一产业，振兴第二产业，发展第三产业"为原则，充分发挥了王村旅游的带动功能。一是发展土家标识工艺品；二是发展土家特色产业；三是发展土家山寨和特色农业；四是发展多层次的旅游服务业。

2. 旅游促销。

王村在营销中有不少的尝试。现代社会是信息爆炸的社会，必要的新闻运作在旅游发展中是必不可少的重要一环，王村旅游的发展合理地运用了这一点。

2002年，永顺县大力实施旅游带动战略，加强旅游宣传促销，成功举办了北京土家族社巴节、《芙蓉镇》剧组重返王村、中国湖南永顺土家族社巴节等大型节庆活动，为王村和永顺旅游造势。

2002年5月，著名导演谢晋率当年《芙蓉镇》主要演员姜文等重返王村。

2002年5月，湘西自治州永顺县在刚刚落成的中华民族园土家山寨里，成功地举办了土家社巴节。

王村总体上按照"立足本省（张家界，吉首，长沙），巩固华东（南京），开拓华北（北京），抢占华南（广东）市场"的思路，采取培植旅行社，通过刊登优惠扶贫电视报刊广告，买断列车冠名权等措施，强化产品促销，迅速扩大市场份额。从历年来王村乃至永顺旅游的发展速度来看，旅游促销的成果是显著的。

3. 高质量规划。

　　到目前为止，共投入资金 5100 万元，对王村的规划已经完成了王村古石板街整修、荷花池民俗表演广场、王村古民居改造的建设工程。

　　2004 年，由北京大学旅游研究与规划中心和北京大地风景设计院编制的《永顺县旅游发展规划》，提出了永顺县旅游业发展的近远期战略和目标，对优先发展项目"中国土家源·湘西王村"和重大节庆活动进行了方案设计。同时对王村、小溪、老司城 3 个重点景区进行了概念性规划并进行了投融资分析。

　　通过高质量、可行性的规划吸引外部资金的注入，由资金的注入引入先进的管理体制和管理经验，完成了景点市场化的转变。

第九章 自然风景类景区管理

第一节 自然保护区管理

一、自然保护区概述

（一）自然保护区定义

我国的自然保护区，是指对有代表性的自然生态系统、珍稀濒危野生动植物物种的集中分布区、有特殊意义的自然遗迹等保护对象所在的陆地、陆地水体或者海域，依法划出一定的面积予以特殊保护和管理的区域。

自然保护区作为生物多样性的一种就地保护形式有其特殊的意义，在保护具有特殊科学文化价值的自然资源中起着其他自然保护形式所起不到的重要作用。它对于物种基因库的保存、社会经济的繁荣和人类生存发展以及对科学技术、生产建设、文化教育、养生保健、自然保护等事业的发展具有不可估量的终极意义。尤其是在自然环境和自然资源承受人类活动的压力日益加重的今天，自然保护区的价值显得更为珍贵。

（二）自然保护区分类

1. 按照保护对象的属性划分。

1993年国家环保局批准了《自然保护区类型与级别划分原则》，并设为中国的国家标准。该分类根据自然保护区的保护对象，将自然保护区分为3个类别9种类型（表9-1）：

表 9-1　基于保护对象属性的自然保护区的类别与类型

类别	类型
自然生态系统类	森林生态系统型
	草原与草甸生态系统型
	荒漠生态系统型
	内陆湿地和水域生态系统型
	海洋和海岸生态系统型
野生生物类	野生动物型
	野生植物型
自然生态系统类	地质遗迹型
	古生物遗迹型

资料来源：国家环保局．自然保护区类型与级别划分原则．1993．

2. 按照管理的级别划分。

按照管理的级别，自然保护区可以划分为国际级自然保护区、国家级自然保护区、省级自然保护区、市县级自然保护区和乡村级自然保护区。

3. 按照归属的管理部门划分。

按照归属的管理部门不同，可以将自然保护区分为林业部门管理的保护区、环境部门管理的保护区、建设部门管理的保护区、海洋部门管理的保护区、农业部门管理的保护区、地矿部门管理的保护区、科教部门管理的保护区和文化部门管理的保护区。

4. 按照旅游资源的性质划分。

从旅游开发的角度，可以将自然保护区划分为 6 大类 16 种类型（表 9-2）[①]：

表 9-2　旅游开发视角下自然保护区的类别与类型

类别	类型
森林生态类	原始林型（如长白山自然保护区）
	天然、人工次生林型（如六连岭自然保护区）
	水源涵养林型（如松花江三湖自然保护区）
草原生态类	草原型（如锡林郭勒自然保护区）
水域生态类	海洋生物型（如长海自然保护区）
	沿海滩涂型（如盐城自然保护区）
	江河湖泊型（如草海自然保护区）
	沼泽湿地型（如扎龙自然保护区）

① 崔痒．自然保护区的旅游开发与环境保护[J]．国土与自然资源研究，1999（1）．

续表

类别	类型
生物物种类	珍稀濒危生物型（如卧龙自然保护区、花坪自然保护区）
	特殊种群型（如老铁山蛇岛自然保护区、塔里木胡杨林自然保护区）
自然历史遗迹类	生物化石型（如和县猿人化石自然保护区）
	典型地层剖面型（如蓟县地层剖面自然保护区）
	火山遗迹型（如五大连池自然保护区）
	特殊地貌类（如路南石林自然保护区）
风景名胜类	自然风景型（如九寨沟自然保护区）
	风景名胜型（如张家界国家森林公园、黄山国家风景名胜区）

（三）自然保护区功能

尽管自然保护区的类型多样，但它们都应当成为一个具有多功能的自然、社会、经济的复合实体，争取生态效益和社会效益的统一。为此，自然保护区必须协调保护、科研、文化和教育等方面的基本职能。

自然保护区主要功能包括：自然保护区是生态系统的"精华"，自然保护区是保护生物多样性的基地，自然保护区是开展科学研究的天然实验室，自然保护区是进行宣传教育的自然博物馆，自然保护区是改善环境、保持地区生态平衡有效手段，自然保护区是合理开发利用自然资源的典范。

二、自然保护区管理

（一）自然保护区管理机构

自然保护区的管理机构是自然保护区开展资源保护、科学研究以及日常管理的常设机构。其框架如图9-1所示。

自然保护区管理机构的主要职责[①]：

1. 贯彻执行国家有关自然保护的法律、法规和方针、政策；
2. 制定自然保护区的各项管理制度，统一管理自然保护区；
3. 调查自然资源并建立档案、组织环境监测、保护自然保护区内的自然环境和自然资源；
4. 组织或者协助有关部门开展自然保护区的科学研究工作；
5. 进行自然保护的宣传教育；
6. 在不影响保护自然保护区的自然环境和自然资源的前提下，组织开展参观、旅游等活动。

---

① 陆玉云. 浅谈我省自然保护区管理[J]. 林业调查研究，2001（4）.

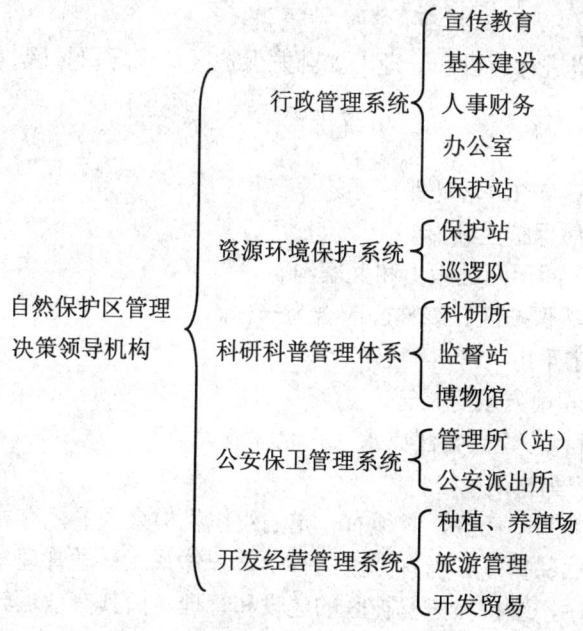

图 9-1 自然保护区管理机构的设置

（二）自然保护区管理模式

我国现阶段的自然保护区实行综合管理和分部门管理相结合的管理体制，即统一监督管理与分类管理并存的管理体制。国家环保部门负责全国自然保护区的综合管理，林业、农业、地矿、水利、海洋等有关行政主管部门在各自的职责范围内主管有关的自然保护区。

这种管理体制的优点是：发挥各部门和地方的积极性；各级政府和各部门出资筹建保护区，减少国家财政压力；各部门管辖有利于总结经验，提高管理水平。其缺点是：造成管理力量的分散；机构设置重叠、混乱，协调困难，影响交流和合作。

我国目前自然保护区的管理模式大致有以下几种[①]：

1. 行政主管部门管辖。

（1）单一专门管理机构。

全国大多数拥有多种自然资源的自然保护区由所辖资源对口部门进行建设和管理（国家级自然保护区也由所属主管部门委托地方所在下属单位进行建设和管理）。

---

① 金鉴明，王礼嫱．中国特色的自然保护区管理模式探讨．http://swan.zo.ntu.edu.tw/chinese.2001．

（2）中央直辖管理。

国家林业局直接投资进行建设和管理，如卧龙保护区、佛坪保护区、白水江保护区。

2. 政区、保护区合一。

如四川卧龙保护区、安徽鹞落坪保护区。

3. 风景名胜区、自然保护区合一。

如黑龙江五大连池、四川四姑娘山和九寨沟。

4. 风景名胜区、自然保护区、森林公园合为一体。

如黑龙江镜泊湖、宁千山。

5. 学校、科研单位和地方政府共管。

如广东鼎湖山（中科院）、黑龙江凉水（东北林业大学）。

（三）自然保护区管理体系

要落实自然保护区的基本任务，必须有一定的组织机构来领导，有相应人员来承担，这就是说，自然保护区应当有完整的科学管理体系。科学管理体系是运用科学的管理方法和程序，维持自然保护区的建设和管理，而其有效运转则是建设高质量、高标准自然保护区的必备条件。自然保护区科学管理体系可分为四大管理系统。各系统既要有明确分工，又要紧密配合，共同组成一个内部互相协调而机能健全的保障项目实施的科学管理体系。其管理体系如图9-2。

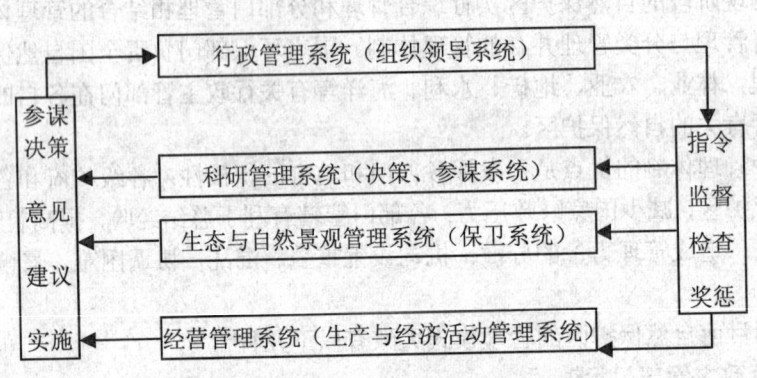

图9-2 自然保护区科学管理体系

1. 行政管理系统。

自然保护区的行政管理系统是极为重要的管理环节。行政管理部门通过实施组织、计划、人事、宣传教育、基本建设、财务审计等部门职责，发挥承上启下、沟通协调的作用。其主要职责是：①上下级机关行政业务；②外事业务；③劳资人事；④财务、审计；⑤政策、法令宣传业务；⑥后勤、基建、职工福利；⑦职工文化教育；⑧监督自然保护区计划、规划以及各种规章制度的实施和执行。

2. 科研管理系统。

自然保护区是生物、地学以及环境科学研究的重要基地，自然保护区的科学研究是其兴旺发达的标志，是自然保护区整个工作的灵魂。保护区的科研管理系统主要负责：①组织综合考察与综合评价；②安排科研课题、组织课题组；③布设定位观测站和确定观测项目；④用微机建立基本资料数据库；⑤进行种植实验与养殖实验；⑤组织自然保护区的短期和中长期发展规划；⑥组织研制、评价、审定自然资源的保护与开发利用方案；⑦对科研成果进行鉴定、公布和出版；⑧对标本室、展览馆、科技档案、信息资料室进行管理；⑨组织科技咨询与科普宣传；⑩建立有关学会、协会、研究会、科技情报网的基层组织[①]。

3. 生态与景观管理系统。

生态与景观管理系统是自然保护区的保卫系统，主要负责：自然资源与自然景观保护方案的实施。公安局或派出所要负责做好所管地段的保护工作，随时提供有关情报，及时处理自然保护区所发生的违法事件和破坏性事件，对考察者、参观者和旅游观光者宣传安全知识和注意事项，综合分析保护工作中的隐患和一些可能发生的破坏性事件的时间、地点与发展趋势，随时向保护区领导和其他管理系统以及地方政府、公安部门提供这方面的情报，共同防止破坏性事件的发生和发展。

4. 经营管理系统。

在保护好自然资源和自然环境的条件下，有计划地开展各种生产和经营活动，获得更多的资金来进一步发展自然保护区建设事业，这就是所谓的"以资养区"理论，是发展自然保护事业的重要措施。经营管理系统主要负责：①合理开发利用自然资源方案的落实；②种植业和养殖业；③狩猎业；④加工业（地方特产加工、特种手工业和工艺品）；⑤旅游业；⑥商业；⑦妥善安排保护区内群众的生产和生活等。

三、自然保护区开发

实践证明，采用传统的封闭式管理，不能解决自然保护区中自然保护与经济发展之间的矛盾，绝对保护最终只能是消极的保护，不利于保护区长远的发展。如果适当引入生态旅游，辅以必要的管理措施，将有利于协调保护与发展的关系，达到积极保护的目的。保护与发展的辩证关系是：在保护前提下发展，发展促进更好的保护，这正是生态旅游的宗旨和原则。生态旅游是自然保护区开发利用的

---

① 吴小舟，杨小鹏. 对甘肃省自然保护区有效管理的探讨[J]. 甘肃林业科技，2001（3）.

最佳模式，原因如下：

（一）生态旅游是可持续消费的最佳方式之一

传统旅游作为高层次的消费活动，在创造经济效益的同时，也产生了消极的负面影响，其最主要的负面影响是造成生态环境的恶化。于是，在新的生态观的指导下，将环境列为重要参照系数的生态旅游应运而生，它是可持续消费的最佳选择。

（二）生态旅游具有充足的客源市场

在崇尚自然、回归自然成为时尚的背景下，自然保护区成为人们旅游休闲的首选。尽管目前保护区旅游还有许多限制性因素，但从一些已尝试开展旅游的保护区来看，均取得了良好的效益。

（三）开展生态旅游是自然保护区发展的双赢途径

生态旅游强调人与自然的和谐共存，这种旅游活动的开展在尽量不改变生态系统完整的同时，创造了经济发展机会，在保护自然资源的同时，使自然保护区和当地居民在经济上均受益，解决了自然保护区所面临的两大问题，是自然保护区发展的双赢途径。

第二节 森林公园管理

一、森林公园的概念

1994年颁布的《森林公园管理办法》将森林公园定义为："森林公园是指景观优美，自然景观和人文景物集中，具有一定规模，可供人们游览、休息或进行科学、文化、教育活动的场所。"

国标 GB/T18005—1999 中规定：森林公园是指具有一定规模和质量的森林风景资源与环境条件，可以开展森林旅游，并按法定程序申报批准的森林地域。

张杰认为："森林公园是以良好的森林景观为主体，自然风光为依托，融自然景观和人文景观为一体，环境优美，物种丰富，景点景物相对集中，具有较高的观赏、文化、科学价值，有一定规模的地域，经科学保护、合理经营和适度建设，可为人们提供旅游观光、休闲度假、疗养或进行科学、文化、教育活动的特定场所。"[①]

---

① 张杰．森林公园管理学，东北林业大学出版社，2003．

吴楚材、李世东认为:"森林公园是以森林自然环境为依托,具有优美的环境和科学教育、游览休息价值的地域,经科学保护和适度建设,为人们提供旅游、观光、休息和科学文化活动的特定场所。"

尽管不同学者以不同的方式表述了森林公园的概念,但其表达的实质是相似的:即以一定规模的森林景观和人文景观为背景,为人们提供游憩、健身、科学研究和教育活动的区域。

二、森林公园的组织管理

(一)组织机构

1. 管理体制。

我国的森林公园隶属于国务院林业行政主管部门管理。1992年6月,原林业部设立"林业部森林公园管理办公室",1994年1月,林业部发布了《森林公园管理办法》。森林公园管理办公室下设以下主要机构,其工作具体由森林公园和森林旅游管理处负责。每一个机构的基本职能如下:

(1)森林旅游管理处:负责森林旅游业的管理工作,协调各森林公园的关系,监控森林旅游业的发展方向,发展速度和规划、建设等。

(2)森林公园评审处:对森林公园的资源价值定期评价和对其规划建设的质量进行评价,对即将成立的森林公园进行审定,从而为各部门提供决策信息。

(3)领导处:负责森林旅游法规政策的制定和落实,监管下属部门。

(4)秘书处:主要是组织常委会,作会议记录,为其他部门提供信息,有时也代表领导处解释和落实相关的政策法规。

(5)常委会:由各个资源管理部门、相关政府职能部门及利益相关部门人选组成,对重要的决策有否决权,同时对其他的部门有监督、服务的作用。

2. 森林公园的机构设置。

对于省、自治区或地方的森林公园可以按照以上模式来设置,但要根据公园的级别、经营规模、经营性质等作相应的调整。一般的森林公园机构设置如下:

森林公园管理处下设资源开发与保护中心和综合管理部。开发保护中心分为保护部和开发部。保护部分为生态环境保护部、旅游资源保护部、科研办公室。开发部分为资源开发部和基础设施开发部。综合管理部下设人事管理部、财务管理部、安全管理部、公共关系部。各部门的功能如下:

(1)环境部:对生态环境监控、森林植被保护、水土保持等工作负责。

(2)资源保护部:主要职责是避免对资源的过度开发和不正确开发,同时也对旅游景区由于旅游活动的开展造成的资源破坏进行有效的保护。

(3)科研办公室:为森林公园的生态保护及旅游资源保护提供技术支持,例如旅游的开展对微生物、动植物、土壤及水体的影响,都需要有专门的技术人员提供相应的技术指标。

(4) 资源开发部:主要是对现有的资源进行评价,对现有的价值和潜在的价值以及开发会带来的正面和负面影响进行评估,并对开发中的具体工作进行监控。

(5) 基础设施开发部:负责森林公园内的道路、食宿、游乐、水电暖等设施建设的规划和实施工作。

(6) 人事管理部:主要负责员工的招聘、录用、考核、培训、定编定员、岗位责任的制定、员工福利和报酬分配等的管理。

(7) 财务管理部:对森林公园所有的经济活动进行记录、监督、控制,并对财务状况进行分析,最后为经营管理决策服务。

(8) 安全管理部:主要负责森林公园内的旅游基础设施的安全维修、防火等工作,防止游人在游览过程中受到伤害。

大型的森林公园在以上组织的基础上,在森林公园管理处下设立旅游部。它是旅游经营管理的中心环节,独立经营管理旅游业务。涉及到跨行政管理部门、跨省、自治区的森林公园,有必要在综合管理部门下设协调关系的部门,其人员可以由森林公园所归属的各相关部门组成,这样有利于各种工作的开展。

(二) 森林公园组织设置中的问题与对策

1. 森林公园现有的组织结构存在的问题。

(1) 我国的森林公园由国家各级林业局主管,自然保护区由国家林业局和环保总局等主管,国家风景名胜则由建设部主管。这种分工格局使得各政府部门只从自己的角度出发看待森林旅游的发展,这样就造成了不同部门对森林公园的开发程度和受重视程度存在较大的差距,造成了开发不够或过度开发的现象。森林公园的运作主体包括了国家森林公园管理处、国家林业局和当地政府,这就使得各部门从自己的利益出发,多方插手,各行其是,一定程度上造成了管理的混乱。

(2) 我国的森林公园一直采取"事业型编制,企业化管理"的经营模式。这种体制的主要弊端在于:

第一,经营权、所有权与监督权的统一,缺乏有效监督管理,导致资源的过度使用。"森林公园既是资源的管理者同时又是经营者。作为管理者,森林公园代表国家或集体的利益,管理森林旅游资源,实现资源的保值与增值。作为经营者,森林公园无偿地占有、使用国有资源,为追求经济利益,往往忽视科学规划,存在过度开发现象,其行为缺乏有效的监督和约束。"

第二,景区管理政出多门,职责不清,分而治之。目前国家森林公园内的景区管理分散,各自为政,"一个山体、几家分治、相互制约、影响发展"的局面甚为突出。风景区各家往往从局部利益出发,划地为牢,景区资源整合优势未能得到体现，不利于旅游资源的统一开发和景区旅游形象的定位。由于缺乏一个统一的管理机构进行协调、规划，导致公园内各景区景点建设重复和项目开发的雷同，造成资金和资源的浪费，森林旅游产业结构和优化更无从谈起，削弱了产品的独特性与竞争力[1]。

第三，旅游行业管理部门缺乏权威，管理力度不够，出现职能缺位。目前在国家森林公园内，建设、林业、水利、环保、宗教、旅游、文物等部门均代表国家行使各部门的旅游资产（旅游资源性资产和旅游经营性资产的简称）的所有权和管理权，各管理部门与企业单位级别是平行的，各种类型的旅游资源在短期内难以由一个中央政府职能部门统管起来。旅游局仅作为其中的一个行政管理机构，难以充分发挥其作为行业主管部门的作用，更无法实行法规、标准、政策、规划的宏观管理和监督保护。

第四，森林公园资金投入不足。森林公园的经营者可能会将内部资金不是用于积累而是用于职工的分红，也可能将经营费用作为事业费用转嫁到政府头上，而财政收入的减少使森林公园的基础建设和森林旅游资源的维护资金投入严重不足[2]。

2. 对策。

（1）组织机构设置原应适应以市场为导向、以资源保护为基础，经济效益与生态效益兼顾的基本原则，设置高效率、弹性化和责权利相结合的组织结构。高效率就是要遵循"精简机构、落实责任、提高效率"的原则，来完成部门的设置和职能分工，使新的管理模式能有效地实施对旅游业的管理。弹性化即对组织结构赋予一定弹性，使其对内外部环境的变化能及时做出反应，具有变革自新的机制，实现经济的可持续发展。责权利结合就是机构设置要从旅游业发展的需要出发，因事设机构，按需要配备人员，按人落实责任，根据责任要求来考核工作业绩，将责、权、利结合为一体。

（2）森林公园要参与和融入市场竞争。应在政府指导的前提下，以市场为主配置资源，充分发挥企业管理力量，推动公园的内部开发与外部运作，全面实现经济效益、社会效益和生态效益。国有林场代表国家对森林公园享有所有权，对森林公园经营者的行为进行有效监督。在明晰产权的前提下，进一步完善包括股份制、股份合作制等多种财产组织形式的管理体制，共同投资，协作开发，合作经营，共同受益。

（3）分离森林公园非营利性资源和营利性资源。非营利性资源由国家所有并管理，强调保护为主，发挥森林公园的公益性服务；营利性项目可引入其他的经

---

[1] 张志，李江风．我国森林旅游业管理体制创新研究．福建林业科技，2006（3）．
[2] 黄秀娟．中国入世与森林公园发展方向探讨．林业经济问题，2002（1）．

营者进入，参与市场竞争，这样才能充分发挥资源原有的潜力。

三、森林公园的保护

森林资源具有生态性、社会性和经济性功能，这些功能决定了它在实现可持续发展过程中所能起到的重要作用。如果森林风景资源遭到破坏，不仅影响森林经济功能的实现，更重要的是会导致生态环境的恶化，从而影响其生态功能、社会功能的发挥。在开发森林旅游项目的同时，必须从以下角度着手，加强资源的保护。

（一）加强规划工作

森林公园开发建设要合理规划、精心设计，搞好森林公园的总体布局。森林公园的总体布局应有利于保护和改善生态环境，能妥善处理开发利用与保护、游览、生产、服务及生活等诸多方面之间的关系，并从全局出发，综合分析资源现状，充分合理地利用地域空间，因地制宜地满足森林公园多种功能的需要。要根据森林公园的地域特点、林场经营习惯、发展方向等做好公园的规划设计，对整个公园的景观格局做出定量定性分析，对功能区划分、旅游环境容量、游览线路、景点设计、服务设施等做出科学合理的安排，并在设计中将风景资源的保护放在第一位，制定出严格的保护措施。

森林公园规划要以森林风景资源为依托，坚持"严格保护、统一规划、合理开发、永续利用"的原则，结合森林景观的自然生态性、休闲舒适性、科普考察性等要求进行，做到"二优先"、"三同步"和"二注意"[①]。"二优先"即风景资源评价和公园总体设计优先。"三同步"是基础建设、景观建设与保护设施同步规划、同步实施、同步发展。"二注意"指的是，一要注意在森林公园内进行保护区分级工作，建立重点或核心的森林风景保护区，加强经常性监督；二要注意建立森林公园设计方案会审制度，严把审批关，对森林公园内的宾馆建设、索道建设、大规模游乐设施建设等要慎重考虑和审批。我国1996年1月颁布了《森林公园总体设计规范》，为森林公园规划设计规范了技术标准。

（二）强化法制意识

森林风景资源的保护必须靠执法。一方面要注意森林"三防体系"的建设，即护林防火、病虫害防治和防止乱砍滥伐，严厉打击非法破坏森林资源的行为，高举保护森林公园的法律武器。要利用各种宣传渠道，教育广大游客和经营、管理人员懂法、守法，自觉地保护森林资源、维护森林公园的各项设施，引导游人良好的旅游行为，唤起游客的环保意识。在森林公园规划管理过程中必须遵照《森

---

① 陈科东. 谈森林公园开发中的保护. 广西林业，2002（3）.

林法》、《野生动物保护法》、《环境保护法》、《文物法》、《矿产资源法》、《风景名胜区管理暂行条例》、《自然保护区暂行条例》、《水土保持条例》、《森林防火条例》、《野生植物资源保护条例》、《城市规划条例》、《中国自然保护纲要》等相关条例,做到令行禁止。森林旅游环境资源的保护应作为总体规划的一部分重要内容,在上述法规指导下制定切实可行的保护措施。国家林业局1995年1月颁发了《森林公园管理办法》,为合理利用和保护森林旅游资源作了较为明确的规定。同时各地也要根据当地森林资源的特点制定出相应的管理条例。

(三) 引入以保护为导向的管理机制

我国森林公园所造成的资源破坏不外乎两种: 在开发中造成的破坏和因管理不善而造成的破坏,而管理机制的不健全是最根本的原因。我国森林公园的管理目标和国外的国家公园不同。国家公园的首要目标是保护生态体系,其次是为人们提供休闲游憩的场所。而我国的森林公园是为了提供旅游产品,创造经济效益,所以必须采用正确的管理机制。我们可以从英国现存最大的天然松林管理公司Glen Affric[①]森林公园的管理机制中有所借鉴。如表9-3所示。

表9-3 Glen Affric 森林旅游管理区的划分

分区	描述	管理政策
高密度旅游者管理区	以旅游者为发展中心	发展游客中心和以旅游者为导向的主要设施 用国际标志和一系列语言
中密度旅游者管理区	小公路和相关的停车场和小径	提高停车场和小径,提高有关保护主题和游客集中区解释
低密度旅游者管理区	森林公路和小径	提高停车场和小径,并提供新设施 告知游客保护区和主要设施的信息 主要强调有关保护主题的环境内容的解释
核心保护区,少有介入的旅游管理区	安静的没有被打扰的区域,没有游憩设施	不提供新的发展或信息 允许游客自由游览,但不鼓励

其管理目标: 引进管理技术以使保护区能够接纳现在的和将来水平的旅游活动,提高旅游者对保护区内环境遗产的认识和理解。

从 Glen Affric 森林公园的管理目标到园内的按旅游者密度进行分区,都体现了以"保护"为主的可持续发展理念。公园针对不同的保护需要来发展区内的游客,核心保护区并不禁止游客进入,但管理政策允许的其他区域的便利设施会给游客带来很大的吸引力,而不愿意进入核心保护区,从而达到永续利用的目的。

[①] Richard Broadhurst and Paddy Harrop (1999), Forest tourism: Putting Policy into Practice in the Forestry Commission, Forest Tourism and Recreation, Cambridge University Press.

(四) 组织、管理好旅游者

对旅游者的管理是森林公园管理的重要一环。生态旅游是现代人类社会经济活动的一个方面，在这种活动中，管理只是一个外在因素，起根本作用的内在因素则是人的素质。因此，通过各种途径来提高全体公民对自然生态环境的认识水平有着非同寻常的意义。森林公园管理者有必要印制宣传画册，宣传环境保护和生态知识，使游人自觉地热爱自然、保护自然。在一些敏感地带，森林公园管理者要采取措施疏导游人，在环境承载力允许范围之内，而又不降低旅游者的旅游兴致的情况下，调节游人分布。这就为相关管理人员提出了较高的要求，以确定游人的最大容量，使游人控制在生态阈值之内。

(五) 引入公众参与机制

森林旅游资源的保护，首先要解决的是大众的保护意识问题。要让国民了解到森林旅游资源是百年自然的造化和人类历史留下的精髓，具有不可再生性，一旦破坏，难以复原。对于有些自然遗产和文化遗产类的旅游开发工作，可能会造成不可逆转的破坏，采用公众投票或者各个方面的专家共同制定开发规划，共同参与森林公园管理方案的制定以及相关法规和行业规范的制定。这样就可以避免现有的体制弊端所带来的盲目性开发和资源的掠夺性利用。美国的国家公园规划在20世纪70年代开始引入公众参与机制。今天，公众参与观念在美国已经全面引入国家公园规划过程[1]。

(六) 完善森林旅游及森林公园的保护系统

目前，我国已把森林公园纳入林业部门主管，各公园设立森林公园管理处，这些机构是森林旅游资源保护的重要保障。其次，减缓自然环境因素对森林旅游资源的破坏。许多历史文物古迹，它们暴露于地表，要完全杜绝自然风化是不可能的，但可以在一定范围内应用高科技手段，减缓其破坏的速度。再次，根据森林旅游资源的观赏、历史、文化、科学价值和环境质量、游览活动等条件，划分保护的等级[2]。

---

[1] 杨锐. 美国国家公园规划体系评述. 中国园林, 2003 (1).
[2] 李凡. 森林旅游资源开发与保护要同步进行. 中国林业产业, 2007 (10).

第三节　地质公园管理

一、地质公园的概念与分类

（一）地质公园概念

地质公园是以具有特殊地质科学意义、稀有的自然属性、较高的美学观赏价值，具有一定规模和分布范围的地质遗迹景观为主体，并融合其他自然景观与人文景观而构成的一种独特的自然区域。它既为人们提供具有较高科学品位的观光旅游、度假休闲、保健疗养、文化娱乐的场所，又是地质遗迹景观和生态环境的重点保护区，是地质科学研究与普及的基地。

（二）地质公园分类

1. 按等级划分。

根据批准机构的级别可分为世界地质公园、国家地质公园、省级地质公园、县（市）级地质公园4个等级。①世界地质公园（UNESCO Geopark）：必须由联合国教科文组织批准和颁发证书。②国家地质公园（National Geopark）：必须由所在国中央政府（目前中国由国土资源部代表中央政府）批准和颁发证书。③省级地质公园（State Geopark）：必须由省级政府（目前中国由省国土资源厅、局代表省级政府）批准和颁发证书。④县（市）级地质公园（County Geopark）：必须由县（市）级政府批准和颁发证书。

2. 按园区面积划分。

可分为特大型、大型、中型、小型四类地质公园。①特大型地质公园，园区面积大于 $100~km^2$；②大型地质公园，园区面积 $50\sim100~km^2$；③中型地质公园，园区面积 $10\sim50~km^2$；④小型地质公园，园区面积小于 $10~km^2$。

3. 按功能划分。

地质公园是一种特殊的科学公园，应有较高的科研价值，但既然是公园就应具有为广大游人观光游览的功能。根据功能侧重点的差异，可将地质公园划分为：①科研科考主导型地质公园；②审美观光主导型地质公园。

4. 按园区主要地质地貌景观资源类型划分。

地质地貌景观简称"地景（Geolandscape）"，是一种极重要的自然资源，也是十分重要的旅游资源，更是地质公园的主要景观内容。根据其地貌特点可以分成四大类：地质构造类、古生物类、环境地质现象类、风景地貌类。

二、地质公园的功能

（一）地质公园的经济效益和社会效益

实践表明，国家地质公园的建立为当地旅游业的进一步发展注入了新的活力，尤其在拓展景区科学内涵、提升科学品位、树立景区形象、打造旅游品牌等方面发挥了积极作用。一些以前默默无闻的地方，由于地质公园的建立，如今已声名鹊起，吸引了全国乃至世界的游客。据不完全统计，在国家地质公园品牌效应下带来的直接收入比过去增长了近亿元左右。湖南郴州飞天山国家地质公园在揭碑开园后的"十一"黄金周，游客猛增9倍，2003年第一季度该公园接待游客5.4万人次，门票收入291.6万元，综合收入840万元，分别增长了16.7%，53.5%和10%。河南云台山国家地质公园2001年接待旅客60万人次，门票收入1400万元，比前几年平均门票收入700万元增长一倍；2002年游客达94万，门票收入2720万元，较上年分别提高68%和97%。旅游业带动了第三产业的迅速发展，促进了当地居民的就业。

（二）地质公园的环境效益

建立地质公园的环境效益是有效地保护了地质遗迹。园区的采石场、矿坑大多数关闭了，停止了森林砍伐和狩猎，一些核心区的居民也陆续搬出，园区的生态环境明显得到改善。由于公园收入的增加，保护资金得到一定保障（如湖南的国家、省级地质公园承诺拿出门票的3%～5%作为地质遗迹专项保护费用），地质遗迹的生态保护得到了切实加强，为旅游业可持续发展创造了条件。建立地质公园也开辟了一种新的地质资源利用方式，地质遗迹不但有观赏和游览休闲价值，而且是不需移动位置、不需改变原有面貌和性质的、可以持续利用的宝贵资源。国家地质公园的建立，是对地质资源利用的最好方式。

三、我国地质公园存在的问题

（一）管理体制不顺畅

国土资源部仅仅是给了一个"国家地质公园"的牌子，在行政上并无权直接领导国家地质公园。由于我国部分国家地质公园的前身属于自然保护区、国家森林公园或自然风光旅游景区，如翠华山国家地质公园，原是终南山国家森林公园的主要景区，因此，在公园管理的体制、层次、级别和发展上都有很大差异。

（二）多头管理现象普遍

如张家界国家地质公园由张家界森林公园管理处和武陵源政府管理，翠华山国家地质公园由长安区政府、省国土资源厅地质环境处管理。实际上，政府的管理往往是空头的，是一种形式，但是一些不必要的行政干预却不少，束缚了公园的发展。

（三）规划质量难保证

地质遗迹资源的保护是建立在科学合理、有效的、统一规划基础之上的。目前，我国地质遗迹资源规划是采取分级管理的模式，规划设计权力下放，全国并没有一个统一的规划设计单位，因而，规划的编制、审批和执行监督仍缺少统一性、权威性管理。再加上管理体制不顺，规划的实施往往受到各方制约，最终难以有效实施。

（四）所有权与经营权不清晰

"由遗迹主管部门掌握所有权，由旅游部门行使经营权"的"所有权与经营权分离"，以及"一套班子，两块牌子"式的"所有权与经营权分离"在许多具有经营成分的政府事业单位中都曾试用过。但是这种"分离"的实质则是未分。这两块牌子，一方面可使这套班子以拥有所有权的政府部门或机构的名义，享受一切政府特权；另一方面又可使它以行使"经营权"的企业的名义赚取利润。

（五）泛化倾向明显

截至 2011 年，我国已经批准 182 个国家地质公园，这使得许多国内著名风景区都已纳入国家地质公园的管理范畴，地质遗迹景观被推向了市场，同时地质公园的建设在一定程度上出现了过热和泛化的趋势。存在的主要问题有：数量增长过快，申报建设与后续管理脱节；同类型地质公园相对过多，典型性、稀有性受质疑；或景观性掩盖了科学性，或缺乏景观性；地区分布不平衡，非自然因素起一定重要作用；同时拥有数个头衔，利益协调难[1]。

四、地质公园管理

我国对地质公园实施分级管理体制。国土资源部对地质遗迹资源的保护、管理与监督负有主要职责。国土资源部下设地质环境司，其主要职能是：拟定地质遗迹等地质资源和地质灾害管理办法；组织编制和实施滑坡、崩塌、地质遗迹保护规划，并对执行情况进行监督检查；组织认定具有重要价值的地质景观、古生物化石产地、标准地质剖面等地质遗迹保护区，保护地质遗迹和防治地质灾害。

（一）我国地质公园的管理体制

1. 地质公园的分级管理。

对具有国际、国内和区域性意义的地质遗迹，建立国家级、省级、县级地质公园，分别由相应各级国土资源主管部门管理，对上级国土资源主管部门负责，同时归同级人民政府领导。

---

[1] 胡炜霞，吴成基. 论中国国家地质公园的泛化. 科技管理研究，2007（2）.

2. 地质公园的规划管理。

国土资源行政主管部门负责组织编制地质遗迹保护和合理利用规划，经环境保护行政主管部门审查签署意见，由计划部门综合平衡后报批实施。国土资源行政主管部门要对执行情况进行监督管理。

3. 地质公园投资运营机制。

目前，我国大部分地质遗迹保护区运营方针仍然是"一要吃饭，二要建设"，日常运转经费主要来源于门票和开发项目，少量经费来源于政府拨款。地质公园的建设，保护是"第一位"的。因此，从保护珍稀地质遗产的角度出发，对一级、二级地质公园，应实施财政专项保护与管理。而对三级地质公园可引进多元化投资机制，进行合理适当的开发。目前，由于国家财力所限，政府投资于地质公园的保护经费是相当有限的。可以尝试走资产化管理的道路，以产权参股、招商引资等形式保护与开发地质公园。

（二）国外地质公园管理模式

国际上，对地球演化过程中形成的重要而独特的地质遗迹，通行的作法是建立国家地质公园予以有效保护，如美国国家地质公园的管理。

美国是对地质遗迹保护得最早的国家，美国政府通过把境内独特的公共陆地或水体辟为国家公园（National Park）来保护地质遗迹和自然环境。1872年美国创建第一个国家公园——黄石国家公园，到目前共有国家公园300多处，有火山类国家公园（夏威夷），溶洞类国家公园（Mitchel 洞穴公园），板块构造类国家公园（Sunset Crater，Great valley），地质灾害类国家公园（Joshua Tree 地震）等。随着美国国家公园的不断增加，已形成了完善的国家公园管理系统。

1. 国家公园的管理机构。

美国国家公园系统由总部设在华盛顿的国家公园管理局管理。它下设7个地区局，并以州界来划分管理范围，地区局下设16个支持系统。一般是将生态环境和资源类似的公园组成一个公园组，以便按其资源类型和特色开展相应的管理工作。

2. 国家公园的规划设计与管理。

美国国家公园的规划设计由国家公园管理局下设的"丹佛规划设计服务中心"独家规划设计，并统一负责国家地质公园的规划工作，以便严把地质公园规划建设关。规划设计在上报以前，首先向地方及州的当地居民广泛征求意见，否则参议院不予讨论。事前监督与事后执行相呼应，体现出其管理体系的周密与协调、规划设计的科学性与公开性。

3. 国家公园的经营管理。

美国国家公园管理局的最高宗旨是切实保护好国家公园的自然景观资源和人

文景观资源,把国家公园当作大自然博物馆。因此,在管理上要求层次很高。公园的管理人员都由总局直接任命、统一调配。职员资格都要求有本科以上学历,而且必须经过岗位培训,要求其掌握国家历史、游客心理学、资源保护、生态学、考古学、法律学、导游和救生知识等。国家公园的经费来源于国家拨款,并严格限制门票等费用的征收。绝对不允许国家公园管理局下达经济创收指标,一方面是由于美国的经济实力雄厚,另一方面是为了杜绝公园为谋取收入乱搞开发项目。

4. 国家公园的开发利用与保护。

美国国家公园的建设要求十分严格。除了必要的风景资源保护设施和必要的旅游设施外,严禁在国家公园内搞开发性项目,只允许建造少量的、小型的、分散的旅游基本生活服务设施,而且建筑风格力求与当地自然环境和风俗民情相协调,不得破坏自然景观和资源。严格控制国家公园内游客量、游人住宿的旅馆床位和野营地床位,并且十分重视野生动植物保护。

5. 广泛采用地理信息系统(GIS)来管理地质资源。

地理信息系统(GIS)由计算机硬件、软件和与空间位置有关的数据构成。GIS可以为管理者提供公园的地图数据及其他有关资源方面的信息。比如一条河流,如果河流在地图上被确定,资源管理者就可以确定相关的东西,如某一类与河流相关的植物。一旦这些都被确定后,资源管理者就可以进行一些假定,比如,"河流改道后会对这些植物产生什么影响"这类的空间分析通过由地理信息系统创建的地图均可以实现。GIS还可以研究游客对公园的影响,以及协助历史遗迹的重建等各个方面。目前,美国有250多个国家公园在使用GIS系统。

第四节 国内外经典案例

案例1:澳大利亚·大堡礁——自然遗产管理的标杆

大堡礁北起澳洲北端的约克角附近,向南越过南回归线,直到布里斯班东北海上,绵延2000多公里,是澳洲东海岸的一条天然的防波堤。在景色迷人的大堡礁生态圈内,有独特多样的海洋生态系统,大堡礁包括2900多组珊瑚、300多座珊瑚礁,600多座周边岛。

大堡礁不论是在旅游生态还是旅游开发等方面都取得了一定的成功,这主要归功于大堡礁有一套行之有效的管理模式与管理方法。大堡礁自然遗产主要是由澳洲中央政府与大堡礁所在地方政府联合组建的大堡礁海洋公园管理局对其进行统一的管理与开发。

1. 以海洋公园为根基的统一管理。

因为大堡礁不仅仅是澳洲东北海岸一系列的珊瑚礁群的代名词，所以要对这个拥有着旅游、科研、渔业和土著文化等多种资源的地区进行有效的管理，就必须建立一个全面负责各地区资源合理开发利用和有效保护的管理机构，于是大堡礁海洋公园管理局在1975年由澳洲联邦政府和昆士兰州政府设立。大堡礁海洋公园管理局是澳大利亚政府在大堡礁海洋公园的规划和管理问题上的主要顾问。时至今日，大堡礁海洋公园管理局的成绩有目共睹。他们使大堡礁的开发与保护并重，在为澳洲政府及昆士兰州政府取得了不菲的经济效益的同时，对于大堡礁的自然生态资源也进行了卓有成效的保护，成为了世界遗产保护中的一个典范。正因如此，澳大利亚大堡礁海洋公园管理局获得了卡布斯苏丹环境保护奖。

2. 以法律法规为保证的制度管理。

从国家的角度来说，澳大利亚是世界上最早出台环境保护法律的国家之一。目前，澳大利亚已经建立了十分完善的生态环境保护和建设的法律法规体系。在联邦层次，环境保护法已有50多个，有综合立法，如"环境保护和生物多样性保持法"，有专项立法，如"大堡礁海洋公园法"，还有20多个行政法规，如"清洁空气法规"等。在州层次，各州涉及生态环境保护和建设的法律均多达百余个。

1975年颁布的《大堡礁海洋公园法》提出了建立、控制、保护和开发大堡礁海洋公园，其中涵盖了大堡礁98.5%的区域。这就为大堡礁的保护提供了条款很细的、操作性很强的法律法规。

3. 以利益协调为支点的参与管理。

作为世界遗产开发与保护的楷模，大堡礁的管理成功之处不仅仅在海洋公园管理处，更重要的是大堡礁的各方积极的参与合作。因为澳洲政府知道，要实现对大堡礁这样一个幅员辽阔、资源丰富的地方有效的管理，除了正式的管理力量之外，大堡礁的各方利益相关者的参与也是必不可少的。

管理局在行使政府管理职能的同时，十分重视倾听各方面的声音，在不违反环境保护法的前提下，尽力协调各方利益。例如法律禁止船只在当地胡乱停泊，以避免抛锚而损害海底的珊瑚。因此当地曾有一个时期许多游船不敢前来，使船运和旅游业受到影响。为此，管理局同船运业的代表共同商定了一些可以安全下锚的地区，很好地解决了旅游资源保护和发展的矛盾。

大堡礁旅游休闲咨询委员会的成立就是大堡礁参与式管理的集中体现。该委员会会员分别来自政府、旅游业界、当地土著人和渔业等大堡礁资源利益相关者。来自各方的会员通过这个平台共同评估大堡礁环保状况，提出各自对资源的使用要求，向管理局提出政策建议。

大堡礁的"参与式管理"不仅仅指献计献策，更包括承担政策实施和监督的责任。在这其中，旅行社就是首当其冲的角色。旅行社按照管理局提出的环保要求和各自经营特点，纷纷自觉制定"最佳环保操作"细则，并照此执行。管理局对环保操作达不到要求的旅行社停发许可证，对表现好的旅行社则在分配旅游资源时予以优先考虑。管理局还鼓励旅行社之间相互监督，相互举报。另外，旅行社的导游同时也是当地的环境监测员。如果发现某处水域的水质变差，找到了新的海底生物，或看到某个景区的游人过多，他们都有责任及时向管理当局报告，管理当局会立即采取相应措施。

4. 以持续开发为目标的长远规划。

对于大堡礁这个上帝的宠儿来说，需要人类的精心维护，它才有可能继续以其绚丽多彩的姿态展现在人们面前。澳洲也深刻地意识到大堡礁的娇贵，也知道要对大堡礁进行保护就必须进行长远的规划。因为大堡礁可爱的珊瑚们是经不起任何考验的，一旦它受到了某种的迫害，就需要很长的时间来恢复，或者永远也不能恢复了。在这方面，大堡礁海洋公园管理局未雨绸缪，制定了一系列长远的规划，出台了一系列的措施。

如：制定大堡礁25年战略规划。在1994年，大堡礁海洋公园世界遗产管理处制定了一份时长达25年的战略规划，为保护大堡礁这份世界遗产提供了基本的依据。这份25年战略规划的制定，一方面对于大堡礁丰富的资源做了充分利用；另一方面对大堡礁施行了有效的保护和可持续性开发。

案例2：美加·沃特顿冰川国际和平公园——跨国管理典范

1931年，加拿大阿尔伯塔州（省）和美国蒙大拿州的扶轮会会员在边界聚会，建议将位于阿尔伯塔州（省）南部的沃特顿湖国家公园（建于1895年）和位于美国蒙大拿州西北部的冰川国家公园（建于1910年）合二为一。由于他们的不断努力，第二年（1932年）美、加两国国会分别通过法案，将这两个公园合并，从此世界上第一个跨国公园诞生。

沃特顿冰川国际和平公园作为世界上第一个跨国公园，作为和平共管的榜样，是怎样统一两国思想及在各自的框架下处理多头管理、政出多门问题从而确立有效的制衡机制的呢？

1. 国家公园管理体制对多头管理。

美国是国家公园管理体制的首创者，美国、加拿大都奉行国家公园管理体制，分别归口美国国家公园管理局（National Park Service——NPS）和加拿大国家公园管理局（Parks Canada Agency），管理局授权其他机构管理世界遗产。比如美、加国家公园管理局联合授权冰川公园有限公司（Glacier Park, Inc.——GPI）

负责经营国际和平公园内的酒店、餐馆等相关企业，维护部分文物与设施和提供某些服务。另外两国公园管理局成立基金会和协会负责公园的保护、保存、展出和遗传后代，同时指导其他基金会和协会参与公园的保护和管理。正是通过集权于一身，使得行政有力，管理有效，避免了多个部门之间的互相掣肘。

2. 两国共管，和谐相处——理念指导行动。

早在《联合国教科文组织组织法》的前言当中，就阐发了和平的重大意义：战争起源于人之思想，故务需于人之思想中筑起保卫和平之屏障。美国、加拿大两国人的行为似乎正应了这句话：保护生态的完整性起源于人之思想，故务需于人之思想中筑起保护生态完整性之屏障。

两国撇开政治上的不同，强调跨落基山脉的自然资源的完整不可分割性。当初该跨国公园的建立就是因为，该公园所在地的扶轮会会员认为两个国家公园的自然景观和动植物都极为相似，不应以国界刻意一分为二，而应该在一个国际生态保护区下共同来维护公园的动植物和自然景观；随后两国政府和人民把和平共管这一理念推向了高潮，为了使子孙后代可以享有机会欣赏这些资源，一切以保护该区自然、生态景观为宗旨，在两国公园交界处的界碑上"愿此和平之门永不关闭"（May these gates never closed）成为两国人民的共同心声；不仅如此，在两个公园各自的管理计划中赫然写着：国际和平公园不仅要增进两国之间的和平友好，而且还要强调保护原生态景观与合作保护的国际性。美好的愿望催生了和平共管的行为，为世界人民树立了榜样。

3. 公园管理层——管理权限分配及管理范围。

世界遗产资源不管是由国家集中统一管理还是多头管理，表面上就是保护与开发的问题，浅层次来讲就是局部利益、整体利益、短期利益与长远利益孰占主导地位的问题，归根结底就是上下级相关机构和各部门的利益分配、权限分配问题。沃特顿冰川国际和平公园是由国家公园管理局管理的，而且在管理过程中，既存在直接管理也存在授权管理，各部门进行权限划分从而协调各部门的利益冲突，这一点对我国的遗产管理来说尤为重要。

第十章 风景名胜区管理

第一节 风景名胜区概述

一、风景名胜区概念

风景名胜指具有观赏、文化或科学价值的山河、湖海、地貌、森林、动植物、化石、特殊地质、天文气象等自然景物和文物古迹、革命纪念地、历史遗址、园林、建筑、工程设施等人文景物和它们所处的环境以及风土人情等。[①]

风景名胜区是指风景名胜资源集中、自然环境优美、具有一定规模和游览条件,经县级以上人民政府审定命名、划定范围,供人们游览、观赏、休息和进行科学文化活动的地域。

风景名胜区是由国家和地方政府批准成立的、区域范围明确的、分级别的地域,是一个国家法定的区域概念。国家风景名胜区,是颇具美学、科学与历史文化价值,以自然景观为主,融人文景观为一体,有国家典型性、代表性的特殊区域。

二、风景名胜区等级划分

风景名胜区划分为国家级风景名胜区和省级风景名胜区。

（一）国家风景名胜区

自然景观和人文景观能够反映重要自然变化过程和重大历史文化发展过程,基本处于自然状态或者保持历史原貌,具有国家代表性的,可以申请设立国家级风景名胜区。设立国家级风景名胜区,由省、自治区、直辖市人民政府提出申请,国务院建设主管部门会同国务院环境保护主管部门、林业主管部门、文物主管部

---

① 马永立,谈俊忠. 风景名胜区管理学. 中国旅游出版社,2003.

门等有关部门组织论证,提出审查意见,报国务院批准公布。

(二)省级风景名胜区

自然景观和人文景观能够反映重要自然变化过程和重大历史文化发展过程,基本处于自然状态或者保持历史原貌,具有区域代表性的,可以申请设立省级风景名胜区。设立省级风景名胜区,由县级人民政府提出申请,省、自治区人民政府建设主管部门或者直辖市人民政府风景名胜区主管部门,会同其他有关部门组织论证,提出审查意见,报省、自治区、直辖市人民政府批准公布。

三、风景名胜区功能

就一般风景资源而言,它的主要功能就是旅游,主要强调风景资源对人的观赏价值、体验价值、休憩价值,因此它的旅游功能是第一位的;就一些具有特殊目的的景观而言(如自然保护区等),则主要着眼于它的科学知识价值与其非观赏性价值,如生物多样性、地质史、水源保护等等。因此,它的科学功能或其他非观赏性功能是第一位的,但它们的旅游功能也应尽量开发。

风景名胜区的旅游功能主要包括:

1. 美的景观供人欣赏。

2. 作为地理、地质、动植物、生态、水文、气候、地球演变等自然科学学习和研究的实践场所。

3. 能反映某些历史时期、某些地域或民族的文化、艺术、科学成就及生产生活状况,可作为研究和普及知识的实物资源。

4. 自然风景区是生物多样性的保存境域,可提供用于生产或科研领域的多种遗传基因的种质资源。

5. 有些风景名胜能够反映国家民族争取独立、民主等政治、军事斗争,历史名人成就,让人民了解国家悠久复杂的历史过程。

6. 自然风景区良好的植被是保持良好气候、涵蓄水源、防止水土流失、保护江河大地免受自然灾害的重要条件。[①]

风景资源的旅游功能与它的科研、教育、生态环境功能并不矛盾,而是相互促进的。旅游首先是一种教育活动,而且是最直接的生动的实物教育和现场教育;其次,它既可成为科研工具,又可成为科研对象;再次,旅游的经济效益可以为更广泛、深入的科研、教育和生态环境功能提供经济支持。因此,把风景的旅游功能与科研、教育、生态环境功能对立起来,显然是不正确的[②]。

---

① 张晓,郑玉歆. 中国自然文化遗产资源管理. 社会科学文献出版社,2001.
② 徐嵩龄. 风景名胜区股票上市论争. 旅游学刊,2000(3).

四、风景名胜区现存问题

常见于人类游览活动对风景名胜区的破坏，主要表现为：

1. 要开发游览就要修筑道路、桥梁等游览设施和遮风避雨的休息建筑，有的地方还要架设索道、缆车。这些设施若选线选址不当，规模过大，或形式与原有景观不相协调，就会破坏原有景观的统一性和完整性。如果破坏植被、地貌、水文状况，还会影响生态平衡。

2. 在景区内开办饮食服务设施就要用水，并排放污水、废气，产生垃圾。这些都威胁着动植物的生存。如果接待住宿，用水和污染会更加严重，而且破坏地形、植被。

3. 游客活动范围越大，人流越多，被破坏的地貌、植被也越多，而且惊走原来栖息的动物，也要破坏生态平衡。

4. 游人对文物的破坏也是常见的。服务企业在原有文物保护范围内添建房屋，甚至拆改原有建筑以满足服务的需要，更是风景名胜区的大忌。[①]

第二节 风景名胜区管理

一、风景名胜区产权问题

（一）我国旅游景区产权管理现状及弊端

1. 我国旅游景区产权结构与所有权管理。

我国当前旅游景区的所有权结构是国家所有（政府所有）、集体所有和私人所有三种所有制形式并存。其中为数最多的是以中央政府和地方各级人民政府所有的国有形式。旅游景区的国有制是占主体地位的所有制形式。我国旅游景区的管理与所有权行使，依照不同的所有制类型而有所不同；私人所有的景区由所有者经济主体行使其所有权和管理权；集体所有的景区由集体权力机构统一行使其所有权和管理权；而国有景区由政府代表国家统一行使所有权，政府委托自己的部门对旅游景区实行管理。

2. 政府对国有旅游景区所有权管理与产权行使。

1985 年国务院颁发了《风景名胜区管理暂行条例》，对我国国有旅游景区管

---

① 张晓，郑玉歆. 中国自然文化遗产资源管理. 社会科学文献出版社，2001.

理权作出了规定：城乡建设环境保护部主管全国风景名胜区工作，地方各级城乡建设部门主管本地区的风景名胜区工作，即城建部门代表国家行使所有权。但实际上，情况要复杂得多。

目前，有权对国有景区实施管理的权力主体有这样几个：（1）旅游部门，专门负责景区内的旅游开发、服务设施、组团参观和宾馆等级评定等；（2）风景管理局，隶属于城建部门，专门负责景区内的山水林木自然景观管理及整体规划的审批和基础设施的建设等；（3）文物局（站），隶属于文化部门，专门负责景区内的文物古迹的管理、修缮及考察挖掘等；（4）宗教部门，专门负责景区内所有的和尚、尼姑和喇嘛等出家人的管理、待遇和政策等；（5）地方政府，负责景区内的治安、物价、村镇等。这5个权力主体都是在各自权力范围内行使其管理权的。表面上看，这些部门都有各自的管理权限和管理范围，分工合作，其实由于它们所管理的对象同处于一个景区内，人为的分割在实践中造成了严重内耗，缺乏效率，影响景区的人力资源开发和有效保护。

3. 我国国有旅游景区产权管理弊端。

我国旅游景区管理的现状导致了很多弊端，主要表现在5个方面：一是多头管理、互相扯皮；二是投资分散、盲目建设；三是缺乏统一规划、指导思想不统一；四是各自为政，旅游开发与环境保护不协调；五是责任权利不对等。

近20年来尤其是近年来，不少地方出现了为追求利益的最大化，盲目或过度开发风景名胜区的现象；还有些地方政府欲把某些风景名胜区出售给富商和大公司，一些有经济实力的个人和企业也计划出资购买风景名胜区来经营。而后一种现象的出现在社会各界引起强烈的震动和争议，来自各方的反映表明，多数人反对将风景名胜区出售给个人或企业来经营。

（二）产权问题

为解决风景名胜区能否企业经营的问题，2002年8月，国家建设部规定：风景名胜区管理机构必须实行政企分开，管理机构的职责是保护资源，执行规划，不得将景区规划管理和监督的责任交由企业承担。2003年1月7日国家建设部部长汪光焘在全国建设工作会议上再一次指出，风景名胜区不能交给企业管理，不能以委托经营、租赁经营、经营权转让等方式将风景名胜区规划管理和资源保护监管的职责交给企业承担。风景名胜区必须按照有关规定设立行政管理机构。管理机构的主要职责是保护资源，监督规划的实施。风景名胜区内的设施维护保养、绿化、环境卫生、保安等项目，可以通过竞争方式签订合同，由专业公司承担。

二、风景名胜区的开发与利用

风景名胜区是宝贵的自然和文化遗产，也是旅游事业发展的主要基石。如何正确处理好重点开发与合理利用之间的关系，促进旅游业健康发展，是业内人士共同关心的话题。风景名胜区具有独特性、脆弱性、稀缺性和不可再生性，它是生态的载体，是科教的场所，是国家和民族精神的体现。因此，对风景名胜资源要推行"梯度开发，永续利用"的原则。要在保护资源环境的前提下，合理有限度地开发。任何旅游资源区都要考虑承载能力，要推行绿色旅游产品，开发利用要以资源保护为核心。要处理好保护与利用的协调性，处理好长远与眼前的关系，通过规划促进社会经济协调发展，凡与规划相违背的都统一到规划中来，要注意规划的前瞻性、过程性。

（一）规划报批制度

为了加强风景名胜资源的保护与管理，全国国家级风景区总体规划须报经国务院批准；省级和市县级风景名胜区大都编制了总体规划，部分已报经省、市人民政府批准实施，有些景区还配套编制了详细规划。一些省市风景名胜区主管部门依据建设部《风景名胜区建设管理规定》制定了相关规定，加强景区规划实施的管理，对风景名胜资源的保护和合理开发利用起到了重要指导作用。浙江省建设厅实行了风景名胜区建设选址审批书制度和建设工程初步设计报批制度；安徽省在实施风景名胜区规划过程中，形成了全程监管。湖南、云南、贵州、四川等省都建立了风景名胜区规划管理制度。

（二）依法开发利用

加快立法工作也为风景名胜区的保护与管理提供了重要法律依据。为了有效地贯彻执行国务院《风景名胜区条例》，加大对风景名胜区的立法，建设部制定《风景名胜区条例实施办法》、《风景名胜资源有偿使用费管理办法》、《风景名胜区门票管理办法》等配套法规。各地也加快立法步伐，配套出台了一批地方法规和管理规定，河北、辽宁、黑龙江、江苏、浙江、安徽、福建、湖南、广东、广西、云南、贵州、四川、重庆等大部分省（自治区、直辖市）都制订颁布了《风景名胜区管理条例》和配套管理办法，安徽省、山东省、湖南省还分别颁布了《黄山风景区管理条例》、《泰山风景名胜区管理条例》和《武陵源世界自然遗产保护条例》等专门法规，提高了景区管理实效，规范了景区的保护、开发等行为。[①]这些地方法规都将在国务院《风景名胜区条例》与建设部出台的配套法规框架下不断进行修订和完善。

鉴于风景名胜区社会公益事业的性质，风景名胜区不是经济实体或企业，而是一种特殊的社会区域单元，是事业单位。从严格意义上讲，风景名胜区自身不存在经营事项。在风景名胜区诸多经营项目中，除门票类、资源类、环保类和执

---

① 赵宝江．在全国风景名胜区工作会议上的讲话，www.cin.gov.cn，2000.12.25．

法类收费之外，其余皆为依托风景名胜资源的旅游和园林企业的经营项目。风景名胜区的经营项目，主要是指围绕向游客提供景点参观游览、提供游乐服务设施、饮食、交通工具、导游等全方位的服务内容。此外，风景名胜区还有副食品及风景区总体规划许可的开发外联项目等经营活动。门票等的收费是对风景区建设投入和保护投入的某种补偿，是限制游客数量、保护风景名胜资源的一种手段，是非营利性事业管理的经营方式；而旅游与园林等企业部门经营的则以营利最大化为目标，是一种企业化管理的经营方式。风景名胜区管理机构对区内的经营活动，要按政企分开的原则，采取不同的措施，分别进行管理。

《风景名胜区条例》规定：风景名胜区管理机构不得从事以营利为目的的经营活动，不得将规划、管理和监督等行政管理职能委托给企业或者个人行使。风景名胜区管理机构的工作人员，不得在风景名胜区内的企业兼职。

三、风景名胜区的统一管理

为提高风景名胜区的整体管理水平，强化风景名胜资源管理，对我国风景名胜区的类别进行科学划分，根据不同类别的风景名胜区性质、特点、规律，确定其保护重点、管理模式和指导原则，实行分类指导，统一管理。国务院风景名胜区行政主管部门——建设部，为风景名胜区的管理，统一制定了风景名胜区管理和保护的技术标准和技术规范。风景名胜区实行统一管理，须采取以下五项主要措施：

（一）建立健全管理司政部门

任何一种管理，均要有一个执行部门，以使管理工作按正常程序运行。例如，部分风景区在管理机构下设综合管理处，分管工商、税务等业务。建立专业护林防火队，实施统一着装，全面负责风景区林业工作。增设保安科、治安派出所。设置宗教事务所，负责风景区宗教事务管理工作。设技术科，负责规划建设项目审批工作，等等。

（二）理顺诸方关系化解矛盾

正确处理风景名胜区管理机构领导下的统一管理与地方有关部门进行业务指导的关系。在工商、税务等等方面，努力争取地方各职能部门的支持和协助，处理有关问题。

1. 正确处理统一管理与宗教的关系。一方面对宗教人员的编制，寺庙住持、监院等人员的任免，住庙僧道、职业宗教人员进出山等事宜实行审批，进行管理；同时落实国家宗教政策，保护正常合法的宗教活动，限制非法的宗教活动，团结教育、引导宗教人士拥护共产党的领导，走社会主义道路。另外，从尊重、支持、关怀、服务等方面着手，做好宗教工作，进行节日慰问、免费体验、协助维修庙宇、加强安全保护等，以调动宗教人士的积极性。

2. 正确处理统一管理与友邻的关系。风景名胜区管理机构领导要主动走访四邻乡村，听取村民心声，关心他们的利益，尽量帮助解决实际问题，多提供方便。例如，优先从四邻乡村中招收临时工和建设用工等，以密切与他们的关系，取得他们的支持和帮助。

3. 正确处理统一管理与驻景单位的关系。风景名胜区管理机构，一方面要求驻景单位按统一管理原则规范各自的业务活动和管理行为；另一方面建立驻景单位联席会议制度，定期召开会议，通报情况，协调工作，年终总结，表彰先进，部署来年工作。

（三）健全法规

风景名胜区管理机构结合贯彻执行国家和省、市颁布的风景名胜区管理条例和其他有关法规，制定本风景区有关管理办法或实施细则，以及卫生管理条例、安全管理条例、护林防火、宗教、经营等一系列规章制度，统一管理工作标准和处罚依据，强化统一管理职能，实行依法管理。

（四）坚持整体规划

风景名胜区管理机构在贯彻国家和各级政府批准的风景名胜区总体规划问题上，要做到坚定不移。实际上，统一管理的过程就是落实总体规划的过程，一切以总体规划为依据，凡是要在风景名胜区进行的一切开发，都须在总体规划的原则下进行，并由风景名胜区管理机构牵头或领导，不得另立山头。只有这样，才能保证使"统一管理"这项工作真正落到实处。

（五）建立监控指挥中心

在风景名胜区核心保护区、重要景区，以及售票处、检票口、停车场、岔路口等人流、车流密集的重要部位和核心地区，安装摄像机头，实行全天24小时不间断的监控，通过大屏幕显示，使整个风景区收于方寸之间，所发生的一切历历在目，发现问题及时下令查处。这样，不仅使风景区的治安防范、森林防火、文物保护和交通疏解的综合能力得到加强，而且对风景区的风景名胜资源、生态资源的保护更具科学化和现代化，使风景区秩序井然，人气兴旺。[①]

理顺风景旅游区的管理体系，是当前我国旅游业面临的一大难题。改革是旅游业快速发展和再上新台阶不可回避的问题，向改革要效益，向改革要动力，建立一个统一高效的管理机构刻不容缓。然而，由于区情不同，改革的模式也要因地、因时制宜，不可"一刀切"，其目标只有一个，即克服本位主义和地方保护主义，保证风景旅游区的健康发展。例如，武陵源风景区原分属于大庸、桑植、永顺三个县市，后来为统一管理，将桑植、永顺纳入大庸市；奉化溪口是国家级风

---

① 崔凤军. 风景名胜区管理学. 中国旅游出版社，2001.

景名胜区,原由溪口镇政府、奉化风景旅游管理局、奉化水管局共同管理,后成立溪口风景区管理委员会,实施统一管理,取得了良好效果。①

第三节 风景名胜区保护理念与实践

《中华人民共和国国民经济和社会发展第十一个五年规划纲要》有关内容将我国现有的 927 万公顷的 187 个国家重点风景名胜区划定为"禁止开发区域",并确定了相应的区域政策。这是我国政府对国家重点风景名胜区实施的资源保护的重大举措,将会大大促进我国风景名胜区的保护、管理和发展。

一、风景名胜区保护的一般理念

风景名胜区是宝贵的自然和文化遗产,是自然资源和历史文化资源的密切结合和高度融合,具有极高的价值,是民族文化的结晶。因此,对风景名胜区的管理,不是以产业效益为目的,不是游人越多越好,也不是创收越多越好,保护风景名胜资源才是第一位的。这在风景名胜区管理条例里有明文的规定。

然而,在市场经济的冲击下,在发展经济的旗号下,许多早已"超载"的风景区正在遭受着越来越严重的破坏性开发和开发性破坏,乱建宾馆、饭店、索道、商店,尤其是在风景区的核心区普遍出现人工化、城市化和商业化的现象,造成风景区的自然度、美感度和灵感度严重下降,破坏了遗产高品质、高层次的精神文化功能和社会公益性质,成为少数单位的摇钱树。有专家指出,我国风景区内的珍贵遗产的真实性和完整性正遭到有史以来最严重的破坏。常见的人类游览活动对风景名胜区的破坏主要表现在以下几个方面:

1. 要游览就要修筑道路、桥梁等游览设施和遮风避雨的休息建筑,有的地方还要架设索道、缆车。这些设施若选线选址不当,规模过大,或形式与原有景观不相协调,就要破坏原有景观的统一性和完整性。如果破坏植被、地貌、水文状况,还会影响生态平衡。

2. 在景区内开办饮食服务设施就要用水,并排放污水、废气,产生垃圾。这些都威胁着动植物的生存。如果接待住宿,用水和污染会更加严重,而且破坏地形、植被。

3. 游客活动的范围越大,人流越多,被破坏的地貌、植被也越多;而且惊走

---

① 王莹. 中美风景区管理比较研究. 旅游学刊, 1996 (6).

原来栖息的动物,也要破坏生态平衡。

4. 游人对文物的破坏也是常见的。服务企业在原有文物保护范围内添建房屋,甚至拆改原有建筑以满足服务的需要,更是风景名胜区的大忌。

风景名胜资源是风景名胜区生存的物质基础,又因其稀奇和历史久远而十分珍贵,也十分脆弱,一旦遭受损坏就无法再生,结果导致风景名胜区失去生存和发展的条件,招致衰败和消亡。随着我国进入全面建设小康社会的时期,风景名胜区事业发展面临大好时机,但同时风景名胜区保护工作形势也十分严峻,资源保护任务十分艰巨。

风景名胜资源包括自然景物和人文景物,所以对风景名胜区进行保护又划分为自然资源的保护与人文资源的保护。

二、自然资源的保护

加强自然保护区、风景名胜区、森林公园总体规划的编制,保护级别宜按五级控制:①特别保护区。严格控制或完全禁止游人进入或使用,机动车辆或船只不得入内,不得在其中建立人工设施;②荒野区。只允许少量原始的、适合于荒野经历的游客活动,在管理上应确保游人分散;③自然环境区。允许低密度的室外游览活动;④室外娱乐区。可以用保护自然风景并且安全方便的方式进行活动,允许机动车、船进入;⑤旅游服务管理区。即保护区内的市镇和旅游服务中心,可进行一定规模的旅游服务设施建设。

各级自然保护区、风景名胜区、森林公园的总体规划和在其中的各项建设必须经其上级主管部门批准,城市建设不得占用其土地。对拟在保护区内部和其临近地区内建设的大型工程,必须进行系统的环境影响评价和可行性论证。

(一)森林植被的保护

森林植被是构成自然资源的最基本要素,是游人们接触的第一印象。同时森林植被又是各种景物的天然屏障,起着重要的庇护作用。森林植被也是维护风景名胜区生态环境的重要因素,它不仅可以调节气候、维持水土,更能庇护生物繁衍,净化空气。因此,保护森林植被资源,避免森林植被资源遭到破坏,是风景名胜资源保护的首要任务。概括起来,主要在以下4方面对森林植被资源进行保护:禁止乱砍滥伐、护林防火、植物绿化、防治林木病虫害。

1. 组织护林防火队伍。

建立以林场、园林管理处为主体的护林队伍,常年雇用邻近乡村素质高、责任心强的村民为护林员,与他们签定责任书,以解决林区面广线长、难以顾全的难题。以林场、公安、消防为骨干,建立一支精干的专业消防灭火队伍,并与周边乡村建立联防共保的相互支援关系。以林管处、林业派出所、绿化管理所为主体,建立一支林政执法队伍,共同负责风景区的护林防火工作。同时做好病虫害和其他自然灾害的预防工作,防止游人、施工人员等损害古树名木。

2. 配备设备设施。

建立森林防火预报预测系统,落实防火经费,配备消防车、摩托车、灭火器材、瞭望台、监察哨、警示牌、现代化通讯设备等。

3. 建立健全管理机构。

一般在风景名胜区管理机构下,设立绿化委员会、园林管理处、森林防火指挥部以及各部门各系统的森林防火组织,设置林业派出所,建立植物检疫站,开展林病虫害防治工作,形成绿化、林管、护林、防火、检疫的领导体系。

4. 建立健全规章制度。

建立防火责任区制度,建立禁止吸烟、上坟烧纸等野外用火制度,对进山木材及其制品实行全天候检查检疫制度、各项岗位职责和奖惩制度。

5. 落实植物绿化措施。

开展森林病虫害监察和预防研究,及时治理;加强植物检疫工作。严格对进入风景区的木材、家具和包装箱等的检疫手续,杜绝境外的病虫入内。选择生长快、寿命长、树形美、枝叶茂的树种造林,力求园林化布局,以多数种混交,增加林相层次美和防止病虫害传播蔓延;实行退茶还林,扩大林地面积,并对风景区内的古树名木,应登记挂牌、建立档案、严加保护。

6. 依法管理。

风景区一、二级保护范围内严禁开山采石、挖坡取土、滥挖药材、采集花草等破坏地形地貌、植被的行为。对于确因建设、维护工程需要就地取用的沙石料,应当在指定的地点,限期采取,但不得进行剧烈爆破,以免影响人文景物和自然景物的安全。对有碍交通和建筑等的树木,须经有关部门批准,方可砍伐,否则要依法给予经济处罚,严重者要追究其刑事责任。在二、三级保护区内因开发、工程建设需要砍伐少量非珍贵树木的,须报风景名胜区管理机构审批,砍伐10株以上的要由管理机构预审,并报市政府审批。对未经批准砍伐风景区树木的,除责令停止侵害行为外,还要罚补种砍伐株数10倍的树木,并按株计,处以一定金额罚款;对乱砍滥伐的直接责任单位,处以前项罚金数倍至10倍的罚款。因科学考察研究,确需采集动物、植物、矿物等标本的,必须先经旅游经济特区审查同意,再按程序报有关行政主管部门批准后,在指定范围内限量采集。

随着社会主义市场经济体制的建立和法制建设的逐步完善,依法管理成为我们必须选择的管理方式。这就要求我们在今后的工作中要努力做到以下几点:一是树立法制观念,从领导到干部职工都要带头学法懂法;二是要带头守法;三是要有所作为,该管的一定要管起来,该履行的一定要履行好;四是要规范管理,依法行政。要加大执法力度，积极抓好综合执法的试点工作，将依法管理工作尽快实现规范化。

（二）野生动物的保护

野生动物是风景名胜资源的重要组成部分，严禁狩猎和捕捞。切实保护好野生动物的生存环境，严禁在风景区内进行猎捕和其他妨碍野生动物生存和繁衍的活动，必要时可划定自然保护区，以保护野生动物的栖息环境。不准携带狩猎武器进入景区，违者予以没收。采集动物标本，须经管理部门批准，缴纳管理费，违者根据《中华人民共和国环境保护法》处理。

风景区要加强宣传普及野生动物生态知识和保护知识。人类社会文明发展的同时，也破坏了地球的生态平衡，使生物链遭到严重的破坏，大量动植物从地球上消失，已经直接影响到人类的生存。当人类无其他生命相伴的时候，人类自身也必将走向灭亡，因此，保持自然生态系统，维持生物多样性，已经成为人类共同的利益。所以，我们大家都要行动起来，营造爱护野生动物的良好社会风尚。

另外，护林员更要加强巡逻，对进山狩猎者，有权进行批评教育，并没收枪支网具，有权对狩猎者按《中华人民共和国野生动物保护法》进行处罚。

三、人文资源的保护

人文风景名胜资源，是指具有观赏和文化科学价值、独特的历史文物古迹一类的人文景物。其形态各异，种类繁多，是风景名胜区景物的重要组成部分。人文景物是能工巧匠巧夺天工的建筑物。其中，文物古迹、古遗址是人类文化的遗产，具有很高的历史价值、艺术价值、科学价值和观赏价值，是历史的见证。因此对人文资源的有效保护也尤为重要。

（一）依法保护文物

风景区须运用法律武器来保护文物古迹，使之免受损坏和破坏。《中华人民共和国宪法》、《中华人民共和国刑法》、《中华人民共和国文物保护法》中都有保护文物古迹的专门条款，规定任何组织和个人都有保护国家文物古迹的义务，严惩破坏文物古迹的行为。

（二）划定文物保护范围和建设控制带

凡已公布为国家、省、市、县各级的文物保护单位，均属国家所有，任何单位和个人都不得以任何借口侵占、改建、拆毁，也不准进行有碍文物安全的其他活动。对文物保护单位，均应根据保护文物古迹的格局、安全、环境和景观的需要，经省级政府批准，划出保护范围和建设控制带。在保护范围内，未经公布该"文物保护单位"的政府和上一级文化行政主管部门同意，不得建其他工程。

(三) 文物建筑修缮

风景区历史文物和遗迹要妥善保存,并根据轻重缓急进行修缮和恢复。对文物的修缮,依其工程性质分为经常性保护、抢险加固、重点修缮、局部复原、保护性建筑物与构筑物等五类工程。风景文物修缮工程要遵循一定的审批程序,应根据文物保护单位的级别和修缮工程的性质和规模,分别办理报批手续。凡需报批的,在文物主管部门批准前,一律不得施工。

(四) 加强人文景物安全消防工作

关于文物保护单位的安全消防工作,文化部、公安部专门制定了有关管理规则,明确规定对古建筑、古文化遗址、古墓葬,以及其他由国家指定保护的纪念建筑物,主管部门应按消防法规做好消防工作。

(五) 加强文物古迹安全管理

风景名胜区要健全文物管理制度。对全区的文物古迹进行普查、登记造册,建立系统档案,对所有文物都要确定专人负责,严格保护。加强区内外展品的保卫工作,旅游旺季保证昼夜有人值班,对更夫和职工进行安全教育,严防发生文物被盗案件。

(六) 保护遗址遗迹

风景名胜区里历史人文景物,要按历史原状保护下来。对其已破坏的部分,可不加修复。如果决定修复,则须按历史原状和原材料修复,并表明为非原物。如果破坏太多,则不加修复,但须保护其遗址和遗迹,不得占用和另作其他基建用地。

风景名胜区集中了大量珍贵的自然和文化遗产,是自然史和文化史的天然博物馆,切实保护和合理利用风景名胜资源,对于改善生态环境,发展旅游业,弘扬民族文化,激发爱国热情,丰富人民群众的文化生活都具有重要意义。因此,我们一定要充分认识在新的形势下搞好风景名胜区保护与管理工作的重要性,因势利导,做好工作,正确处理保护和利用的关系,促进风景名胜区事业持续健康发展。

第四节 国内外经典案例

案例1:江西·庐山——价格管理

文化景观遗产的确定,标志着现代人类文明的巨大进步。庐山是儒家、道教、佛教文化及东西方文明相结合的杰出代表,以中国特有的方式——"天人合一"思想构筑了人与自然和谐一致的优美环境,是人与自然共同的天才杰作。

庐山各项荣誉的取得，应该说与庐山风景名胜区价格主管部门积极理顺世界级名山旅游价格关系，疏导价格矛盾，规范价格秩序，有着直接的联系。

1. 旅游商品明码标价制度。

由于受到主客观各种因素的影响，游客在风景名胜区的旅游购物一般是一次性的，而且选择的余地较小，这一客观事实给景区内一些不法商贩提供了"雁过拔毛"的可乘之机。为了减少价格欺诈，维护广大游客的利益，庐山物价局实行旅游商品明码标价制度，采用统一规范的标价签，一货一签，货签对位，价格变更时及时更换标价签。另外，要求全山零售商业网点按照《商品明码标价规定》规范填写进货签，坚决杜绝"产地不清，等级虚假，规格相左，计量不准"的现象。

2. 以控制毛利率为手段的价格体系。

庐山风景名胜区分37处景点、230个景物景观。常住人口1.2万人，各类经营和个体工商户达1100余户，正规床位1.8万余张，旅游车辆500余辆，各类综合性旅游服务设施较为齐全。旅游区点散面广、交通不便，商品价格成本相对偏高，价格管理和监督检查的难度较大。为整治和管理好餐饮行业价格，物价局从过去单靠管理明码标价，改为以控制餐饮业毛利率为重点：对有账目的酒家餐馆，以控制综合毛率为重点；对没有建立账目的实行以控制单项菜价毛利率为主；对一些纠纷多的菜价采取最高限价的管理办法；全山所有酒家餐馆实行分等定级，按档定价，使游客投诉率直线下降。

3. 严把"三关"，管好服务收费。

一是把好"准入关"，管好收费权。小到一个公厕收费，大到一些全山性风景点收费，收费项目、收费标准都必须经物价局严格审定。二是把好"亮证关"。对全山的旅店业价格管理，实行政府指导价，淡旺季可适当浮动，分等定级，按档定价，床位价格经市物价局审批后，必须在收费处显著位置与《收费许可证》一起对外公布，提高亮证收费的普及率。三是把好"年审关"。每一个收费单位的收费情况，实行年度审核，通过年审发现收费中存在的问题，考核结果以"结论书"形式告知收费单位。对年审中存在的问题，采取经济的、行政的、法律的手段予以处罚，并责令限期整改，从而使收费工作走上规范化、制度化轨道。

4. 高效快捷的价格监督机制。

为了建立高效快捷的价格监督机制，物价局首先针对旅游行业经常出现的收费不规范、价格欺诈等问题，及时制定了一系列操作性强的规定，如《餐饮业价格管理规定》、《旅店业价格管理规定》、《营运业价格管理规定》、《关于商品明码标价的管理规定》等。这样既可堵塞管理的漏洞，规范经营者的价格行为，又为日后快速准确地查处价格违法行为提供了法律依据。其次，建立了便捷灵敏的投诉举报网络，与公安的"110"和工商的"3.15"实行联动；最后是在处理案件上，按照"讲原则、不手软，以重罚促管理，以重罚树形象"的方针，对有问题的单位和经营户采取"退赔、检讨、通报、电视曝光、黄牌警告、停业整顿"等六管齐下。

案例2：福建·武夷山——智能化全封闭管理

如何有效地解决保护和发展旅游产业的矛盾？随着旅游业的进一步发展，旅游景区的管理和建设变得越来越重要，传统的人工模式已显得相对落后。武夷山从2002年始计划在国内率先实行景区全封闭智能化管理，在建立现代化的景区管理体系和服务系统，改进景区管理水平和服务档次上迈出了创新的一步。

智能化全封闭管理，是对景区实施全封闭后，由计算机智能化系统根据监测情况，全方位地进行便捷服务、合理调度和快速反应。

"智能化管理"包括公路"路权置换"，即新建景区外公路与景区内公路实行产权置换；景区内居民的房屋和土地等也实行"置换"；建立景区网络智能化管理系统，组建区内封闭环保、环景公路和车队等，使景区形成相对独立的一个管理系统，以利于对世界遗产地的保护。武夷山人称它为"世遗二期"环保工程。

武夷山景区智能化管理系统的开发，利用了现代信息技术的人机结构的管理系统，具有全方位（全景监控、售检票管理、事务处理）、多层次（决策层、管理层、操作层）、智能化（电脑售票、自动检票、报表分析、机电一体化、信息网络、实时控制）的特点，实现景区旅游、餐饮、休闲、娱乐、购物一卡通的便捷服务，实现旅游交通和客流的高度有效组织，使观光车辆、竹排高度合理顺畅。游客到武夷山后，买一张500元的一卡通，在景区任何地方住宿、旅游、购物、餐饮、休闲只要刷一下卡就行了，卡内的钱用完，再充值后又可以使用。旅游活动结束离开武夷山时，根据卡内所剩余额退款。这不仅便于游客的旅游，也增强了旅游部门监管力度，便于及时发现和处理问题。

武夷山于2004年4月1日对景区实施了全封闭的智能化管理方式，对游览人数、进出车辆等进行合理控制，但是由于实施后受到当地农民、部分车商和旅行社的阻扰，尤其是受到那些在景区内拥有农田、菜地等农民的抗议，以出入不方便为由对部分景区进行破坏，还与景区工人发生过冲突。至今，封闭式管理不得不暂告一段落。但这并不意味着智能化管理模式与遗产旅游地不相容，相反，从实施过程来看，智能化系统在监控环境变化、方便旅游者活动、促进旅游资源的开发和利用上表现出一定的积极作用。笔者认为，智能化管理是遗产旅游地未来发展的必由之路，从武夷山的案例来看，景区资源权属和边界才是智能化管理模式在遗产旅游地"水土不服"的症结所在，而武夷山在景区管理上的创新模式还是值得肯定的，而怎样才能有效实施，还有待于进一步的探索。

第十一章 人造景区管理

第一节 人造景区概述

人造景区是一种景区类型，但长期以来在旅游学术界并没有把人造景区作为一个单独的研究对象进行探讨。原因有二。一是人造景区包括类型繁多，既有古迹类景区，也有现代人工景区；既有营利性景区，也有公益性景区。因此在研究内容、方法和范式上大相径庭、分门别类地进行研究也就成为必然。二是对人造景区的概念界定一直没有引起学术界关注。到目前为止，人造景区的说法鲜见于学术刊物、研究文章和学科教材当中，只在报纸和网络上有人零星提及。可见，从某种意义上讲，人造景区还是一个众人皆知的"新生概念"。本书尝试将其作为景区的一种类型进行研究和梳理。

一、人造景区的概念与类型

人造景区，顾名思义就是指人工建造的景区。本章研究的人造景区是专指现代人工建造的景区，以与人文古迹类景区相区别。

人造景区重点包括三种类型：博物馆、主题公园和现代休闲街区。它们都是现代城市旅游所依托的重要旅游吸引物，在城市旅游发展、丰富市民文化生活、展现城市文化和城市品位方面发挥着特殊作用。

二、人造景区的特征

（一）潮流与时尚

人造景区通常是迎合现代城市发展而建造的，无论是知识型的博物馆、娱乐型的主题公园，还是休闲型的现代休闲街区，都与现代时尚元素相融合。在建造和设计过程中，充分利用现代化技术手段和表现工艺，将新技术、新思想与城市文化嫁接，通过展览、参与项目和体验场所等形式向游客展现。

（二）经营主体多元化

古迹遗址类资源所有权属于国家，政府部门或保护机构代理行使经营权与管理权。虽然我国目前此类景区存在多头管理、权责不明等问题，但产权归属相对比较明确，即国家。现代人造景区的经营主体是多元化的，同是主题公园，可能是私人投资经营，也可能是当地政府投资经营，还可能是某企业集团投资经营。

（三）无明显季节性

人造景区由于其知识性、趣味性和休闲功能融合，加之通常坐落于城市内部或周边地带，所以客源较为充足，并无明显的淡旺季差异。尤其是博物馆和现代休闲街区，一年四季均可作为参观、旅游、休闲之所。主题公园也可通过在不同的季节举办不同活动来吸引游客。

第二节 博物馆管理

一、博物馆发展现状

（一）总览与分类

博物馆是一个国家、一个民族历史文化和现代文明的形象代表。我国历史悠久，名人辈出，地方民俗文化丰富多彩，这都为我国的博物馆事业发展提供了良好的基础，也为各地旅游业提供了充分的条件，成为我国发展旅游的重要文化基础。

我国的博物馆，大致可以分为综合博物馆、艺术博物馆、考古博物馆、社会历史博物馆、民族民俗博物馆、人物博物馆、文化教育博物馆、自然博物馆、科技与产业博物馆、收藏博物馆、园囿博物馆等11种类型。

（二）博物馆管理

在计划经济下，形成了中央集权的计划管理体制，大多数博物馆隶属于中央和地方文化主管部门，在管理体制上采取分系统和分级别管理相结合的方法，博物馆被规定为文物的保藏、研究机构和宣传教育机构。

博物馆主要依靠政府的事业性投入，如财政拨款，来维持基本运营和业务开支，几乎没有基金组织、个人和社团捐赠等其他融资途径的资金收入。但各地经济发展水平不平衡，地方财政对博物馆的资金投入受到限制，随着博物馆软件、硬件水平的提高，博物馆的日常运营和维护成本不断加大。

政府的事业性投入和财政性约束与博物馆的日常运营和维护成本的不断增加

之间的矛盾越来越突出，其限制了社会力量参与博物馆发展，影响到博物馆事业的发展。

博物馆的传统管理体制，导致博物馆出现了产业化经营、市场竞争意识淡薄、管理落后，功能单一，缺乏精品等问题。面对庞大的旅游市场，拥有高质量高水平的旅游吸引和大批专业人才的博物馆，却处于束手无策、生计难以维持的尴尬境地。作为最主要的社会教育场所，缺乏广泛的市场基础，导致市场吸引力弱，社会影响面窄。

2006年，国务院出台《博物馆管理办法》，为博物馆的建设、经营、管理、文物保护和提供服务等方面提供了政策性的规定，进一步规范了博物馆的行业管理。

2008年，国家颁布《关于全国博物馆、纪念馆免费开放的通知》，建立全国性的博物馆免费开放的机制，进一步发挥博物馆等文化遗产单位的公益职能，促进文化遗产的三大功能的和谐发挥。

二、博物馆的旅游开发

博物馆能够提供给旅游者多样化的乐趣、教育和享受，并能适应多种旅游群体精神文化上的需要。它既是一个国家、一个城市重要的文化教育机构，也是公众游览休憩的重要场所。博物馆旅游是以博物馆为载体的旅游产品或旅游活动形式。大多数旅游者视参观博物馆为一种社会活动，目前逐渐出现了把它当作是一种参与式体验活动的倾向。因此，博物馆的开发应该注意以下几点。

（一）博物馆定位

博物馆旅游应定位为城市旅游和文化旅游中的一项重要内容。博物馆的定位，不应局限于单纯的兴趣旅游，或作为专家和学者的科研场所，而应该成为城市居民大众休闲旅游的一部分。

（二）迎合游客需求

了解游客参观博物馆的目的和行为特征，采用高新科技，使游客尽量参与到陈列展览中来，注重展品与观众之间的多样化的交流和互动。

展示手段要通俗化、贴近生活、贴近社会、贴近公众。在展示的过程中以人为本，增加展览中的趣味性与体验性。设计具有趣味性、可参与性的旅游项目供旅游者操作，以丰富展览形式。设计一种比较接近现实的场景，让久远的、不可触及的历史，在陈列展览中，与旅游者拉近距离。同时，博物馆产品应多层次开发，多功能开发，加强对博物馆的宣传和促销，提高吸引力。

（三）提倡体验

博物馆所采用的解释技术在产品体验的传递中以及旅游者参观中起着关键作

用。解释的关键在于使用一切手段向旅游者诠释展出内容。

解释技术包括现场解释，例如让旅游者身着过去某个时期的服装，生动地将过去展示出来；暗座探险，即旅游者乘坐某种交通工具，车外有仿真的情景，有身临其境的感觉，互动展示以及其他一些科技手段与方式。这些方式为旅游者营造"亲身经历"的体验，使旅游者融入展览中，有利于旅游者认识过去。

（四）功能多样化

现代博物馆不仅要强调其收藏、教育和科研功能，更应进一步开发娱乐休闲功能，使参观博物馆成为人们的日常休闲需求。

博物馆应成为广大市民休闲的场所，许多博物馆大都位于市中心的花园、广场附近。博物馆内的设施应向游客提供休憩的场所，可介绍馆内近期活动、展览情况，同时出售各种旅游商品等。另外，可增设游客参与的活动和项目，提高游客游览兴趣及延长逗留时间。如专题性的展览活动，举办与博物馆有关的培训和教育活动；提供文物和艺术品鉴赏的咨询；将某些文物的制作工艺过程展示。

（五）注重参与度

现代博物馆是为公众而设立的永久性机构，参与体验型和交互作用型的展示方式应成为现代博物馆发展的主流。

现代博物馆应设计具有多样性、参与性的展示，应充分发挥自身的特征与优势，不仅注重博物馆传播信息的质量，而且要把信息传播的认知功能与实验功能紧密结合，使旅游者在准确和丰富的空间体验中，在置身于自然和历史生活的现场中，在充分享受由真实性带来的美感中进行体验。利用电脑、多媒体或现代声光技术，把原来静态陈列变为动态陈列，增加旅游者手动操作，提高旅游者对展示的兴趣和认识，在参与中体验知识与乐趣。

三、博物馆的展示

（一）展品陈列

博物馆的陈列包括基本陈列和临时展览两种形式。基本陈列是体现博物馆内容和特点的陈列形式，内容较为固定。临时展览是内容专一、小型多样、短期展出、经常更换的一种陈列形式。它主要以馆内为活动场所，也可以在其他博物馆或社会场所举行流动巡回展览。

博物馆陈列的任务，就是尽可能地使"人"与"物"通过感觉系统和情感方面联系起来，应在陈列中尽可能地"拆除"一些隔离展品与观众的"障碍"，便于观众主动地参与到陈列当中。

博物馆应丰富博物馆的展览内容，特别是综合性的大型博物馆，陈列主题应该经常变换；在表现手法上，博物馆的展览藏品应尽量改变静态展示为主的方法，应符合不断变化的受众心理要求，更多地采用现代化的表现手法，加强博物馆的动态活动的内容，如逐渐实现陈列中使用电子模型、电动演示、声像设备等现代化的展览技术等。

（二）解说系统

由于空间及诸多保护条件的限制，以及文物展品内涵的大信息量，因而博物馆需要有完备的立体的解说系统。博物馆的解说系统中，有形设施一般通过文字传达展品的基本信息（如对器物的名称、年代、出处的简单介绍）。解说方式要能引起游客的兴趣和共鸣。同时，博物馆应加强对新技术的应用，如采用360度环幕电影放映、数码式多媒体触摸屏、数码式语音导览手机、高清晰度影视中心等设施，构建成完整的解说系统。这种新式的解说系统注重旅游者立体感觉体验，摒弃传统博物馆刻板说教的方式，以观众为主，提供全面细致的现代导览服务，给旅游者全新的、立体的感觉体验和文化旅行。

而解说员是展品与游客之间的媒介、桥梁。解说员不仅可以通过重点、有针对性的解说，使旅游者对博物馆中藏品有侧重的了解，更重要的是能通过互动的方式，引发游客共鸣及深思，提高游客愉悦经历和游客的满意度以及重复游览的可能性，因此博物馆应加强对解说员的管理和培训，不断提高其学术能力和沟通交流的能力。

四、博物馆的宣传促销

（一）手段多元化

博物馆可整合多种资源，提供多元的活动与平台。博物馆可根据现有条件和力量，积极举办多种临时性的展览和活动，使博物馆更加贴近不同市民的生活。还可多出版博物馆的普及读物，如专门宣传博物馆的文字资料、印刷品以及关于博物馆藏品鉴赏的书等。

（二）搭建网络平台

博物馆可建立互联网平台。博物馆透过借助互联网平台，建设"网络博物馆"、"虚拟博物馆"，以跨媒体、跨时空的信息服务方式满足大众的需求。因此，博物馆要建设博物馆网站，提供"数字展示"、"虚拟展示"、"在线学术讲座"、"专家实时热线"、"会员制服务"等方式，打破时空的限制，为旅游者提供个性化服务，向旅游者提供必要、充分、及时的信息，提高旅游者的参观欲望。

（三）加强馆际合作

博物馆应加强各馆之间的合作。博物馆之间加强合作，可以是区域性合作，也可是相近类型之间的联合，共同组织大型展览，共享游客及其信息。加强博物馆协会的业务指导与协调作用，通过博物馆协会向协会成员发布信息，交流，促进与改善博物馆的管理水平，相互之间业务交流和信息传递，便于在促销宣传方面的合作。

（四）开展与企业合作

博物馆与旅游企业之间可联合开发和促销旅游产品。根据旅游者不同需求，将博物馆与其他旅游景点组合成不同的游览专线等旅游产品进行开发。博物馆协会作为团体会员，可加入旅游行业协会，或博物馆业与旅游业建立协调机构，定期交流信息、沟通情况、组织调研活动，向各个博物馆和旅游企业提供咨询。

第三节　主题公园管理

一、主题公园的概念

主题公园是从上世纪四五十年代开始兴起的新型旅游吸引物形态。这种特殊产物是在旅游者的审美需求和休闲娱乐方式选择日益多样化的条件下，依托大量投入（智力、财力、人力、物力等）而建立的新型旅游活动场所。它是一个相对投资大、风险大、回收快、回报高的旅游投资领域。随着全球旅游业的发展，主题公园这一新生旅游形态的内涵也得到了不断深化和拓展，其定义在不同的研究著述上表达也不尽相同。

美国国家娱乐公园历史协会（National Amusement Park History Association）认为，主题公园是指乘骑、景点、表演和建筑都围绕一个或一组主题而建的娱乐园。

美国"主题公园在线"给出的定义是，主题公园是"这样一个公园通常面积较大，拥有一个或多个主题区域，区域内设有表明主题的乘骑设施和吸引物"。

Medlik 认为，主题公园（Theme Park）是为通过一系列围绕一个或多个历史或其他主题的吸引物为游客提供娱乐和消遣的地方，包括餐饮与购物等服务，通常要收取门票。[①]

我国在主题公园发展的初期，一般把主题公园称为"人造景点"或"人造景观"。近年来在国内的研究和实践中，"主题公园"的概念逐渐取代了"人造景观"的概念。保继刚认为："主题公园是具有特定的主题，由人创造而成的舞台化的休闲娱乐活动空间，是一种休闲娱乐产业。"[②] "主题公园是一种人造旅游

---

① Medlik, S. (1993), Dictionary of Travel, Tourism, and Hospitality, Butterworth Heinemann.
② 保继刚. 主题公园发展的影响因素系统分析[J]. 地理学报，1997（3）.

资源，它着重于特别的构思，围绕一个或多个主题创造一系列有特别的环境和气氛的项目吸引旅游者。[①]也有人认为，主题公园其最大特点是赋予娱乐活动以某种主题，围绕既定主题来营造娱乐的内容与形式，园内所有的色彩、造型、绿化等都成为游客易于辨认的特征和游园的线索。通过人造景观、音乐、舞蹈、表演、博彩游戏等手段来营造热闹气氛，吸引顾客。[②]董观志认为：主题公园就是为了满足旅游者多样化休闲娱乐需求和选择而建造的一种具有创意性游园线索和策划性活动方式的现代旅游目的地形态。[③]

综上所述，本书认为：主题公园是主题性的舞台化休闲娱乐活动空间，它可以是完全的人文创意的，也可以是基于遗产的创意旅游空间。

二、主题公园的分类

目前，国际上对主题公园还没有标准分类体系，沿用的大致有以下几种分类方法。

（一）按照功能和用途分类

一是微缩景观类（如深圳"锦绣中华"、北京"世界公园"等）；

二是影视城类（如无锡"三国城"、"唐城"、"水浒城"等）；

三是活动参与型（如苏州乐园、深圳华侨城"欢乐谷"等）；

四是艺术表演类（如深圳华侨城"中华民俗文化村"和"世界之窗"、北京"民族园"等）；

五是科幻探险类（如江苏常州"中华恐龙园"等）。

（二）按规模分类

可分为大型主题公园、中型主题公园和小（微）型主题公园。

国外将投资8000万到1亿美元、占地200英亩（约0.81平方公里）以上的主题公园称为大型主题公园；将投资在3000万到5000万美元，占地100到200英亩的主题公园称为中型主题公园；将投资在1000万到3000万美元，占地100英亩的主题公园称为小（微）型主题公园。

结合主题公园的实际情况和发展状况，我国将投资1亿元人民币，占地0.2平方公里左右的称为大型主题公园；投资在2500万到1亿元，占地面积相对较小的称为中型主题公园；投资额在1000万元以下的主题公园称为小型主题公园；投资额在300万元以下的，仅为一小型景点的主题公园称为微型主题公园。

---

① 李沐纯. 体验经济与主题公园的产品创新[J]. 商场现代化, 2005 (11).
② 周向频. 主题公园建设与文化精致原则[J]. 城市规划汇刊, 1995 (4).
③ 董观志. 旅游主题公园管理原理与实务[M]. 广东旅游出版社, 2000.

（三）按主题内容分类

可分为自然主题公园和人文主题公园。

自然类又可细分为：生命类（以动植物为主题，例如昆明世博园，各地的野生动物园和海洋馆等）和非生命类（以模拟自然景观为主题，例如宜昌的"三峡集景"等）。

人文类又可细分为：文化类（包括历史文化和民俗文化，即以从古到今的各种文化现象和表现形式为主题，例如各地的世界之窗和民俗园等）和非文化类（包括机械类和智能高科技类）。

（四）按活动类型分类

可分为静景观赏型主题公园、动景观赏型主题公园、艺术表演型主题公园、活动参与型主题公园、项目挑战型主题公园和复合型主题公园。

（五）按区域背景分类

可分为城市主题公园、城郊主题公园、海滨主题公园、交通干线沿线主题公园和乡村主题公园。

三、主题公园经营成败因素

影响主题公园成败的关键因素有：吸引人的设施，合理的价格，距离较近，家庭气氛，主题有特色等。

经营失败的主题公园主要原因有：自然环境破坏严重；公园地形设计不合理，游客游览吃力；主题混乱，模糊不清；节目无特色；缺乏人情味。

主题公园是高风险、高投资的项目，市场变化莫测，主题选择失误或经营策略不当很容易导致失败。法国迪斯尼的初期失败更让许多投资者对主题公园望而却步。在我国出现过全国各地重复建造西游记宫、宋城、唐城、封神演义宫的现象，投资失败率很高。

主题公园成功的关键是：要有特色，景观及娱乐设施的设计要有创新，差异与新鲜感是吸引力的来源；品牌是吸引回头客的关键，主题公园 CI 设计对它的成功起着十分关键的作用；设施与活动要多元化。

这样也使主题公园收入多元化，分散经营风险。采用高新科技，这是近年的普遍趋势，强调声光电效果。选址仍然是公园经营成败的关键要素。

此外，结合主题特点，把握消费心理，创造一种强调体验的品牌形象是体验经济时代提出的必然要求。在体验经济中，要想取得和保持持久的吸引力，最为关键的便在于持续的创新。主题公园虽然出售的是体验，但为了在体验中不断加入新鲜感，首先必须坚持的就是产品创新。主题公园只有根据目标市场的需求变化不断进行产品创新，才能尽可能地延长生命周期。

四、主题公园的发展趋势

董观志提出，主题公园的发展趋势包括：主题选择的文化性和多元化、产品技术的互动性和现代化、娱乐内容的创意性和多样化、活动项目的参与性和个性化、游乐氛围的刺激性和场景化、园林景观的真实性和自然化、消费付款的便捷性和超市化、滞留时间的扩张性和多日化、游乐过程的安全性和舒适化。

主题公园是高风险、高投资的项目，市场变化莫测。世界主题公园经营策略的变化是对市场需求、技术机会的适应性反映，说明在体验经济时代，游客的旅游闲暇观发生了很大的变化，由原来的休息，恢复体力，消遣或消除烦恼转为注重体验经历，注重参与旅游过程、注重个人发展与改善人际关系。人们期望对旅游产品有更大的选择余地，游客越来越关心旅游经历质量，包括设施特性，环境状况与旅游活动对健康的影响。重视个人发展导致人们对主题公园的期望不仅是娱乐与休闲，而且能受到教育，达到自我提高的功效。因此，人们对主题公园除能享受天气、环境与景观外，更多地强调主题活动的经历与体验、参与和学习。

（一）区位选址邻近客源市场

主题公园在决定投资兴建之前，往往要做严格的市场调查和系统的统计分析，既要调查需求情况，即在有效范围内的居民消费水平和消费偏好，也要调查供给情况，即在一定范围内其他游乐设施的分布情况。

一般主题公园的游人以"一日游"的当地居民为主，当地游客占游客总数的三分之二，重游率达50%。其与公路交通的距离，在300km范围之内（或车程在2小时之内）。市场论证不仅在主题公园筹建之初要做，即使增加项目、扩大规模时也同样要进行，决不盲目新建或扩建。

（二）主题策划寓教于乐

主题公园虽以娱乐为主，但往往把教育内容有机地结合在游乐活动中，而且这种结合非常巧妙、自然、毫不生硬。例如日本东海大学的人体博物馆，其建筑结构就像一个"人体"，游人从张开的人嘴进去，通过舌头、气管，进入各个内脏——人们在这个大"人体"旅游的过程中，可以学到科学道理和保健知识，因此它不仅受孩子欢迎，也吸引成年人光顾。

（三）品牌设计精益求精

主题公园的设计制作并非一蹴而就。设计制作上的精益求精，是主题公园高质量的基本保障。

（四）突出参与，不断创新

参与性和动态性是成功主题公园的两大特点。例如，奥兰多的迪斯尼世界在1971年建成，10年中又相继在其中建成了未来世界、环球影城、海洋世界等项目，成为多个主题公园聚合的综合游乐度假区,有人称它为"永远建不完的迪斯尼"。没有顾客参与的主题公园是没有生命力的,主题公园的娱乐活动由原来的被动参观转为游客主动参与。一些以动物、植物为主题的公园纷纷引进儿童、成人能参与的娱乐设施与活动,如过山车、海盗船、水滑梯、拖曳跳伞、摩托艇,亲子同乐的娱乐设施呈增长趋势。

(五)经营方式:弹性票价,服务多样

就门票来说,许多主题公园往往采用多种票价,成人、儿童、老人、残疾人的票价,还有月票、年票、节假日票等不同价格的优惠票,适应了各层次旅游消费者的需求,以便提高游客的重游率,保证了每日的基本游客量,从而获得良好的投资回报。大型主题公园投资大,不是单靠门票收入收回成本,还要为客人提供多种多样的服务设施和项目。据统计,美国迪斯尼乐园的收入有 1/3 来自游客购物和非游乐项目。

(六)重视与房地产开发相结合

主题公园能够带来大量的人流,能够有效地改善周边环境,能够营造独特的文化氛围,有利于房地产的开发与价值提升。反过来说,房地产的开发也可以在社区功能上为主题公园提供相应的补充,它们有一种天然的互补关系。美国的迪斯尼世界的 21 世纪庆典城,日本的豪斯登堡、荷兰村,以及我国深圳华侨城"波托菲诺",都是成功的"旅游+地产"的典范。

第四节 现代休闲街区管理

一、现代休闲街区发展背景

自改革开放以来,由于我国独特的发展模式,多数城市从落后的农业城市,在短时间内便进入现代化。在许多旧城区中,存在着城市现状与现代化的巨大矛盾。因此必须对原有的空间与交通进行重新规划整合,使之适应现代城市功能上的需要,我国将这个过程称为"旧城改造"。

20 多年来,旧城改造带来新的城市面貌,却也使我们付出了巨大代价,拆掉大量有文化价值的建筑、设施、历史遗迹,盖出许多钢筋混凝土的森林。随着经济社会的发展,旧城区的升级是进行式,但面对为了旧城改造而付出的巨大代价,我们渐渐认识到,城市改造需要的是文脉延续,透过整合、改造、更新、升级的渐进过程,唯有如此,才能保持一个城市的健康与稳定发展。

以国务院通过《文化产业振兴规划》为标志,文化产业正式上升为国家战略,其作用和影响也日益增强,在"十一五"期间,我国文化产业年均增长速度在15%以上,高于同期其他产业的发展速度,已经成为提升经济、产业和产品的文化内涵,促进国民经济增长的重要指标。

综上所述,我国旧城改造的现实压力,以及文化资源的影响和作用不断加深。要将文化、历史和商业结合,以彰显历史文化底蕴为特色,来满足人们购物、娱乐、休闲等多项需求为目标的文化休闲街区,必定成为政府和市场的"双重选择",成为我国经济发展过程中的里程碑。

二、现代休闲街区发展现状

现代休闲街区作为现代城区步行街兼商业街的一种发展趋势,是步行街在形式上的拓展和内涵上的延伸。学者刘云(2011)指出:步行街是我国城市建设和形象提升的重要内容,特别是以原有的风貌、文化、民俗等为基础,以休闲消费为特色,体现城市文化和品位,并具有购物、餐饮、休闲、旅游等多功能的开放式文化休闲街区,在近几年更似雨后春笋般出现在全国的大小城市,如北京的南新仓文化休闲街,上海的新天地、沪文化休闲街、多伦路文化名人街,成都的宽窄井巷子,焦作的"新东·焦作1898"等等。这些文化休闲街区规模不大,多保持自身特色,局限于当地发展。[①]

另外,从目前各地所披露的"十二五"发展规划可以发现,在建设文化休闲街区的潮流方兴未艾,热度仍在进一步加强。如无锡提出,"到2012年底,创建市级特色街区15个"的目标;扬州提出重点建设"双东"街区、教场街区和南河下街区三个街区;沈阳提出重点建设北市场民俗文化街区、太原街时尚文化街与中街时尚文化街等。

三、现代休闲街区现存问题

当前我国文化休闲街区发展数量众多,其中上海新天地等是比较具有代表性的成功案例,可以得知在文化休闲街区在发展上大多是内部挖潜,很难在规模上做大,究其原因,主要有以下三点。[②]

(一)文化特色的局限

地方特色难于移植到其他地方。从这个意义上讲是成也文化,败也文化。学者全秋梅于2003年对上海新天地进行系统研究后指出:上海新天地不能克隆的最

---

① 刘云.当代中国文化休闲街区规模发展的模式探索——以"南京1912"文化街区为例[J].艺术百家,2011(3).

② 全秋梅.上海新天地难克隆——上海新天地经营模式分析案例.中国经营报,2003.10.23.

主要的原因并不是资金，而是当地的地域文化和消费水平。如经常有些上了岁数、头发胡须都已花白的上海老头坐在路边吃冰激凌，就跟它的历史文化有关。在"西化"年头比较长之后，从小"经常吃冰激凌之类"的小孩变成了老头，老头当街吃冰激凌也便成了很自然的事情，而这些文化的积累是其他地方无法移植的。

（二）街区规划的局限

在这方面的表现主要为：一是过分依赖遗存特色建筑，导致整体范围偏小，氛围无法彰显。二是没有考虑交通与其他辅助条件，失去休闲的便捷性，导致目标消费群体客流量不足。三是建筑特色过分单一，有的街区虽然在原建筑遗存的基础上进行扩建，但建筑样式由开发商打造，多为统一样式，使消费者产生审美疲劳，反而削弱了文化的特色魅力。

（三）运作模式的局限

一般的运作模式为：规划—建设—招商—开业。该模式中，开发运营商和商户是房东和承租户的关系，调节的杠杆主要为租金。该模式容易产生两个结果，即或招商环节占用太多时间，或商户有巨大的不稳定性，使街区难以走向成熟，更不用说规模化发展了。

综上所述，影响街区规模发展的瓶颈是：在规模很难做大的前提下，在没有足够文化特色和规划条件下的强行运作，会使现代休闲街区的生命力存在很大问题，并且还可能对当地的文化生态环境造成破坏。

第五节　境内外经典案例

案例1：河南开封·清明上河园——场景营造

位于河南省开封城西北隅，东与龙亭风景区毗邻，以宋代张择端的《清明上河图》为蓝本，按照1:1的比例将原图风物景观集中再现的大型宋文化主题公园，为国家黄河旅游专线重点配套工程。园区占地面积600余亩，其中水面120亩，大小古船50余艘，各种宋式房屋400余间，形成中原地区气势磅礴的宋代古建筑群。2009年，清明上河园荣膺世界纪录协会中国第一座以绘画作品为原型的仿古主题公园。

它由开封市人民政府与海南置地集团公司合作建设、坐落在开封市风光秀丽的龙亭湖西岸，是国家首批4A级旅游景区，现在是国家5A级风景区，全国文明风景区示范点。

它以恢宏的气势再现《清明上河图》，用巧妙的创意活化历史，使游客进入园区，仿佛穿越时空隧道走进活动的历史画卷，令人有时光倒流之感。

清明上河园在景观中融入北宋民俗风情和市井文化的剧目表演，有极高的观赏性、娱乐性、参与性。它不仅恢复了女子马球、蹴鞠表演、水上秋千、斗鸡、斗狗、皇家皮影、水上傀儡、晟钟乐舞，还开发了古代攀岩、鬼谷探险漂流、水上竞标、大宋游艺等宋代游乐项目，使之成为中国最大的古代娱乐集中表现地。许多反映宋时的民风民俗、工匠生活的场景，配上景区创编的汴河漕运、大宋科举、王员外招婿、梁山好汉劫囚车等精彩的剧目表演，让人目不暇接。（景区会不定期地组织创编新剧目，游客应依据景区剧目单为准。）

有别于其他古迹旅游，清明上河园讲究游客的参与性，从中体味游园的情趣。在这里，你是游客也是演员，在"王员外招婿"中成为王员外的乘龙快婿，与王员外貌若天仙的女儿拜堂成亲；在"大宋科举"中做个宋代状元，以实现金榜题名的夙愿。园中还建有大型宋代游乐场所，荡秋千、荡宋船、"知难而进"、"进退两难"、"平衡竞标"等宋代民间娱乐设施。

景区内的人员皆身穿宋朝服饰，1000多个演员从上午9时，直到晚上10时，在景区任一处表演着宋都风情和民间故事。汴绣、官瓷、木版年画、茶道、各式小吃、宋代纺织现制现卖，曲艺、杂耍、木偶、皮影、斗鸡、斗狗、水上百嬉、神课算命、博彩等日常生活入目俱是，文包武杨、梁山好汉、七侠五义等脍炙人口的历史故事，行走其中，仿佛回到宋代，让人陶醉其中，流连忘返。

案例2：台湾台中·自然科学博物馆——科技互动

台湾台中自然科学博物馆肩负传统自然历史博物馆的任务，对自然物与人类学遗物进行收藏与研究。若干年来，它致力于台湾地区的生物多样性调查与维护。它所展示的内容强调"人与自然"的观念，教育社会大众，从各种角度了解人类与自然互相依存的关系，提升国人的科学知识水平。

该馆筹备处于1981年成立，由台湾中兴大学理工学院院长汉宝德先生主持，确立建馆目标有二：

一是阐明自然科学原理与现象，启发社会大众对科学的关怀与兴趣，协助各级学校达成其教育目标，进而为自然科学的长期发展建立基础。

二是收集具有代表性的自然物标本及其相关资料（包括人类学遗物），以供典藏、研究，并为展示及教育之用。

在馆内的展示区部分，强调以科技整合、生活化、艺术化及以人为中心的主题展示，分别设以下6个展馆：

(1) 科学中心。

开馆于1986年1月,其展示内容为由科学探索、集成电路的世界、宇宙奇航、物质世界、幼儿科学园等5个主题所组成的交互式展区。

(2) 太空剧场。

成立时间为1986年1月。太空剧场的内部为倾斜30度、直径23米的半球形设计,共300个阶梯式座位,主要设备有星象仿真系统(日本五藤光学研究所开发,含8部大型幻灯机、45部小型幻灯机以及高分辨率单枪液晶投影机)及全天域电影放映系统(以15000瓦的强光及180度鱼眼镜头将超大70毫米的影片放映至倾斜的圆顶天幕,画面清晰稳定)。

(3) 生命科学厅。

启用时间为1988年8月。强调生命科学的发展历程,共有生命的起源、植物的演化、恐龙厅、古菱齿象、哺乳类的演化与适应等13个主题展区。

(4) 人类文化厅。

启用时间为1993年7月。但在2007年11月更名为"人类文化厅",内有中国医药、中国的科学与技术、农业生态、古代的中国人、汉人的心灵生活、大洋洲及台湾南岛语族等7个主题。

(5) 地球环境厅。

设立于1993年7月。内含鸟瞰、环境、立体等三大剧场以及微观世界、芸芸众生、台湾自然生态与矿物展示等四个主题展区,另有小小动物园以及无需门票即可进入的自然学友之家。其中,2008年引进SOS(Science On a Sphere)展示系统,透过直径173厘米的球形屏幕介绍动态的地球。

(6) 植物园。

建立于1999年7月。主要由热带雨林温室(含亚马孙河河鱼馆)、北、中、南部低海拔区、季风雨林区、隆起珊瑚礁区、藤蔓区、多肉植物区、兰屿区、海岸林区、台东苏铁区等10个主题所组成的园区。

台湾台中自然科学博物馆利用现有展示及收藏研究成果,积极且充分与各级学校合作,设计多样性的教育活动,以生动活泼、寓教于乐的方式,提供有关自然科学的知识,希望观众经常利用博物馆学习进而提升对自然科学的兴趣。除了导览解说、科学演示、动手做、剧场教室等常态性的活动之外(接受团体预约),假日或寒暑假时亦会推出专题解说活动、研习活动、野外体验活动、演讲、戏剧表演等科教活动,让大小朋友们选择适合的活动参加(多需网络预约报名)。并且在特展推出期间,提供定时导览服务。另设有幼儿科学园(适合3~8岁孩童)及自然学友之家(适合9岁以上的自然爱好者),经由特别设计的学习空间及教学活动,引发深入学习的动机。位于地球环境厅地下楼的SOS剧场则提供观众近观宇宙星球及掌握全球环境信息的太空之旅。

台中科学博物馆通过辅助偏远地区及辅助中部地区学校到馆参观、编制各类辅助教材、提供参观活动单及数字学习资源、科学咨询服务、办理"科博有约"活动等方式，以期馆藏教育资源能为大众充分利用。此外，持续致力于各类观众参观特性与需求的调查与研究，以作为经营管理改进的参考。

案例3：台湾新北·莺歌陶瓷老街——主题化街区

莺歌区是台湾新北市下的市辖区，境内盛产窑土，因此陶瓷制造工业发达。莺歌北面山脉斜坡有一个如莺巨石，被称为莺哥石，而莺歌地名也由山上奇石而来。莺歌镇志有如下的记载：本镇在清朝光绪年间名为莺歌石庄，因北面山脉斜坡翠岚屹立一大岩石，其形似莺，古称莺哥石，清代改称莺歌石。莺歌区最著名的特产即是陶瓷工艺。

相传清朝嘉庆年间，来此开垦者发现邻近的尖山地区盛产黏土，遂于此设窑制陶。清代与日本统治时期，当地居民的行业以农业为主、陶瓷业为辅。但当时莺歌已是全台最大的陶瓷艺术品输出地。1945年后，陶瓷业渐能与农业分庭抗礼；近一二十年间陶瓷业已取代农业成为当地标志。

如今，莺歌的陶瓷艺术品更是闻名全球，该镇更有"台湾的景德镇"之称。镇内的陶瓷相关产业工厂及店家已超过千余家，大小商店近2300余家，其中工厂80%以上为陶瓷制造业。生产的产品有：建筑用的琉璃瓦、地砖、壁砖、卫浴设备等；装饰或日常用品的艺术花瓶、仿古花瓶；茶壶、家庭器皿、儿童玩具、装饰品，以及工业用的精密陶瓷等。

1998年，当地文史工作者与71位店主（涵盖：陶艺创作、生产、贩卖、玩陶、餐厅、茗壶、实用瓷、仿古瓷、现代陶、陶艺教室、五金、艺术工作者等）组成新北市莺歌区陶瓷文化发展协会，主动参与地方整体文化、观光资源规划，引导整合并争取各界资源，同时督促施政单位，逐步进行地方建设。加上2000年启用以陶瓷为主题的专业博物馆——莺歌陶瓷博物馆，共同致力展现台湾陶瓷文化，激发大众对陶瓷文化的兴趣与关怀，提升莺歌陶瓷产业及地方形象，推动现代陶艺创作，促进国际交流。莺歌陶瓷博物馆更积极参与陶瓷文化之调查、收藏、保存与维护工作，提供研究、典藏、展示及教育推广。

第四部分　重点问题篇

第十二章　旅游景区数字化发展

第一节　旅游景区数字化发展趋势

一、信息化浪潮席卷全球

随着信息化、数字化浪潮席卷全球，并掀起继工业革命之后的又一场对我们现在和将来的学习、工作、生产和生活产生深远影响的新技术革命，信息已经成为生产力发展的重要核心和战略资源，信息化成为当今世界经济和社会发展的必然趋势。

美国前副总统戈尔发表了《数字地球：21世纪认识地球的方式》(The Digital Earth: Understanding Our Planet in the 21st Century)，首次提出数字地球的概念。数字地球是在国家信息基础设施（NII）、国家空间数据基础设施（NSDI）基础上发展起来的全球性战略目标，是现代科技的高度综合集成，是信息社会的重要组成部分。在数字地球的指导下，数字国家、数字城市、数字社区等应运而生。数字风景区的概念也在此基础上根据我国风景名胜区规划与管理、保护与发展的需要而提出来。

目前，世界发达国家正在大规模地进行文化遗产景区的数字化。1992年，联合国教科文组织推出"世界的记忆"项目，在全世界范围内推广文化遗产景区数字化。1999年，欧盟国家启动多国框架合作性项目"内容创作启动计划"，积极推动遗产数字化。美国重视遗产景区的数字化建设，开展了"美国记忆"、"IBM数字图书馆计划"、"NSF/ABPA/NASA数字图书馆"等项目。

二、中国重视信息化、数字化

我国提出建设创新型国家目标，把信息化作为覆盖我国现代化建设全局的战略举措。在国家战略引领下，各地纷纷将信息化作为区域优先发展战略，推进数字化走进产业,拓展产业,提升产业;让数字化走进生活,改善生活,丰富生活,促进经济社会又好又快发展。

伴随着国民经济的快速发展,我国风景名胜区事业进入有史以来发展最快、变化最大、受全社会关注程度最高的时期。同时,在风景名胜区事业发展的过程中,由于地方利益的驱使和旅游的恶性开发,有些风景名胜区城市化、人工化、商业化的问题十分突出,致使资源遭到破坏、环境状况恶化、安全隐患增多。

信息化数字化技术逐渐成为比较有效地进行资源管理与保护、资源规划与旅游开发、保护环境与拉动地方经济发展的一种有效方法。从2002年开始,建设部积极推进风景名胜区数字化建设,发布了《关于搞好国家重点风景名胜区数字化建设试点工作的通知》,在全国选拔重点风景名胜区,进行数字化景区试点建设。

三、数字化景区概念

景区数字化,也称数字化景区,是指风景区的全面信息化,是基于"数字地球"概念发展而来的,包括建设风景名胜区的信息、数据基础设施以及在此基础上建设网络化的风景名胜区信息管理平台与综合决策支持平台;亦即综合运用宽带网络、数据库管理系统、地理信息系统、遥感技术、全球定位系统、遥测技术、虚拟现实等技术,针对风景名胜区资源保护、旅游服务、社会服务与行政管理的主要功能,进行风景名胜资源信息采集、信息发布、动态监测、空间分析、规划管理、辅助决策,使风景名胜区的保护、管理、利用、发展工作全面进入信息化阶段。

数字化景区,实质是基于"数字地球"的概念衍生而来,即以信息技术、管理科学、产业经济学为基础,以计算机和网络技术为依托,集成应用地理信息系统GIS、遥感RS、全球定位系统GPS等现代信息科学技术和方法,结合资源保护与开发管理理念,通过信息基础设施、数据基础设施、信息管理平台和决策支持平台的搭建,形成向社会公众开放的数字化、网络化、智能化、可视化的管理信息系统。

以计算机技术、网络技术、通讯技术、数据库技术、遥感技术、遥测技术、全球定位系统、地理信息系统、虚拟现实技术为主体的信息技术已经发展到崭新的阶段,信息技术正在或必将深刻地影响风景名胜区的规划与管理、保护与发展,"数字风景名胜区"将信息技术与风景名胜区规划管理工作有机地结合起来,这是风景名胜区事业发展和信息技术发展的必然结果。数字九寨沟、数字武夷山、数字泰山等工程的建设充分证实了这一点。

第二节 旅游景区数字化的重要意义

我们所处的时代是一个信息化时代,信息化的浪潮正在对全球范围内的政治、经济、科技、文化、军事以及意识形态产生越来越广泛和深刻的影响。如果说国家的信息化水平是衡量一个国家综合国力的重要标志,行业的信息化水平是衡量一个行业整体发展高度的重要尺度,那么景区的数字化建设水平则是一个景区综合实力和现代化管理水平的最集中、最直观的体现。

一、促进资源保护和管理转型

随着社会经济的日益发展,旅游产业的逐年升温,景区的自然资源和生态资源面临越来越大的压力,传统的管理方式和手段已经不足以应付当前的威胁。景区必须向现代信息技术寻求帮助,借助其加强景区资源监测能力,提升资源保护水平,规范旅游资源的开发利用,做到更科学地保护遗产资源。通过信息化、数字化建设,不但减少了手工作业,实现信息资源共享,并能为决策者提供实施有效的决策信息。这将有效地帮助景区管理部门提升管理效率,降低管理成本,促进管理体制的改革和对传统业务流程的优化。

二、满足个性化旅游需要

在个性化旅游的发展趋势下,旅游者对信息服务的依赖程度越来越高;传统的商业模式、信息服务能力较差,完全不能满足旅游者的需求,而随着互联网的普及,游客更愿意通过网络来了解旅游目的地相关信息。据此,旅游景区需要建立面向顾客的信息服务系统,为游客提供更加个性化的旅游服务,提高游客的满意度。

三、依法管理的要求

国务院《风景名胜区条例》第三十一条第一款明确规定,"国家建立风景名胜区管理信息系统,对风景名胜区规划实施和资源保护情况进行动态监测"。建立景区管理信息系统,搞好数字化景区建设,是法律赋予风景名胜区主管部门和每一个风景名胜区管理机构的重要职责。风景名胜区主管部门和国家级风景名胜区管理机构有责任、有义务搞好数字化景区建设,将《风景名胜区条例》的规定落到实处。

四、管理手段的革命

数字化景区建设，不是简单的用计算机代替手工劳动，也不是将传统的管理方式照搬到计算机网络中，而是借助现代信息技术，引进现代管理理念，对计划经济时期形成的不适应社会主义市场经济体制要求的落后经营方式、管理方式、僵化组织结构、低效管理流程等进行全面而深刻的变革。没有观念的更新，就没有机制的创新；没有机制的创新，无论多么先进的机器设备都不能转化为先进的生产力。

五、引领景区未来发展

景区数字化建设是信息化技术发展和景区管理模式创新与结合的产物，是总结先进景区管理经验、为适应景区现代化管理实际需要的新形势而提出的，其成效方面传统管理无法替代、无法比拟。随着全球信息化时代的到来，数字化景区建设不但要与国际接轨，学习国际上先进的"国家公园"管理经验，尤其要树立中国国家公园的形象，增强国际竞争力。总之，数字化景区的建设与推进，体现了景区的综合实力和水平，代表了中国景区现代化管理的前进方向。

第三节　我国旅游景区数字化发展现状

改革开放以来，我国的景区管理体系逐步建立，保护管理和接待服务水平逐年提高。特别是最近几年，伴随着信息化技术的突飞猛进和资源保护与利用理念的不断提升，数字化技术逐步成为新时期旅游景区现代化建设管理的主要手段，管理水平不断提高，效益日益显现。

一、形成景区监管信息系统体系

2002年，建设部启动"国家重点风景名胜区监督管理信息系统"的建设，开辟了风景名胜区资源保护信息系统的先河。该系统主要以风景名胜区对检测对象，利用遥感技术、GIS技术、MIS技术和网络技术，采用遥感数据、地形数据、总体规划与详细数据对比和专家判读的方法，实现对风景名胜区资源的大范围、可视化、短周期的动态检测。同时，进行有关数字化试点工作。

2004年6月，建设部推荐黄山和九寨沟风景名胜区，纳入国家"十五"科技攻关项目——数字景区示范工程。黄山和九寨沟率先在全国开始编制《景区数字化建设总体规划》，开始进行数字化景区建设。2006年，建设部启动了18个"数字景区"的试点，后来又把数字化景区的试点单位扩大到24个，基本形成了以世界遗产地为主、国家级风景名胜区开始的"重点示范区——试点景区——全国景区"等三级数字化景区建设体系。

2006年，数字化景区建设工作也得到了国家有关部委的大力支持，以此为基础的研发课题已经纳入"十一五"国家科技支撑重点扶持项目，旨在建设具有中国特色的旅游目的地资源营销技术体系、服务体系和产业链条。

目前已有石林、青城山、都江堰等12个试点景区的数字化建设总体方案通过建设部专家组的评审；黄山、峨眉山等8个试点景区初步建成了综合性的数字化指挥调度中心；九寨沟、武陵源等10个试点景区开通了门票网络预售，累计销售额超过10亿元；龙门、庐山等15个试点景区安装使用了电子门禁系统；十三陵、钟山、天山天池等20个试点景区建成LED大屏幕信息发布系统，通过卫星联播实现了景区资源相互推介宣传；大部分试点景区还建成使用了森林防火或集游客安全、资源保护等多功能为一体的综合视频监控系统，实现了对主要景区、景点和游人集中地带的实时监控。

截至2007年底，全国已组织完成29个省级主管部门和全国140余个国家级风景名胜区的监管信息系统的软件系统安装调试、卫星遥感数据采集，组织了180个国家级风景名胜区的监管系统现场技术指导，有490余人参加了景区数字化建设基础理论学习培训。景区的数字化建设开始在全国各地掀起高潮。

二、监管信息系统建设成效初步显现

在监管信息系统基础上，于2005年、2006年分两批对15个省的24个国家级风景名胜区进行了遥感监测抽查。利用国际上2.5米和0.6米高分辨率卫星遥感影像，采集国家级风景名胜区范围内变化图斑1000余处，组织省级主管部门对其中500余处有疑似新增工程建设项目的变化图斑进行了现场核查和处理。在2005年对八达岭等13处世界遗产地国家级风景名胜区进行的遥感监测核查中，卫星数据采集面积3万余平方公里，监测面积1万余平方公里；2006年对石花洞等11个国家级风景名胜区进行的遥感监测核查，卫星数据采集面积超过5.5万平方公里，监测面积达2.5万平方公里。

在建设国家级风景名胜区监管信息系统以前，无论是国家层面还是地方政府，实施这种大规模风景名胜资源保护监测都是没有的，也是无法实现的。通过连续两年的监测核查，不仅客观地反映了被监测国家级风景名胜区的地形地貌和规划建设状况，反映了几年来风景名胜区综合整治、资源保护的工作成效，同时也初步彰显了数字化管理的权威性和对破坏风景名胜资源不法行为的震慑力。监管信息系统建设工作依托科技进步，促进主动依法行政，大大强化了各级政府包括风景名胜区管理机构对国家级风景名胜区的保护与监管力度。

三、推进景区中央数据库建设

国家级风景名胜区监管信息系统的建设实施，将系统中央数据库的建设作为工作重点，力图通过监管信息系统建设，建立并完善国家、省、景区管理机构各个层面的系统管理数据库。目前，在建的中央数据库已经储存了100个以上的国家级风景名胜区的地理信息资料、规划资料、卫星遥感影像资料和监测核查资料。卫星遥感影像面积超过8.5万平方公里，有监测数据面积3.5万平方公里，录入了200余人的系统管理专职技术人员业务档案库，各类资料的收集和整理也逐步由纸质文件向电子化文档过渡。

所有数据正在按照基础信息、规划信息、遥感信息和监测信息等四个模块进行系统分类，统一纳入监管信息系统网络管理平台。中央数据库的建设不仅为国家级风景名胜区卫星遥感监测提供了赖以对照的基础本底，更重要的是推动了国家宏观层面的风景名胜区信息化管理。

四、数字化景区建设试点取得重要进展

在总结九寨沟和黄山两个数字化示范景区建设经验的基础上，我国编制印发了《国家重点风景名胜区数字化景区建设指南（试行）》，对数字化建设目标、技术路线、重点建设项目和具体实施办法等都提出了明确要求和统一技术标准，促进了试点景区规范化建设和信息共享，对风景名胜区行业数字化建设起到很好的总揽和指导作用。

据初步统计，目前已有石林、青城山—都江堰等12个试点景区的数字化建设总体方案通过建设部专家组的评审；黄山、峨眉山等8个试点景区初步建成了综合性的数字化指挥调度中心；九寨沟、武陵源等10个试点景区开通了门票网络预售，累计销售额超过10个亿；龙门、庐山等15个试点景区安装使用了电子门禁系统；十三陵、钟山、天山天池等20个试点景区建成LED大屏幕信息发布系统，通过卫星联播实现了景区资源相互推介宣传；大部分试点景区还建成使用了森林防火或集游客安全、资源保护等多功能为一体的综合视频监控系统，实现了对主要景区、景点和游人集中地带的实时监控。峨眉山风景名胜区按照数字化建设总体方案，加紧实施"1153N系统"工程，构建生态保护、管理服务和市场营销三大体系，设立监控、门禁、旅游咨询等多个子系统，形成景区保护、管理、服务、营销等全方位的数字化管理体系。武陵源近几年来积极推进"数字武陵源"建设，完成了规划监测系统、森林防火系统、电子门禁系统、视频监控系统、GIS地理

信息系统、GPS车辆调度系统、电子导游系统、网络售票系统等10个系统,"数字武陵源"雏形初显。石林等景区的数字化建设还得到联合国教科文组织遗产保护专家的高度评价。

第四节 旅游景区数字化建设策略

为了数字景区建设的顺利进行,必须在管理机构、管理政策、技术支持、技术规范、人才培养、资金保障等方面予以重视。

一、管理机构

加强对数字化景区建设工作的组织领导,要从风景名胜区未来发展的战略高度和全局观点出发来加强和推动数字风景名胜区的建设。要建立专门的组织与管理机构,专人负责。从建设部、省(市、区)建设厅、地(县)建设局到风景名胜区管理委员会,都要明确相应的管理机构与责任人员,以便开展规划、管理、实施,只有这样才能将建设工作落到实处。

二、管理政策

数字风景名胜区的建设需要庞大的人力、物力、信息、设施,必须制定相应的管理政策,包括项目管理、设备管理、资金管理、信息管理、人员管理等;必要时,还应该建立专门的法规,确定相应的体制,为数字风景名胜区的建设提供法律保障体系。

三、技术支持

数字风景名胜区的建设和应用涉及到众多高新技术,如空间信息技术、数据库技术、虚拟现实技术等,需要建立不同层次的技术支持体系,作为技术保障后盾,包括国家级、省(市)级、地县级的技术支持中心。

四、技术规范

数字风景名胜区建设,需要建立信息基础设施、数据基础设施、信息管理系统、决策支持系统等,涉及到一系列信息技术,必须制定相应的技术规范,方可保证信息的共享与系统的应用。否则将会出现一系列信息孤岛,不能发挥应有的作用。

五、人才培养

数字化建设是一项崭新的事业，在数字风景名胜区建设与应用过程中，技术人才培养的重要性是显而易见的。没有技术人才的积极参与，不仅数字风景名胜区的建设不可想象，其建成后的应用也是无法开展的。因此，培养一支既懂管理又懂数字化建设的人才梯队，是加快数字化景区发展的关键。可以借助各级技术支持中心、高等院校、科研机构等多种途径培养人才。

六、资金保障

数字风景名胜区的建设需要巨大的资金支持，为保证数字工程的有序建设，风景名胜区管委会必须做好规划预算，并力争中央财政、地方财政提供专项资金支持；也可以通过多种渠道申请资金或融资，保障数字风景名胜区的建设。

第五节 境外经典案例

案例1：台湾台北·故宫博物院——数字典藏

传统博物馆提供文物展示的方式，常见的有实物展览，辅以导览和说明。这种方式已不能满足现代人对美的追求及探索的热切渴望，今日博物馆取而代之的是运用数字科技应用技术，开启文物数字化展示的新途径。文物数字化及数字典藏的工作成了世界各国博物馆无法忽视的力量，它让展览透过丰富有趣的互动体验、学习、研究及营销宣传，改变游客对博物馆及文物的传统认知。

而近二三十年来，数字科技的发展一日千里，也不断地对博物馆产生新的冲击。因此，如何利用影响全球人类生活以及知识体系的工具，营运未来的博物馆，成为近年来博物馆界的热门课题。典藏品数据的数字化，正是此波趋势的基础工作。

台湾台北故宫博物院（以下简称台北故宫）自2001年始规划数字典藏计划，2002年正式成为"典藏数字化项目计划"的主计划之一，于同年开始进行。本计划拟建立重要古物级数字典藏数据库，诸如文物数字化后的文物诠释数据说明文、高分辨率数字图文件，建立标准作业规范、水印及图文数据库。其欲达成之目标为：

1. 选定国宝与古物级文物，建立符合国际标准的文物诠释数据（metadata）、高质量数字化影像以及每件文物的说明文等典藏系统，便于为文物的欣赏、教学、研究、管理及出版等服务。

2. 由最先进的信息科技，建立文物影像数据库，一方面提供国内外人士通过网络赏析中华文物；另一方面建立高质量文物图像文件，从而减少文物被摄影的频次，以提高文物保护的安全性。

3. 对数字化的文物典藏进行文物的加值应用，对文物评选出各种主题，发行成各种书籍、光盘、录像带及网页等产品，易于推广加值应用的服务，更有助于知识经济的发展，同时可增进中外人士欣赏中华瑰宝文物的机会与角度，宣扬中华文化。

4. 利用数字典藏数据库的建立，对文物进行整理，提供文物管理的一致性，供作将来展览、文物维护等方便使用。

5. 文物之数字化建档，乃集摄影、撰文、计算机及网络等科技之大成，创造数字化的文化资产，建立人文科技地位。

6. 除了增进文物赏析的便利性，亦加强文物著作权的保护，对于文物的数字影像，增加可见或隐藏的水印，建立文物影像查询的安全管理机制，也推广网络的电子商务应用，促进数字典藏的适当使用。

台湾台北故宫秉持着维护文物安全及兼顾数字化质量的执行策略，进行文物数字化的各项工作，在质与量两个方面都有骄人的成果。除了持续进行各项基础数字化工作及后设数据建置外，也将重点放在数据库的整合及改良使用界面，从终端使用者的角度思考一般大众如何在文物数字化的过程中得到最大利益，以改善数字典藏的建置工作。同时，应学术研究及教育推广等不同需求，提升数字典藏资源成果使用的便利性及亲近性，让民众及学术研究、教育、艺术等不同领域人士皆能直觉而快速地享受到文物数字化便利、易取得、可修改的特性，构筑一座学习无限、知识无边的无墙博物馆。文物是先民智慧的结晶，善加典藏固然重要，若能不断进行研究，予以诠释展陈，更能显现收藏的意义。

第十三章 旅游景区风险管理问题

第一节 旅游景区风险管理概述

近年来,旅游相关产业蓬勃发展,国内旅游景区在政府与民间企业推动下,其数量正不断增加。在旅游景区数量急速增加的趋势下,旅游景区的经营将面对更多的市场竞争者。因此,产业之间的竞争态势更加激烈。尤其在今日如此诡谲多变的环境中,经营者所面临的经营挑战也更加严苛,而在旅游景区经营上所需考量的问题与所面临的企业经营风险也较过去更加复杂。

诚如管理大师彼得杜拉克所说,企业经营是无法完全规避风险的,因为风险是企业在运用现有资源以取得最大利益的经营过程中所不能避免的因素(张春雄、林显达、黄新宗、刘美芳,2003)[1]。Bettis 与 Thomas(1990)也认为,在商业的世界里,风险是一个必要且重要的议题。[2]Drew,Kelley 与 Kendrick(2006)指出,近年来由于经营环境快速变迁,企业所面对的风险较过去更复杂多样,因此所需应对风险管理方式也更多元化。[3]尤其当企业所处的内外总体环境变化时,会产生更多不确定性与未知的经营风险。因此,企业倘若未能注意风险管理或执行有效的风险管理策略,将会降低企业本身的竞争优势(O'Donnell,2005)[4]。

Miller(1992)指出,有关企业风险管理并不限于风险造成公司可能损失的评估或仅从财务单方面的风险来进行管理。[5]风险管理必须就公司营运上可能面对的一切不确定性风险进行全面性管理,只有这样做才能使公司趋于完善。在执行风险管理过程中,需耗费许多时间与组织的相关资源,因此若在有限的情况下,

---

[1] 张春雄,林显达,黄新宗,刘美芳. 风险管理. 台中市:吉远出版社,2003.
[2] Bettis, R. A. and H. Thomas (1990), "Risk, Strategy, and Management," Greenwich, CT: JAI Press.
[3] Drew. Stephen A., Patricia C. Kelley and Terry Kendrick (2006), CLASS: Five Elements of Corporate Governance to Manage Strategic Risk, Business Horizons, Vol. 49, No. 2 (March), pp. 127-138.
[4] O'Donnell, E. (2005), "Enterprise risk management: A systems-thinking framework for the event identification phase". International Journal of Accounting Information Systems, Vol. 6, Iss. 3, pp. 177-195.
[5] Miller, J.F. (1992), Coping with Chronic Illness: Overcoming Powerlessness. F.A. Davis.

组织更需着重在高发生率与高影响性的风险上进行有效的管理控制，以避免犯下运用组织80%资源却仅能达其20%成效的错误决策（Ward，1999）[1]。

观光旅游业有关风险、风险管理及风险分析方面的研究却是相当地缺乏的（Steene，1999；Lepp 和 Gibson，2003）[2]。由于观光和旅游风险事件属于无形产品（Nontangible Products），风险的态度与专业性对观光与旅游产业的经理人或风险管理者而言就相当地重要（Tarlow，2002）[3]。所以观光与旅游产业的经理人或风险管理者对风险的思维与态度便值得研究者加以重视与讨论。

一、风险管理的定义

（一）何为风险

风险这一概念源自于17世纪因赌博而起的数学关系，即输或赢的潜在可能性。一直到20世纪80年代之后，风险（risk）才逐渐成为现代社会所关注的重要概念之一（Leiss 和 Chociolko，1994）[4]。学术研究中有关"风险"一词的使用，直到进入20世纪，才首见于Knight（1921）的研究（Gregorio，2005）[5]。然而到底风险是什么呢？

在自然科学或社会科学的不同研究领域对于风险有诸多难以界定之处，各有其不同的定义说明（Baird 和 Thomas，1985；Gerber 和 Von Solms，2005）[6]。不同领域对于风险的看法与理解有所不同，例如在自然科学领域较倾向于将风险以危险的角度加以解释；而社会科学领域则偏爱使用风险来说明变异性及损失的可能性。

已具有150年历史的美国韦氏大字典（Webster's College Dictionary）对"风险"一词是这样解释的：风险乃是一种危害、毁损及损失的机会或损失程度的可能性。学者肯奈（Knight）（1921）认为，风险是指在已知机会下可测定发生不确定的可能性[7]。威廉特（Willett）（1951）则将风险解释为某种不幸事件发生与否的不确定性[8]。而近代学者克拉克与瓦玛（Clarke 和 Varma）（1999）进一步指出，风险的主要概念是时间与状态的不确定性以及损失获利的可能性。另有学者将风

---

[1] Ward, S. C. (1999), "Assessing and managing important risks", International Journal of Project Management, 17, 6, 331.
[2] Lepp A. & Gibson H. (2003), Tourist roles perceived risk and international tourism, Annals of Tourism Research, 30 (3), 606-624.
[3] Tarlow P.E. (2002), Event Risk Management and Safety. New York: John Wiley & Sons.
[4] Leiss, W., & Chociolko, C. (1994), Risk and responsibility. McGill-Queen's University Press.
[5] Gregorio, D. D. (2005). Re-thinking country risk: insights from entrepreneurship theory. International Business Review, 14, 209-226.
[6] Baird, I. S., & Thomas, H. (1985), Toward a contingency model of strategic risk-taking. Academy of Management Review, 10 (2), 230-244.
[7] Knight, F. H. (1921), Risk, uncertainty and profit. Chicago: Century Press.
[8] Willet A., The Economic Theory of Risk and Insurance. Philadelphia: University of Pennsylvania Press, 1951.

险视为造成损失的机会以及损失的可能程度（Collins 和 Ruefli，1992；Oetzel）[①]。

根据上述各学者对风险的定义，可知风险是一种极为模糊笼统且抽象的复杂概念。因此，台湾学者邓家驹（2000）综合了国内外学者对于风险一词的定义，将风险常见的定义概括为以下七点：[②]

1. 风险是遭受损失的可能或情况。
2. 风险是损失发生的几率或机会。
3. 风险是损失发生的原因。
4. 风险是造成损失的条件因素。
5. 风险是遭受生命、财产损失之主体。
6. 风险是潜在可能损失之变异性。
7. 风险是攸关损失的不确定性。

因此，可将风险定义为：发生不利事件而导致经济个体损失的不确定与（或）威胁的因素。由于旅游商品的无形特性，促使观光与旅游产业的经理人或风险管理者处理风险的态度与专业性是非常重要的。

（二）风险分类

风险虽然是可能造成经济或个体损失的不确定因素，但在探究风险时并不能仅从单一的角度讨论。例如不能只从不幸事件或损失发生的结果来探讨。仍须就风险发生的原因、来源、环境、对象、影响、意愿、特性、结果以及是否能够被控制管理等多个面向加以分析了解，这样才能综观风险之全貌。尤其是在快速变动与竞争激烈的企业经营中，所面临的风险因素状况更加复杂，绝非任何单一风险可一言以蔽之。

一般来说，不确定性与风险是相似的观念（吴思华，2000）[③]。两者不同之处在于：不确定性是一种个人与心理的概念，其不确定所造成的结果有负面，也有正面（Dan and Alison，1996）[④]。而风险则专指负面的损失。因此，在探讨风险的分类时，应囊括：风险区分为发生的原因、来源、风险发生损失的主体对象、心理行为之主客观意愿、风险引起损失结果、管理者立场是否能够控制管理风险、以及环境不确定性等六种类型。其分类如下：

1. 主观风险（subjective risk）与客观风险（objective risk）。

此风险分类原则是依据心理或预期状态来区分的，首见于美国保险学者

[①] Collins, J. M., & Ruefli, T. W. (1992), Strategic risk: an ordinary approach. Management Science, 38 (12), 1707-1724.
[②] 邓家驹．风险管理．台北：华泰出版社，1998．
[③] 吴思华．策略九说：策略思考的本质（第三版）．台北：脸谱出版社，2000．
[④] Dan R. and Alison H. (1996), Business process re-engineering: Some aspects of how to evaluate and manage the risk exposure, International Journal of Project Management, (14), 6.

Green 的著作之中。

①主观风险：是指事故发生的不确定性（Risk is Uncertainty）以及损失的不确定性，偏重于个人心理层面与经验的不确定性所衍生的主观认知，在此类风险的分辨上，没有普遍认可的方法证明其可信度与有效性。

其中不确定性则包含：事故发生与否的不确定（Whether）、事故发生时间的不确定（When）、事故发生状况的不确定（Circumstance）和事故发生后果严重程度的不确定（Uncertainty as to Extentof Consequence）。而损失不确定性的风险则代表个人对事故产生的恐惧与失败的主观意识。由以上可以得知，不确定性属于个人对风险的主观评估，所以并不强调以客观的尺度来加以衡量。

②客观风险：是指事故发生遭受损失的机会（Risk is the Chance ofLoss）。客观的风险强调的是几率和机会的观念，认为风险是一种客观的观点，着重于表现整体及数量的状况，并以客观统计数据为衡量标准，无论是纯粹风险，还是投机性风险皆属客观风险性质。因此，当企业、团体在活动过程中所产生损失的可能性与几率用或然率来评估时，或然率为 0 则表示不会遭受损失，若为 1 则表示必定会有损失。所以，此类定义的风险是可以被客观地衡量。

2. 纯损风险（pure risk）与投机性风险（speculative risk）。

此分类方式乃是依据风险事故发生的结果，包含损失的性质与可能产生的结果来区分，为美国学者 Mowbray 所创。

①纯损风险：指事件发生的结果，是只有损失机会却无获利机会的风险。如财产上的风险、租赁上的风险、人身上的风险、获利上的风险。

②投机性风险：指事件发生的结果，除了损失与否的机会之外，尚有获利的可能。此类风险具有吸引人类主动从事冒险的特质，如买卖股票或赌博。在企业经营上则包括管理风险、市场风险、政治风险、生产风险以及创新风险。

3. 静态风险（static risk）与动态风险（dynamic risk）。

此类风险依环境变化所造成的损失来区分，为保险学者 Willett 最早提出。

①静态风险：是指因自然力的不规则变化产生不可预期或人为失误、恶行所导致的风险。这类风险是静态环境中所不可抗拒避免的，如火灾、海难、法律合约等。

②动态风险：因人类需求改变、经济变动、社会组织结构变化或科技创新所形成的风险。如市场景气变化、管理制度的变革或生产技术的突破创新等。

4. 可管理风险（manageable risk）与不可管理风险（unmanageable risk）。

这类风险以是否可事先预测或控制来认定和区分。

①可管理风险：可依所搜集的资料与运用保险方式的管理技术，来加以控制管理或避免的风险。

②不可管理风险：指无法由管理方式避免或预测的风险，并且不能使用保险方式来转嫁或处理。

5. 自然风险（natural risk）、社会风险（social risk）、经济风险（economic risk）、政治风险（political risk）和法令风险（legal risk）。

此种分类方式是以事件损失发生的原因为区分标准。

①自然风险：源自于大自然物理现象和实质危险因素所造成损失的风险，如地震、海啸等。

②社会风险：因个人异常行为或不可预料的团体行为所造成的风险，如抢劫、罢工等。

③经济风险：因经济环境变化或市场价格涨跌所造成的风险，如通货膨胀、汇率变动等。

④政治风险：因政治、宗教、种族等因素所引起之风险，如示威暴动、政权更迭等。

⑤法令风险：因贸易限制、政策、外汇管制等所导致的风险。

6. 供给风险、需求风险、竞争风险、技术风险。

这类风险是由任务环境的风险来区分，任务环境风险也就是与企业产销活动产生直接关连的外部环境风险。

①供给风险：供应来源短缺、供应不实时、供应原料质量不稳定、供应价格改变等等。

②需求风险：顾客需求改变、偏好改变等等。

③竞争风险：竞争强度改变、有新的竞争者、替代品出现等等。

④技术风险：产品技术创新、制作技术创新等等。

7. 公司特有风险。

公司特有风险也就是来自决策与营运方式的风险，包括产品不安全、因营运范畴选择不当所造成的风险、应收账款无法兑现产生的风险等等。

由上述不同分类标准得知，风险对于不同的风险损失对象而言，有着不同的意义，其中对于企业而言，企业在经营及运作时面临的风险也是相当复杂的。因此由不同的分类角度可以界定出不同的风险来源与原因。由此可知，所谓的风险来源就是这些不确定性事项或遭受不利事件而损失的来源。

二、风险管理周期

要处理各种风险所造成的问题，必须知道处理重点是什么，才能在问题变得严重前，及时处理，化解风暴。风险造成的危机在不同的阶段有不同的特征，就像产品一样，不同的阶段也有不同的产品生命周期。而风险的生命周期分为：风险蕴酿期、风险爆发期、风险扩散期、风险处理期、处理结束及后遗症等五个阶段。以下分述五个阶段的特征与处理重点。

（一）风险蕴酿期

许多风险、危机都是渐变、量变，最后才形成质变，而质变就是风险成形与爆发。因此，阻止潜藏危险因子扩散与发展，才是危机处理的重要阶段。若能在问题形成严重危机之前便先找出症结，加以处理，便能将危机化为无形。反之，若丧失警惕，则有可能演变成大危机。

阶段重点：实时发现警报。

（二）风险爆发期

当风险节节高升，跨过堤防，便进入爆发期。这时，组织出现对风险的信心不足，茫然无措。而当风险爆发时，除了威胁重大利益外，还可能造成营收大减、团队形象受损，甚至有瓦解的可能。团队决策核心在爆发期受的震撼是最大的，这个阶段若处理不慎，危机将会扩大，伤害程度增大并进入下个阶段。

阶段重点：全面掌握信息，处理时需戒恐惧。

（三）风险扩散期

危害在此阶段持续扩大，开始对其他领域造成大小不同的危害。

（四）风险处理期

此时是关键阶段，发展完全视处理者与决策者的智慧、态度与专业而定，利用可以掌握的优势，使优势发挥至极大化，利用优势克服威胁将伤害减到最低。

阶段重点：了解团队的优势所在，谨慎地将之转化为克服威胁的机会。

（五）处理结束及后遗症

此时，危机虽已获得解决，却仍有残留的影响，若上一个阶段没有妥善处理，则留下的负面影响，只能留给时间淡化。但若危机并未彻底解决，极有可能在一段时间后产生相同的危机，这是组织或团队必须面对的内部风险。

阶段重点：审视内部是否已彻底将风险因子拔除，避免再犯。

第二节 我国旅游景区风险管理现状

一、我国旅游景区存在的主要风险类型

我国旅游景区发展过程中存在的风险成因包括政治因素、经济因素、文化因素、灾害因素、疾病因素、社会生活环境因素等。按风险成因来划分，我国旅游

景区主要面临的风险有三大类,即社会经济性风险、旅游安全性风险和景区经营性风险。针对旅游景区的自身特点,根据风险的可控程度,可将旅游风险划分为不可控外部风险、可控内部风险和内外交互作用风险等三类。

(一)按风险成因划分类型

1. 社会经济性风险。

主要是由于国内外经济政治秩序变化、政局动乱、战争、国际关系不稳定等对旅游景区发展引起的风险。如日本福岛地震核泄漏事件、利比亚战局、美国次贷危机引发的全球金融危机等。国际政治经济形势的巨大波动导致旅游业发展的大环境变化,一些突发事件如国际恐怖活动加剧、地区性金融动荡等,都会对旅游业造成重创,而作为旅游业的核心载体——旅游景区将首当其冲。另外,消费者的生活理念和偏好不断变化,旅游产品需求不断变化,增加了旅游景区运营的风险。

2. 旅游安全性风险。

从旅游业运行的环节和旅游活动特点看,旅游安全贯穿于旅游活动的六大环节,可相应分为饮食安全、住宿安全、交通安全、游览安全、购物安全、娱乐安全六大类。从旅游学研究对象看,旅游安全可分为旅游主体安全、旅游媒体安全和旅游客体安全。旅游主体安全即旅游者安全;旅游媒体安全集中表现为交通安全和旅游从业者安全;旅游客体安全即旅游资源的安全,涉及资源的保护、环境容量与可持续发展。

旅游安全问题的发生会直接影响旅游者信心、妨碍旅游景区正常运转。任何不可预见的事件,其中包括对旅游景区形象造成不安全影响的洪水、飓风、火灾、火山爆发等事件,也包括将对旅游景区旅游吸引力产生影响的国内局势动荡、意外事故、犯罪、疾病等事件,都会产生旅游安全风险。

3. 景区经营性风险。

主要是旅游企业在经营过程中因为恶性竞争、财务及人力资源等管理失误、投资管理等方面引起的经营性风险。如:旅游景区生命周期风险、市场竞争风险、战略性风险、旅游人才流失风险、账务风险等。我国各地旅游景区已经进入了激烈竞争的微利时代,行业竞争加剧和利润水平下降是投资者面临的最大问题;外资企业也加紧了对中国旅游市场的争夺,使中小旅游企业的生存空间缩小。另外,国内大型旅游企业在与外资企业合作时也存在合作领域和方式选择的风险,一旦项目选择不当,就难以借助外资拓展境外市场、开发新产品,且还有可能丧失在行业内原有的优势地位。

（二）按风险可控程度划分类型

1. 不可控外部风险。

主要包括政策法规、经济发展、社会文化等三个方面所带来的不可控风险。

①政策法规方面。主要包括政府制定的相关政策和法律条款所引发的风险。随着我国旅游立法的不断完善，若旅游景区经营与新出台的相关政策法令目标相抵触，自然将受到很大限制，严重时还会导致诉讼，从而形成风险。比较典型的例子是近几年高尔夫、主题公园等类型旅游景区受到了我国相关政策法规的约束和限制，此类型旅游景区的发展面临巨大的风险。

②经济发展方面。旅游业的规范化、市场化与集群化是我国的旅游景区经济危机的主要来源。我国的旅游景区最初多由政府或事业单位经营管理，随着行业的逐步规范化和市场化，其企业组织机构、管理体制与经营手段等都必须与市场接轨，否则就会被淘汰。而旅游业的集群化，主要是基于现有旅游景区基础上进行的整合和提升，形成规模更大、竞争力更强的旅游景区集群或企业，旅游业的集群化将对规模较小的旅游景区（景点）的经营形成风险。

③社会文化方面。旅游在某种意义上是一种社会活动，因此这方面的变化将对旅游景区发展产生重要影响。近年来，随着社会经济的发展，人民的生活观念和生活方式正在发展改变，致使人民对于旅游的诉求也正在发展改变。如在出行方式方面，更倾向于选择自驾游和自助游；在体验方面，更多地追求深度休闲度假游，而不是传统的走马观花式旅游；在出游目的方面，更注重旅游所带来的教育性和科普性等。这些社会文化方面的新趋势和新变化将给旅游景区带来新的不确定性风险。

2. 可控内部风险。

这类风险通常由旅游企业或旅游景区内部因素引起，在风险的发育初期，如果能够引起重视，则都可以控制；如若对其重视不够，则最终可能发展为一场严重风险。根据近几年国内旅游景区发展的情况，总结出主要有以下几种风险。

①战略风险。战略是贯穿于一个企业在一定历史时期内，决策或经营活动中的思想及其关系到全局发展的重大谋划。战略制定的主要依据是企业的环境分析和企业经营实力的优劣势的客观评估，一旦旅游景区制定的发展战略不适应旅游景区面临的优劣势和内外动态环境，必将威胁旅游景区的进一步生存和发展。旅游景区战略风险表现在以下几个方面：（1）战略缺失。即旅游景区没有制定发展战略或制定的发展战略不完善。（2）战略混乱。旅游景区制定的发展战略目标不明晰，甚至不同的发展战略之间充满了矛盾。（3）战略滞后。即旅游景区战略滞后于旅游景区内外环境的发展。如曾经辉煌一时的"广州飞龙世界游乐城"，在经营短短四年后便夭折，从旅游科学的角度来看，就是战略和策略的失误。

②财务风险。旅游景区财务风险是指旅游景区丧失偿还到期债务的能力。而投资计划的失败往往会直接导致财务风险的爆发，但即使投资项目科学合理，其他的内部危机也可能引发财务风险。

③营销风险。指由于景区所处的宏观、微观环境的突变或营销管理的异常，使其服务或产品销售陷入极其窘困的状态。如果不能根据旅游市场的反馈信息，制定出相应的营销策略和促销手段，旅游景区将失去大量客源市场，从而引发旅游景区生存风险。

④公共关系风险。是指企业组织与其公众之间因某种非常性因素，使企业公共关系状态严重失真，企业形象遭到破坏，处于高知名度、低美誉度的尴尬局面。公共关系风险对于旅游景区形象影响很大，一旦风险出现而得不到妥善处理，将产生深远的负面影响。

除以上提到的常见的可控内部危机外，还存在如人力资源风险、服务质量风险、旅游产品风险、形象和品牌风险、生态环境风险等等。

3. 内外交互作用风险。

任何组织的内外部环境都具有相互依赖、相互影响的复杂关系。对于旅游景区也是一样的：一些危机是由旅游者在旅游景区内的活动所引发的，这是由于旅游景区提供旅游产品过程的同时也是其与旅游者发生互动过程中所发生的特殊性所决定的。

旅游者数量风险，是指由于旅游者的数量问题所带来的风险，主要表现为旅游景区环境容量的饱和与超载。这种饱和与超载现象会给旅游景区带来严重的负面影响，累积到一定程度就可能引发风险甚至产生重大危机。

旅游者素质风险。即使旅游景区避开了游客数量问题，少数旅游者也可能因其自身知识与素质的不足而引起景区风险，将有可能导致游客自身安全风险，或是导致旅游景区生态环境的破坏或旅游资源的破坏。

二、我国旅游景区风险管理主要存在的问题

（一）旅游景区风险管理观念和意识淡薄

1. 对外部不可控风险防范意识淡薄。

国内很多旅游企业或旅游景区对于当前国内外的发展形势不敏感，对国内外发生的一些大事不闻不问，总觉得外面的局势事不关己，觉得只要好好把自己的企业或旅游景区管理好就行，没有前瞻性的风险管理意识，祸到临头时才"抱佛脚"，错失了最佳的风险防范时机，以致最终出现了不可挽救的风险。

2. 对内部可控风险意识不到位。

对于这部分风险，许多旅游企业或旅游景区虽然意识到，但由于企业或旅游

景区自身财力、物力、人力上的问题，意识里总是有意回避或不愿意过早面对，一般倾向于选择克制或压制这些风险，而不是尽早地处理这些风险，以致积少成多，一些小风险最终积累成了大风险。特别是战略风险、公共关系风险和旅游产品风险等隐性风险比较突出。企业高管或旅游景区高管不愿意承认企业或景区发展战略上存在问题，不愿意承认公共关系风险、不愿意承认自己的旅游产品过时或不合市场需求，总是存在侥幸心理，觉得挺一挺风险就会自己解除，殊不知这些风险会越积越多，一旦爆发将一发不可收拾。

（二）缺乏高效的旅游景区风险管理机制

主要是缺乏旅游景区风险预警和防范机制，尚未建立风险管理目标，没能很好地组织实施旅游景区危机管理。

1. 缺乏旅游景区风险预警和防范机制。

很多国内旅游景区没能建立旅游景区动态的风险预警和防范机制，动态实时的监测和评估旅游景区内外部风险，并通过结合分析旅游景区特点、经营管理机制，揭示各种风险对旅游景区管理影响的规律和危害，从而指导旅游景区风险管理工作的开展。

2. 缺乏旅游景区风险管理的目标体系。

未能从风险管理的角度，建立适用于旅游景区风险管理的目标体系。并根据目标体系，一是在宏观上查明风险原因、把握风险规律、掌握风险损害的对象，实现风险影响最小化；二是在微观上，制定旅游景区应急措施，评估风险影响级别，建立风险管理目标运作的有效方案。

3. 缺乏旅游景区危机管理的组织实施。

这是我国旅游景区危机管理出现问题的重点和关键所在。很多旅游景区虽然已经建立了风险预警和防范机制和风险管理目标体系，但却没能形成真正的组织实施方案，并严格实施。一个行之有效的危机管理的组织实施方案，从危机发生分析，包括危机前的预防、危机期间的反应和危机后期市场启动的策略；从管理机制分析，包括危机管理机构设置、人员配备、危机信息沟通等；从景区建设功能分析，包括增强处理危机事件的自救能力，调整景区分工、成立景区危机协会和协调中心，开展必要的景区危机演练，建立危机信息管理系统。

第三节　旅游景区应急反应机制建设

采取反应措施必须先建立标准作业程序和危机发生时的运作原则，依此两点建设各景区的应变措施。

一、标准作业程序的建立

（一）建立预防管理组织

虽说任何危机皆有迹可循，但爆发的瞬间却是无预警的。因此，各景区必须成立危机预防管理小组或应急小组，平时即针对各景区特性，深入了解各种状况产生的症结，并且随时发掘可能的危机，研究它并采取对策，防患于未然，是每个单位都应该重视的问题。平日也要收集国内外风险管理与处理模式，及各种成功或失败的相关案例，教育组织里每一个成员，确保每个人的相关知识皆能与时俱进。吸收他人经验，正能补足自身的盲点。

（二）完整的危机应变计划

一份完整且具体可行的计划，使管理时不失依据。各景区营运团队应针对各种可能发生的危机，拟定不同的应变计划，而这份计划必须是实际可行、非闭门造车的产物，必须确保景区内所有工作人员皆能切实执行，而不是制定之后便束之高阁。

（三）模拟演练

建立标准作业程序不能只靠一套计划或一个组别，应该针对可能发生的危机，进行模拟状况的演练，模拟时必须将最坏的、最糟的状况皆放在剧本中，并透过经常排演以找出最佳解决方法。

（四）切实执行

每个单位、每个同仁若能针对业务性质订出标准作业程序，使每个人处理份内工作时，皆能按照既定标准执行，除可定时练习外，并时时依照不同状况随时对应变计划进行检验及修正，这可让风险产生的可能性减至最低。

（五）建立发言人制度

当危害发生时，状况不明、信息不齐的状况下，极易导致外界的猜测与不正确的报道，甚有可能引起大众恐慌。为避免团队内不明了实际状况的人员随意对外发言，造成处理的困扰及无谓的后遗症，极需建立发言人制度。发言人由能掌握团队内部状况及口齿清晰之人员担任，遇有危害发生时，可以对外发言，迅速提供媒体确实的信息，并与之保持正向的互动关系，以争取处理时效。

二、危机发生时运作原则

危害一旦发生，不该是上下互相指责的时候，应该团结一致，冷静应变。不论是主管或员工，皆应按照处理模式及平日演练的程序，迅速展开应变行动，使团队所受的伤害减到最低。

（一）灵活的通报网络

作战需依靠良好的通信系统，才能运筹帷幄。风险处理与作战相似，需有多样化的通报系统，让应变人员处理天然灾害、工安事故或群众事件时，主事者皆能确实掌握发展状况，做出妥适的处理方案。通信系统除了保持畅通外，还需要考虑在无电力的状况时，备用的讯息传递设施能够运转顺利。

（二）成立直属最高管理单位的管理小组

危害发生之时，最忌群龙无首，这可能使危害扩散过于迅速以至于无法收拾的局面。当危害爆发时，主管单位应立即召集应变小组，共同了解事态现况及发生原因，分析危机程度，运用所有资源，拟定妥适的处理方式。

（三）分工合作

完善处理危机事件，并非主管一或二人便能毕其功于一役的，必须依赖平日的模拟演练，从中反复检验出最佳的人力运用与分工之法，不同单位间相互支持，才不至于在有突发状况时手忙脚乱。

（四）加强沟通技巧

在危机处理的过程中，为避免或减低冲突，妥善的沟通是重要步骤。成功的沟通可以化解对立形势，并消除后续影响。通常团队内的高阶主管不适合担任沟通的角色，以避免形成僵局。另外，应善于用书面数据以减少因曲解语意而造成的误会。

（五）对外说法一致

这是让民众对团队或组织的发言提高认同度与可信度的重要方式，应减少因猜测或臆想而造成的额外恐慌。

（六）善后、检讨与总结

如同企业有良好的售后服务，才能获得顾客的信任一样，危机处理后的善后工作同样重要。为应对危机产生的后续问题，如形象再造、组织架构是否调整等，作适当的规划与调整。对危机处理的过程中有无疏漏、缺失，都应该纳入检讨，防止下一个危机产生。

第四节　旅游景区常见事故处理

一、旅游景区常见事故分类

旅游安全是对旅游活动中各种安全现象的总称，包含旅游活动中的人员、事件、时间、环境、设备等各种环节。在旅游景区内发生事故的原因非常复杂,每件事故的原因也不尽相同,但一般可以归纳为三个方面。

(一) 自然灾害

如地震、火山爆发、地层塌陷、土(泥)石流、暴雨、洪水、海啸、具强烈攻击性的野生动物、有毒植物、核幅射、传染病(如SARS)等。

(二) 人为灾害

如战争、恐怖主义、犯罪、暴动等。

(三) 人为疏失

如旅游设施管理不当、维护不周全、火灾、疾病传播、食物中毒、交通疏散不当等。

二、常见事故处理

(一) 事故原因认定

事故原因的认定可以尽快安排救助事项,以及事后责任归属、协议赔偿的依据,更重要的是列入风险控管,成为未来借鉴的经验。比如轻微事故造成旅游者轻伤,与重大事故造成旅游者重伤、致残或死亡,两者事故肇祸原因不同、轻重等级不同,将影响所派遣的救援单位与善后处理的方式。

(二) 旅游安全事故处理程序

根据《旅游安全管理暂行办法》之规定,旅游安全事故发生后应按照以下步骤进行:

1. 陪同人员应立即上报主管部门;
2. 会同事故发生地之有关单位严格保护现场,尤其不让媒体破坏现场;
3. 协同有关部门进行抢救、勘查;
4. 相关单位负责人应立刻赴现场处理救助事宜;
5. 对特别重大事故,应按照国务院《特别重大事故调查程序暂行规定》进行处理。

(三) 赔偿与奖惩

根据现场状况调查并厘清肇事责任与根本原因,对在事故中造成伤害的旅游者进行赔偿,应按照国家有关之保险规定处理,主要是对旅游者伤亡赔偿,医疗、交通、救援等费用的赔偿。

事故结束后,须对相关单位之负责人员进行奖励或惩处,并视情况需要,给予辅导或加强训练,务求不再犯同样的错误。

第五节　境外经典案例

案例1：台湾嘉义·阿里山小火车翻覆事件——生命安全启示

据报道：2004年3月1日下午，阿里山小火车满载游客，从临时新站开往神木站。火车一启动，车速就越来越快，不到5分钟，经过神木站前铁桥时，第一节车厢突然出轨撞上山壁，二、三节车厢追撞后卡在山壁上，第四节车厢则掉落到5米深的山谷中。空消直升机赶来救援，却因救急心切，过于满载，又发生迫降意外，造成17人死亡，187人受伤，经检警深入调查，发现是人为疏忽，没开启小火车的角旋塞，导致煞车失灵，酿成阿里山小火车自通车以来最惨重的死亡翻车意外。

表13-1　台湾阿里山小火车翻覆事件事故处理程序

（一）通报、联系	灾害通报处理	（1）嘉义县消防局第三大队阿里山分队接获报案后，出动救灾车辆，同时通报嘉义县消防局救灾救护指挥中心，协请当地派出所、义消、志工、山青等救难团体协助抢救，并管制及疏导观光客。 （2）嘉义县消防局成立紧急应变小组。 （3）"内政部"消防署接获嘉义县消防局通报后，立即通知灾害权责单位"行政院"农委会实行应变作为，并通报各级长官及"交通部"、卫生署等相关机关立即针对铁路交通事故及大量伤病患，实行灾害应变措施。
	启动紧急应变机制	（1）成立"0301阿里山森林小火车翻覆嘉义县灾害应变中心"。 （2）消防署、警政署、农委会成立紧急应变小组，"国防部"联合作战指挥中心，嘉义地方法院、"交通部"接获讯息亦立即投入救灾工作。 （3）农委会成立"中央灾害应变中心"，"国防部"、"法务部"、"交通部"、"行政院"新闻局、"行政院"卫生署、"内政部"等部会皆迅速派员进驻。
（二）抢救、调度	现场指挥调度	（1）阿里山车站接获无线电话通报，旋即派工作站同仁至现场抢救。 （2）嘉义县卫生局立即于阿里山乡香林卫生室开设临时急救站，指挥医护人员展开救护工作。并成立"卫生局重大灾害紧急事故应变中心"统一指挥各级责任医院医护人员于急诊室待命；灾难现场罹难者遗体，均暂时安置于香林卫生室，等待检察官及法医检验。 （3）搜救指挥中心派遣直升机前往支持。 （4）阿里山海军雷达站及陆军通信站，派员携带医疗用品及御寒衣物前往支持；嘉义宪兵队派遣宪兵前往现场实施交管。 （5）现场指挥官副大队长沈廷宸于18:38告知"0301阿里山森林小火车翻覆嘉义县灾害应变中心"，受伤人员均由车辆运送下山，现场伤员业已搜救完毕。

续表

（二）抢救、调度	中央灾害应变中心	农委会成立中央灾害应变中心，由李健全副主委暂代指挥官，同时电洽"行政院"灾害防救委员会、研考会、"国防部"、"法务部"、"交通部"、行政院新闻局、"行政院"卫生署、"内政部"等部会迅速派员进驻。
（三）后续处置	善后复建事宜	（1）农委会共召开六次记者会说明救援及相关工作处理情形。 （2）嘉义县灾害应变中心，汇总各医院伤亡资料，接受受难家属查询救助状况及受难者名单、受伤情形及救助医院等，另嘉义县民政局协助处理罹难者遗体送至殡仪馆安置并协助办理慰问事宜。 （3）林务局成立善后处理小组，设置善后处理免付费电话，并采取一人一户之个别辅导方式，指定专人辅助办理游客之丧葬处理、医疗与长期复健安排、意外保险理赔等。 （4）中央灾害应变中心撤除后，后续工作由农委会成立善后处理小组接办，并举行联合公祭。
	厘清责任归属	（1）进行相关人员侦讯 （2）现场勘验 （3）追究刑责

案例2：世界各地缆车事故——关键性应急救援

（1）1985年美国科罗拉多州Key stone滑雪胜地发生缆车掉落事故，有多人因此患肝脏破裂、气胸、血胸等急症，因工作人员多持有紧急救护技术员资格（EMT），现场救治得宜而无人死亡。

（2）2011年8月瑞士铁力士山（Titlis）在当地时间15日中午12点45分左右，缆车故障停驶，约有100多名旅客受困在缆车车厢内4小时，约有50多名乘客冒险攀绳逃离缆车。至当日下午4点恢复营运。

以上两则皆为高山缆车旅游事故，由于缆车全靠钢缆悬吊游走于半空之中，倘发生意外，乘客根本无处可逃，高山景区或景区内有类似缆车的设施，必须考虑各种救援的需要，比如加强该区域工作人员的急救技能、确认急救设备或用料的充足等。

在科罗拉多州的事件中，工作人员多持有紧急救护技术员资格，可于现场进行紧急救护，提高伤者之存活率，再由接受通报的救援小组派遣直升机送伤者至医院治疗。

在瑞士的事件中，乘客受困于缆车内，虽有部分乘客冒险攀绳逃离，但多数旅客仍旧待在车厢内等待，经初步调查是车厢内的旅客误拉紧急制动开关，经过业者抢修才恢复通车，旅客仅是虚惊一场。

第十四章 旅游景区门票管理问题

第一节 旅游景区门票管理概述

对旅游景区门票方面最早的研究可追溯到20世纪80年代。自1908年美国维尼亚山国家公园收取"机动车准入费"以来，公园收费一直是国外学术界关注的热点问题。早期对于国家公园等景区的学术探讨主要是"是否应该收取费用"。随着使用机动车的人越来越多，作为解决国家公园经济压力的重要办法"机动车准入费"，渐渐被"游客使用费"代替。到了80年代初，学术界关注的重点转为"收取多少"（Barry Mackintosh，1984）[1]。这一时期，对国家公园的开发者适当收取"发展影响费"也成为国家公园的重要收入来源（James C. Nicholas and Arthur C. Nelson，1988）[2]。20世纪90年代，多数学者的学术成果为国家公园门票收取的合理性提供了必要的理论支持，特别对发展中国家提高景区门票价格持非常支持的态度。Bruce Knapman等学者认为，景区门票价格的提高可以有效地增加景区收入，但在控制游客容量方面并不是很理想；如果门票价格过高，那么相应地景区经营收入也会降低。Lisa C. Chase结合相关理论，提出了差别定价概念模型，并以此为基础对哥斯达黎加的多处国家公园进行了实证分析，最后提出运用该方法计算经营收入的最大化以确定公园门票价格[3]。Kreg Lindberg等学者认为，国家财政对景区发展的支持力度不够是景区收取或提高门票价格的根源。尽管按国内生产总值（GDP）来计算，美国是全球最富裕的国家之一，其对景区提供的财政支持也不能够满足游憩设施对于资金的需求。在此基础上，Kreg Lindberg等学者以哥斯达黎加为例，最终得出了对发展中国家提高自然景区的门票价格持积极

---

[1] Barry Mackintosh.Visitor Fees in the National Park System:A Look back[J]. Trends, 1984, (21): 4-8.
[2] James C, Nicbolas and Arthur C.Nelson.Determining the Appropriate Development Impact Fee Using the Rational Nexus Test[J]. Journal of the American Planning Association, 1988, 54(1): 56-66.
[3] Lisa C. Chase, David R. Lee, William D., Schulze and Deborah J Anderson.Ecotourism demand and differential pricing of national park access in Costa Rica[J]. Land Economics, 1998, 74(4): 466-482.

态度的结论。相关的研究成果表明，适当地提高景区门票价格，国际旅游收入会有较大幅度的增加，国际游客数量不会有较大影响，为景区提高门票价格提供了理论支撑。也有部分学者从社会公平等角度考虑，反对收取或者提高景区门票价格。Tomas A. More 总结了关于门票价格各方面的意见，认为景区的门票问题不能仅仅从公平、效率和经济方面来考量，还要考虑它是否有助于实现提供公共产品的最初目的[1]。进入 21 世纪，随着旅游景区门票研究的更加成熟，学者们对待景区门票的态度日益谨慎，认为景区门票价格并不是唯一有效的管理工具。此后，国外学者对景区门票研究的重点逐渐转向游客和社区公众对门票价格的收取或者提高的反应。

国内对于旅游景区门票方面的研究开始比较晚。20 世纪 90 年代随着景区门票价格的不断提高，国内学者对旅游景区门票的研究也逐年增加。起初部分学者对于旅游景区门票的提高持积极态度，谷明、谢彦君（2002）认为我国旅游景区的门票价格较低，其不能够完全补偿景区稀缺性资源由于游客游览所造成的资源使用性成本与环境性成本[2]。随着景区门票价格的疯狂上涨，部分学者开始对"门票涨价风"提出了警告和质疑。宋子千（2004）从博弈论的角度出发，认为旅游景区的产品是差异性垄断产品，由于景区旅游产品具有这一垄断特性使得旅游景区有趋向完全垄断价格的趋势，并有可能造成社会福利的损失。建立在博弈论基础上的差别垄断模型在一定程度上可以为景区门票价格不断上涨提供理论解释[3]。刘德谦（2005）在引用部分专家观点的基础上，认为旅游景区门票价格的上涨侵害了低收入群体的社会福利权益，并且通过提高景区门票价格也不能完全控制旅游客流[4]。郭娟（2010）以平遥古城作为案例，系统深入地分析了门票价格的调整对景区经济发展影响的路径[5]。高舜礼（2007）认为"门票经济"存在跟我国旅游经济发展处于初级阶段、观光型旅游消费占主导以及政府的宏观调控失灵等因素有关，解决的办法在于转变旅游经济发展方式、加强政府宏观调控力度等方面[6]。周丽洁、熊礼明（2010）从门票经济的概念出发，以供求定理为理论基础对"门票经济"的不经济性进行了探讨分析[7]。邹统钎、徐慧君（2011）认为门票价格与景区所处地区经济环境相关，呈一定的负相关关系[8]。

---

[1] Thomas A.More.A Functionalist Approach to User Fees[J]. Journal of Leisure Research, 1999, 31(3): 227-244.
[2] 谷明. 风景名胜区旅游产品的价值评价[D]. 东北财经大学经济管理学院，2002.
[3] 宋子千. 景区门票价格偏高的一个博弈论解释[J]. 桂林旅游高等专科学校学报，2004（1）.
[4] 刘德谦. 门票涨价谁说了算[J]. 中国质量万里行，2005（5）.
[5] 郭娟. 景区门票涨价的经济影响路径分析——平遥古城案例研究[J]. 山西经济管理干部学院学报，2010（3）.
[6] 高舜礼."门票经济"的根源与破解思路[N]. 中国旅游报，2007.
[7] 周丽洁，熊礼明. 论旅游景区门票乱涨价中的"门票经济"及其治理[J]. 消费经济，2010（1）.
[8] 邹统钎，徐慧君. 中国世界遗产地门票价格的特征与影响因素分析[J]. 旅游论坛，2011（11）.

综上所述，国外学者对于门票价格的研究主要有两类观点：一类是，从发展中国家的现实利益出发，对景区收取或者提高门票价格以获得经营收入，保护景区资源和维护服务设施持积极态度；另一类是，从保护发达国家的经济社会发展环境出发，认为景区收取门票、提高价格不利于维护社会公平。此外，大多数学者普遍认为，提高景区的门票价格是为了增加经营收入，而根据景区品质的不同，适当提高门票价格确实对增加景区收入有积极作用。国内针对旅游景区门票方面的研究主要集中在门票价格的制定方法、门票价格调整所产生的影响、门票涨价对旅游景区公益性的影响等方面，而对导致门票价格疯狂上涨的深层次社会、文化、政治、经济方面原因的研究正在悄然地展开。

第二节　旅游景区"门票经济"现象

一、"门票经济"现象

旅游景区门票与旅游产业发展是相伴而生的，是旅游景区经营管理的重要方面。旅游景区门票主要是指各类旅游景区（点）（城市公园、名胜古迹、博物馆以及观光索道、文娱演艺项目等）向游客收取的参观游览费用的票据。景区（点）门票价格的主要影响因素包括：景区（点）的资源品质、景区（点）的区位以及地域性差异、景区（点）的综合服务质量等。20世纪90年代以后，随着我国旅游景区管理体制的改革，各大旅游景区门票不断涨价，门票问题引起越来越多人的关注，由此产生了"门票经济"的概念。虽然近年来关于"门票经济"的概念逐渐被学术界、政府以及其他行业所认同，但对"门票经济"的定义，学者们从不同的角度却有各自不同的观点。

门票经济和旅游经济是一个相对的概念，旅游经济概念本身就包括了门票经济。但由于门票经济的概念源自于门票疯狂涨价的事实，导致了旅游经济的内涵在景区旅游经营的过程中被简单弱化成了旅游景区的门票收入。国内有部分学者认为，旅游景区门票经济简单来说，是指在一个特定的旅游市场内旅游经营管理者以收取景区门票作为其主导的盈利和管理模式的一种旅游经济现象[1]。

---

[1] 蔡家成. 门票经济：我国旅游发展模式的折射[N]. 中国旅游报，2008（6）.

二、门票经济的发展状况和表现特征

（一）门票经济的发展状况

近几年我国的旅游消费迅猛增长，极大地促进了旅游经济的快速发展。伴随这种良好发展态势而来的，却是全国各大景区门票一轮又一轮的疯狂涨价。自国家发展计划委员会将全国 20 个旅游景区的旅游景区门票价格的管理权限下放至地方政府以后，国内旅游景区便开始了涨价狂潮。2005 年北京故宫、天坛、颐和园、八达岭长城等六处世界文化遗产景区门票涨价，其中北京故宫旺季门票价格由 60 元调整为 100 元，单击门票价格由 40 元调整为 80 元。随后"一石激起千层浪"，旅游景区门票涨价的"涟漪效应"迅速在全国各大知名景区展开，张家界、黄山、九寨沟、井冈山、峨眉山、黄龙、丹霞山等纷纷上调景区门票价格。这次涨价风波一直持续到 2007 年"五一"黄金周达到了顶峰状态，很多著名旅游景区（点）如江西庐山、曲阜孔庙、临安青山湖、青岛崂山等的门票价格涨幅已经超过了 50%。更为严重的是，伴随涨价狂潮，景区出现了"大门票套小门票"等许多变相涨价的现象。为了控制景区门票疯狂涨价的势头，2007 年 4 月国家发改委出台了新的门票限价令，但限价令的出台并没有达到预期的效果，反而使景区门票涨价有了法律依据。旅游景区门票价格的疯涨所产生的恶劣影响，迅速波及到了旅行社等旅游产业链的各个环节，引发了旅游业的恶意竞争。

为了进一步规范旅游市场秩序，国家发改委联合其他管理部门于 2008 年 4 月颁布了《关于整顿和规范游览参观点门票价格的通知》，开始了全面整顿旅游景区门票价格。但是由于我国旅游景区大多有社会资本的参与，而这些景区却并不属于规定管辖的范围，整顿和规范对他们而言只是一纸空文。2009 年"十一"国庆节前后，国内众多景区如五台山、曲阜三孔、泰山、武夷山等再次掀起了涨价潮，其中福建武夷山的门票从 220 元上调为 250 元，山西五台山的门票从 90 元上调为 168 元。至此旅游景区的门票价格上涨问题再次引起全社会的关注。2010 年国务院办公厅颁布《贯彻落实国务院关于加快发展旅游业意见重点工作分工方案》，提出旅游景区的门票价格调整需要提前半年向社会公布，所有旅游收费均应按照规定向社会公示。但是，旅游景区门票的大幅涨价依然屡见不鲜。

（二）门票经济的表现特征

1. 门票收入占景区经营总收入的比重较大。

国内很多旅游景区（点）都把旅游景区门票收入作为重要的经营收入来源，门票收入在景区（点）总收入中占有很大的比重，部分景区患有严重的"门票收入依赖症"。根据相关统计资料显示，我国一些世界自然和文化遗产景区以及国家级风景区，其旅游景区门票收入占景区总收入比例的 30%以上，还有个别景区（点）

门票收入比高达90%左右，旅游景区门票收入俨然已经成为景区最重要的经济收入来源。相比较而言，在旅游业发展比较成熟的地区或国家，旅游景区的门票、住宿以及交通费用仅占游客总消费的30%左右，娱乐、购物、餐饮等旅游消费则占70%左右。

2. 旅游景区门票价格与人均国民收入相比较高。

国外发达国家如美国、日本以及澳大利亚等国家，其著名旅游景区的门票价格与社区居民每月平均收入比都在0.3%～0.8%左右；而纵观国内几大旅游景区，这一比例大概在5%～20%，而且期间的浮动比率较大。显而易见，目前我国旅游景区的门票价格是处于高位运行的，与地区人均国民收入和地区经济发展水平相差极大。

三、门票经济的形成动因

（一）旅游产业发展不成熟

从旅游经济发展的规模来看，我国已经成为"旅游大国"，但是在旅游产业素质、旅游景区服务以及旅游产品供应等方面还处于初级阶段。从我国区域旅游经济的发展状况来看，西部地区旅游景区（点）的门票远远高于东部地区，中小旅游城市的景区门票远远高于北京、上海等国际大都市，这正好印证了我国旅游经济发展的阶段性和规律性。在一些旅游经济水平较低的地区，旅游景区的门票收入占据了旅游总收入的绝大部分，旅游经济的概念与门票经济几乎等同。一些地方为了增加旅游景区门票收入，通过"大门票套小门票"等各种变相方式提高景区门票价格，这从一个侧面反映了地区旅游经济发展处于低水平、低层次的阶段性特征。我国旅游产业发展的不成熟以及区域经济发展的不均衡，在一定程度上决定了门票经济存在的必然性。

（二）旅游产品结构比较单一

在旅游经济发展的初级阶段，旅游景区产品主要以传统意义上的单一观光旅游为主导，产品结构比较单一。旅游产品所依托的资源主要以自然人文性的观光景区为主，文化旅游资源开发严重不足。旅游景区由于缺乏相应的资金和政策支持，导致住宿、餐饮、娱乐以及旅游购物等旅游产业链其他相关环节的建设跟不上景区发展，旅游配套设施不健全。另外，由于受经济发展水平的限制，商务会议、体育运动、生态度假等旅游产品开发不足，已经开发的旅游产品内容同质化严重。由于传统观光旅游产品缺乏参与性、体验性、创收性的旅游项目，导致景区门票收入依然是旅游景区最主要的收入来源，景区经营管理者不得不依靠提高门票价格增加景区旅游收入。

（三）旅游景区资源的垄断性优势

旅游资源具有区域性、不可移动性、不可替代性以及文化性等特点。旅游资源的这些特质使得它们无法被简单地复制和模仿，特别是那些历史文化内涵比较厚重的旅游资源，更是无法脱离其存在的地理历史文化环境，如敦煌莫高窟。旅游资源的这些独特优势，使其往往具有较高的垄断价值，能够在旅游客源市场上获得游客更高程度的价值认同。特别是国内的世界自然和文化遗产类旅游景区，其经营主体往往依据其旅游资源的稀缺性、旅游景观的独特性等，往往以限制景区游客容量、保护景区旅游资源为由，不断提高景区的旅游景区门票价格。如安徽黄山既是国家地质公园又是世界自然和文化双遗产，四川峨眉山也是世界自然和文化双遗产，都属于稀缺性资源，在市场上拥有较高的门票定价权。不断涨价的旅游景区，大部分属于此类具有较高垄断性的旅游资源。门票经济的产生，与旅游资源的垄断性具有密切的联系。

（四）旅游景区管理体制落后

国内许多旅游景区、景点分属于不同级别的行政管理管理机构，其经营理念、管理方式以及发展目标各不相同，经常容易出现利益纷争，导致旅游景区畸形发展。一是部分景区的旅游景区门票收入直接归直属行政管理机构部门管理，而且大部分成为地方财政收入的一部分。因此，政府行政管理机构以"景区维护费"等各种名义提高门票价格，以期旅游景区为地方财政做出更大的贡献。二是由于政府行政管理机构的直接管辖，其本身缺乏旅游景区运营所需要的财政资金，又不能让旅游景区（点）作为一个独立企业法人进入社会融资市场进行引资、融资，导致旅游景区配套设施建设、配套项目建设资金严重缺乏，只能依靠提高景区门票价格来增加旅游收入，改善景区服务，提升景区品质。三是由于长期处于政府行政管理机构管辖之下，大部分旅游景区普遍缺乏现代化的旅游经营管理观念，使旅游景区发展后继乏力。

综上所述，门票经济存在的最根本原因在于旅游经济发展不成熟所引起的旅游供求结构矛盾、旅游产业结构失衡以及相对落后的旅游管理体制。

四、门票经济存在的负面影响

（一）不利于旅游产业链的延伸发展

门票经济最显著的特征就是对景区门票收入的过度依赖。这严重影响了旅游产业链中住宿、餐饮、娱乐、购物、交通等环节的发展。旅游业是一个完整的产业链条，简单来讲它是由"食、住、行、游、购、娱"六大要素形成的旅游产业集群，当"旅游景区参观游览收入"在整个产业链中一枝独大的时候，整个产业链结构就会发生变异，导致其他旅游行业的萎缩。目标游客的"平均可自由支配收入"在一定阶段是一个常数,如果景区门票花费在其中所占的比例过大,就必然会影响游客在住宿、餐饮、娱乐以及购物等环节的旅游花费,最终导致整个旅游消费市场的萎缩、旅游相关产业要素及延伸性旅游产品的滞后性发展。事实上,在旅游六要素的构成中,旅游景区、景点门票所产生的经济效益,只是一种辅助性效益,只是旅游经济效益当中很小的一个组成部分。总之,旅游景区以及地方政府对门票经济的过度依赖,不利于景区其他产业要素的发展,不利于地方旅游产业的可持续发展。

(二) 弱化了旅游景区的社会公益性

城市公园、博物馆、美术馆、世界自然和文化遗产以及其他名胜古迹等旅游景区具有较强的社会公益性和文化教育性。旅游资源在某种意义上是属于人民的财富,是属于全社会的公共性资源而并非垄断性资源。通过这些公共性资源可以进行爱国主义宣传教育,可以宣传国家的历史文化,可以宣传国家的先进文化和先进科技力量。在这种意义上来说,旅游景区还具有一定程度上的社会政治教育功能。门票经济的发展,旅游景区门票价格不断上涨,在一定程度上剥夺了社区居民接受历史文化教育的权利,不利于社会公平性的体现。

(三) 强化了旅游市场的恶性竞争

地方政府以及旅游景区对门票经济的过度依赖,必然导致旅游市场的恶性竞争,景区之间门票价格相互攀比,景区、旅行社以及游客之间出现价格博弈,导致旅游市场秩序混乱。旅游景区的门票价格,对游客而言是一个非常敏感的问题,它对旅游目的地的品牌形象有着直接的影响。旅游景区门票价格的无序上涨,必然会造成景区目标客源市场的萎缩。另外,由于门票价格的上涨,旅行社进行营销推广的成本也不断增加,最终导致游客的旅游花费不断上涨,形成恶性循环。

总之,在我国旅游经济发展的初期阶段,"门票经济"这种特殊的旅游景区门票管理发展模式,在一定程度上帮助旅游景区缓解了部分资金压力,保护了景区旅游资源,推动了我国旅游产业的向前发展;另一方面,游景区门票价格的疯狂上涨这一现象又反映出我国众多地方和景区的旅游管理模式是以门票收入为主导的经济管理模式。旅游经济在涨价风潮中被简单弱化成了单一的门票经济,严重影响了我国旅游经济市场的稳定和可持续发展。

第三节 旅游景区门票管理模式的转变

旅游景区"门票经济"是旅游景区经营管理者追求短期经济利益,以牺牲住宿、餐饮、娱乐、购物以及其他旅游产业发展要素为前提的。因此，转变旅游景区门票经营管理模式，融合旅游产业管理和发展势在必行。

一、旅游景区门票管理模式的转型动因

（一）旅游产业的融合发展

旅游产业融合化发展的前提是旅游市场系统环境的包容性和开放性。从旅游经济发展的外部系统环境来看，我国不断进行的市场化改革和经济管理体制的日趋完善，实质上已经打破了原有产业之间封闭式的产业发展路径，产业之间的关联性以及产业系统环境的开放性的优势不断显现出来。政府在制定相关产业规划时也更加重视产业关联、产业融合以及相应的政策制度保障，如2009年12月3日国务院颁布的第41号文件《国务院关于加快发展旅游业的意见》中明确提出，提升旅游产业素质，优化旅游产业结构，大力推进旅游与文化、体育、农业、工业、林业、商业、水利、地质、海洋、环保、气象等相关产业和行业的融合发展[①]。政府政策性引导创造了产业融合化发展的开放性环境。旅游业是一个关联性、开放性和包容性极强的产业，旅游业内部产业化融合以及旅游产业与其他相关产业的融合化发展成为一种必然趋势。

（二）旅游产业内部要素的关联性

旅游产业是一个包括住宿、餐饮、游览、娱乐、购物以及交通等几大要素的综合性产业，与其他产业系统相比具有巨大的包容性和开放性。孙钦明（2011）采用产业关联理论中的灰色关联度分析方法对旅游产业内部要素之间的关联性进行了定量化的分析。旅游产业内部要素之间的关联度结果如表14-1所示。

表14-1 旅游产业内部要素之间关联度结果分析表

要素 关联度	餐饮	住宿	交通	游览	购物	娱乐
关联系数	0.84	0.73	0.81	0.65	0.71	0.60

灰色系统理论认为：在进行关联度分析时，关联度的大小反映了因子的重要性。关联度越大，表明因子在其中的作用越大，也就是对旅游产业的影响越大。表14-1表明：旅游产业内部各要素与旅游产业之间具有高度的关联性，其中餐饮、交通、住宿对旅游产业的影响最大，在旅游产业的发展方面起着主要的作用；购物、娱乐以及游览部门的发展状况与旅游产业的发展速度不相协调，但其需求弹性较大，发展潜力较大，应在旅游产业结构的调整中予以重点扶持。另外，表14-1

---

① 王洁洁，孙根年，马丽君. 中国旅游业发展：一个新的战略架构——对《国务院关于加快旅游业发展的意见》的解读[J]. 旅游论坛，2010（5）.

也表明：刚性收入大于弹性收入。我国的国际旅游产业结构还处于较低层级的旅游管理运营中，旅游产业亟需进行一系列的改革调整，促进我国旅游产业结构的优化升级。

（三）旅游产业与其他产业的关联性

根据灰色关联度分析方法对旅游产业与相关产业之间的关联度进行计算，得出旅游产业与相关产业之间的关联度结果，见表14-2所示。

表14-2 旅游产业与相关产业之间关联度结果分析表

产业 关联度	农业	工业	建筑业	邮电业
关联系数	0.73	0.55	0.79	0.67

灰色关联度理论认为：在进行关联度分析时，关联度的大小反映了因子的重要性。关联度越大，表明因子在其中的作用越大，也就是与旅游产业的相关性越大，融合性越强。基于此，从表14-2中我们可以发现，建筑业、农业与邮电业的关联度较大，旅游地产以及乡村旅游的迅猛发展便是最好的证明。按照产业关联度理论，R值低于0.6，说明此产业与旅游业之间的关联性较低。工业与旅游产业的关联度较低，仅为0.55，这充分显示出我国工业与旅游业的产业融合度较低，工业旅游发展滞后。表14-2的数据显示，我国旅游产业与其他产业之间的产业融合程度还处于初级层次，还需以此为基础进一步加快推进旅游业与相关产业之间的产业融合化发展，大力发展旅游复合经济，打造城市旅游综合体。

二、旅游景区门票管理的产业经济发展模式

从产业融合的角度来说，旅游景区门票管理的产业经济发展模式，就是通过旅游产业内部要素的纵向融合，不断促进旅游产业链的纵向延长，最终实现旅游产业的价值增值的一种经济管理发展模式。在旅游产业经济发展模式下，旅游景区（点）作为核心产业要素，通过其对旅游客流的吸引，带动景区（点）乃至整个目的地区域其他产业要素如住宿、餐饮、娱乐、购物以及交通等的发展，形成完整的旅游产业链条和完善的旅游产品体系，最终实现旅游产业的价值增值（如图14-1）。

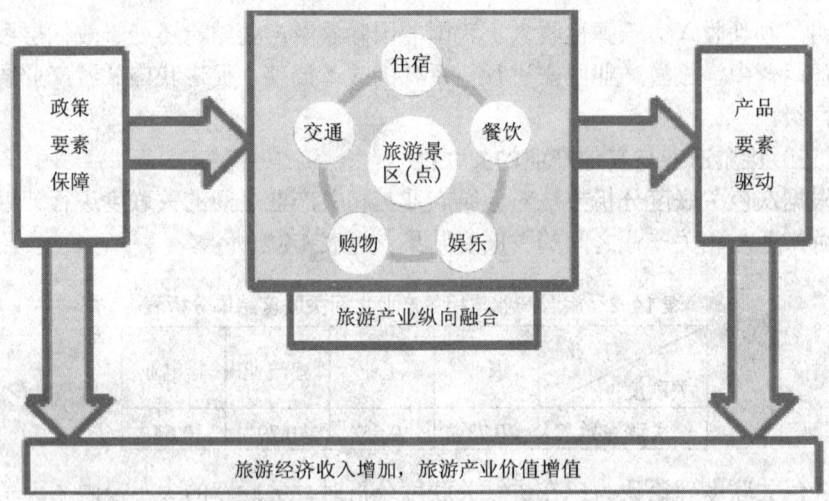

图 14-1 旅游产业经济发展模式示意图

(一)旅游产业经济发展模式的特征

1. 旅游产业链条延伸发展。

旅游产业链主要包括旅游资源的规划开发、旅游产品的设计生产、旅游产品的营销推广以及旅游产品的消费四个环节。其中资源的规划开发包括旅游景区（点）、地区城镇环境和基础设施建设等，是旅游产业链中非常重要的一环，是旅游产品生产、销售等环节的基础。旅游产品的生产环节包括了食、住、行、游、购、娱六大旅游产业要素，从产品组合的角度来说它们之间是并列的关系，可根据旅游消费者进行适当的组合。旅游产品的营销推广直接连接着旅游消费者和相关旅游企业，根据游客的市场需求优化设计旅游产品并销售给旅游消费者，最终被旅游者消费。通过这一系列的过程，旅游产业链最终实现了资源开发——产品生产——产品销售——产品消费的过渡，从单一游览到食、住、行、游、购、娱全环节、全要素的延伸发展。

2. 旅游产业结构优化升级。

旅游产业的升级是指旅游产业从低层次向更高层次的转变过程，主要包括旅游产出总量的增加和旅游产业结构高度化。旅游产业结构高度化，是指旅游产业结构在合理化的基础上，充分利用科技进步和社会分工的优势，使旅游产业结构不断向资源深加工、产出高附加值的方向发展，从而不断提高旅游生产要素的综合利用率，不断提高旅游经济效益[①]。在旅游产业经济发展模式的带动下，旅游产业纵向融合机制不断成熟，旅游产业链不断延伸，旅游产业的行业结构、地区

---

① 王慧敏. 旅游产业的新发展观：5C 模式[J]. 中国工业经济, 2007 (6).

结构以及所有制结构、组织结构等日趋合理，在产业价值链的基础上各种驱动因素交互作用，促使旅游产业结构不断更新并向着更高层级发展。

3. 旅游产品体系丰富完善。

在门票经济发展模式下，旅游产品体系主要以观光旅游产品为主，旅游产品形式比较单一。随着旅游产业日趋成熟以及旅游产业经济加快发展，旅游产品逐渐由传统观光为主导向以休闲度假为主导，商务会议、科考探险、修学教育、康体养生等旅游产品形式综合发展，旅游产品体系不断完善。随着旅游产业内部各要素的不断完善和综合性开发，旅游消费者的市场需求也日益多元化，这必然要求旅游经营管理者逐渐摆脱单一的观光旅游产品形式，不断开发和设计多样化、个性化的旅游产品。旅游产品综合性的开发，又反过来带动了旅游产业要素吃、住、行、游、购、娱的不断完善，形成一个良性的旅游产业经济循环体系。

（二）旅游产业经济发展模式的驱动因素

1. 旅游产业要素驱动。

旅游产业的纵向融合其最核心也是最关键的驱动机制，就是旅游产业内部六要素之间的相互配合、相互协调。这六大要素也是旅游产业经济发展模式最重要的推动因素。随着旅游景区（点）品牌知名度的提高，吸引了大量旅游客流，相应的景区（点）周边的住宿、餐饮、娱乐以及交通等配套基础设施和服务设施也会应市场需求不断完善。旅游产业内部各要素的综合发展，必将推动旅游目的地的住宿行业、餐饮行业、娱乐行业以及交通运输行业的快速发展。旅游产业内部各要素的融合发展，推动了旅游产业链条的延伸拓展和旅游产品的推陈出新，最终实现旅游产业各要素的价值增值。旅游产业经济发展模式的终极目标即是旅游产业内部各要素的融合协调发展和价值增值，从而实现地区旅游产业结构、旅游经济结构的优化升级。

2. 旅游市场需求驱动。

旅游市场需求的多样化，必然要求旅游景区（点）设计生产能够满足消费者需求的多样化的旅游产品。多样化、个性化旅游产品的生产，一方面要求旅游景区（点）的旅游服务设施和旅游配套设施的健全完善；另一方面也要求旅游经营管理者充分挖掘旅游产业要素的娱乐、购物等弹性比较大的因素，不断深入挖掘，以增强旅游者的参与性、体验性，更好地满足旅游者的消费需求。旅游全要素的参与，旅游产品体系的丰富，在一定程度上优化了旅游产业结构，促进了旅游产业经济发展模式的成熟发展。

3. 旅游政策因素驱动。

2009年11月出台的《国务院关于加快发展旅游业的意见》以及国务院办公厅印发的《贯彻落实国务院关于加快发展旅游业意见重点工作分工方案》中都明

确提出要加快转变旅游产业发展方式，调整优化旅游产业结构，促进旅游产业经济的快速发展。另外，《国民旅游休闲纲要》制定以及带薪休假制度的明细出台，都将对旅游产业的发展带来长期利好的信息。随着国务院关于加快发展旅游业意见相关政策的不断落实，全国大多数地方政府以及相关的管理机构都给予了旅游业前所未有的关注，对传统旅游景区（点）从门票经济向产业经济的转型给予了更多政策性的支持。旅游产业内部各要素也将在优良的政策环境和资金支持下加快实现纵向的有机融合。这将进一步加快旅游产业经济转型升级的步伐，促进我国旅游产业结构不断优化升级，最终实现门票经济向产业经济的成功转型。

（三）旅游产业经济发展模式的增值路径

1. 要素增值：发挥门票价格杠杆作用，提高旅游弹性收入。

在旅游产业经济发展模式下，旅游景区（点）摆脱了过去对"门票经济"的过度依赖，可以充分发挥门票的杠杆作用，实行门票的价格浮动制度，通过降低门票或者免门票以吸引更多的旅游客流。因为旅游产业经济是一个连锁的效应链条，对旅游产业内部六大要素具有巨大的辐射、带动作用。由于旅游产业要素体系中，娱乐、购物以及餐饮等产业要素的弹性系数比较大，因此旅游景区门票的降低可以相应地带动这些产业要素的综合发展，通过旅游产业要素的集聚，形成大型的旅游企业集团和品牌商。在综合考虑各相关主体利益的基础上，景区通过"低门票"或者"免门票"以达到吸引客流，带动娱乐、餐饮以及购物等产业要素的发展，以实现综合经济效益。

2. 产品增值：深入挖掘旅游资源，丰富旅游产品体系。

产品开发作为旅游产业价值链的重要环节，其设计开发主要依托旅游资源的深入挖掘以及旅游吸引力的打造。随着旅游市场需求的多样化，旅游目的地应对现有观光类旅游资源进行提档升级，在原有旅游产品的基础上不断开发创新，形成主题性的观光系列旅游产品。在旅游产业经济模式下，目的地在整合资源的基础上，以市场需求为导向，从现在的以观光型产品为主导的产品体系，逐步转变为以观光旅游为基础、以休闲度假旅游为主导，集观光游览、休闲度假、商务会议、修学教育、康体养生、科考探险等于一体的综合性旅游产品体系。通过旅游产品体系的丰富完善，逐步满足旅游市场的多样化需求，最终实现旅游经济收入的增加和旅游产业的价值增值。

3. 管理增值：转变景区的经营管理模式，完善旅游体制机制。

在门票经济的发展模式下，旅游景区（点）的所有权经营权比较混乱，经常出现政出多门、多头管理等现象。在旅游产业经济发展模式下，要想充分发挥旅游产业要素的综合经济效益，有必要设立经营权管理权比较集中的管理体制、机制，以更好地协调各利益相关主体。如秦皇岛为全力发展旅游业，专门成立了由副市长牵头的旅游发展委员会，统筹协调旅游局、环保局、林业局、建设局等各个部门，以保证旅游政策实施的统一性。在类似旅游发展委员会这样一个统一的行政机构的监督管理下，建立良好的利益分配机制和相关保障机制，以促使旅游景区管理更加科学化。

三、旅游景区门票管理的复合经济发展模式

（一）旅游复合经济发展模式的概念

在经济全球化趋势和新技术不断发展的背景下，旅游产业所依赖的基础的广泛性使得旅游产业与其他产业之间的边界越来越模糊，以服务为核心的旅游产业集群与其他产业之间的融合化趋势也不断加强。旅游业的不断发展需要这些相关产业的支撑和彼此间的协调配合，同时旅游产业又具有较强的关联性，能够带动一、二、三产业的进一步发展。产业之间的横向融合能够使旅游产业与相关产业间形成有效的互动优化组合，使整个大的产业系统功能在共生中得到不断强化。

从产业融合的角度来说，旅游复合经济发展模式就是指通过旅游产业与一、二、三产业的横向融合发展，不断促进旅游新业态的产生发展，打造新的复合产业集群，创造新的旅游产品形式，实现旅游产业的价值增值的一种经济发展模式（如图 14-2）。相对旅游产业经济、旅游景区门票经济而言，旅游复合经济是一种更高层级的旅游经济发展模式。旅游复合经济作为旅游产业发展新的模式，可以将旅游产业的各大构成要素融合到相关产业体系中，赋予该产业体系以旅游的功能，从而带动相关产业综合发展，彼此间形成共生共赢的效应；也可以以旅游要素集成为中心，通过在不同的产业寻找相适应相匹配的产业元素，经过一系列的优化组合形成符合市场需求的旅游产品，从而实现旅游产业结构的动态优化。

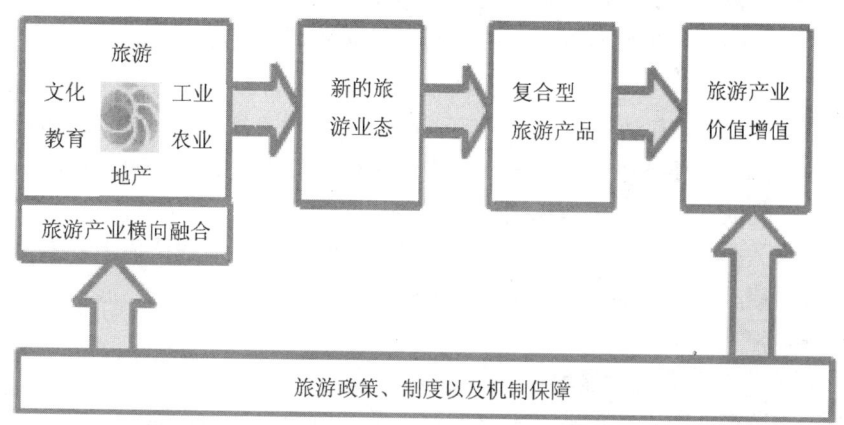

图 14-2　旅游复合经济发展模式示意图

（二）旅游复合经济发展模式的特征

1. 新型旅游业态不断涌现。

旅游产业的横向融合本质上是一种创新，在产业融合的发展过程中产生了大量新的旅游业态。旅游新业态的不断涌现是旅游复合经济的主要表现特征。在旅游市场需求持续扩张和科学技术不断进步的背景下，产业之间的横向融合速度加快，这促使了旅游产业与其他产业的融合化发展，并相互依存形成"多业共生、混业发展"的模式，产生了很多新型旅游复合型业态。

旅游和地产相结合形成旅游地产，是旅游新业态最突出的代表。旅游地产主要包括景观地产、产权酒店、第二居所、度假地产、旅游综合体等。西安的曲江集团、杭州宋城集团就是旅游综合体建设发展最成功的范例。在传统业态发展的基础上经过旅游产业与相关产业之间的横向有机融合，大量新型旅游业态不断涌现，成为旅游复合经济发展的重要推动力。

2. 新型组织结构不断演进。

旅游新业态的涌现以及产业功能的复合化，推动了旅游产业组织结构的不断演进，旅游产业的集团化趋势不断发展。随着信息技术对旅游产业营销领域的不断渗透，基于信息技术的旅游战略管理、旅游预订购买以及旅游电子商务等对旅游企业发挥着更加重要的作用。这些新型的产业组织借助信息技术的发展逐步壮大起来，如携程、艺龙、芒果等，它们依靠强大的网络销售预订渠道和信息整合能力，动摇着传统的旅游商业模式（如旅行社等）的市场地位。另外，由于我国旅游经济发展所处的大众旅游历史阶段，具有基数大、消费低等特点，新的酒店产业组织形式也应运而生，如汉庭、如家、7天、格林豪泰等经济型酒店，凭借舒适的服务环境和较低的价格得以迅速发展。

目前国内旅游集团化的发展，资本已经成为核心驱动因素，在此基础上对旅游相关产业资源进行重组整合，已经成为旅游产业组织结构演化的重要推动力。浙江横店影视城有限公司专业从事影视旅游经营，其下设影视拍摄基地、旅游景区、宾馆饭店、旅游营销策划等21家子公司。以资本为核心驱动因素，融合发展旅游产业内部六大要素以及其他产业，横店影视城着力配套高档酒店宾馆、主题游乐园、文化演艺中心、康体休闲中心等各种服务设施，目前横店影视城已经成为首批国家AAAA级旅游景区。另外，传统的旅行社组织功能也借力资本要素而不断升级，逐渐由单一的组织游览过渡到集会议组织、游览组织、旅游咨询、旅游管理等多种功能于一身。

3. 新型产业功能逐渐显现。

随着旅游产业与文化产业、医疗产业以及其他产业的相互融合，旅游产业的医疗保健、文化教育、环境保护、商务会议等功能不断凸显。旅游业和文化创意产业的融合发展形成新的旅游业态——文化演艺,其中大型实景演出活动通过现代时尚、现代科技手段对传统民俗文化的包装策划,不仅具有传统意义上的旅游功能,也具有文化传承、文化教育等功能。一些旅游景区兼具旅游和影视拍摄双重功能,如无锡影视基地除了进行常规的影视拍摄以外,还组织游客参观游览影视剧组的拍摄、定期组织明星与歌迷见面会,让游客零距离接触明星。观看明星拍摄、邀请明星合影,已经成为游览影视基地的重要特色内容。另外,旅游业和商务会议的融合发展形成如商务旅游、会议度假等新的产业形态,这种新的业态兼具旅游与商务会议的功能。在旅游复合经济发展模式下,伴随旅游新业态的发展,新型的产业功能逐渐显现,旅游产业的功能也逐渐走向多元化和复合化。

4. 新型产业集群逐步出现。

通过旅游产业的横向融合,旅游产业被赋予新的功能,形成新的旅游业态和旅游企业组织结构,以此为基础形成新的融合型的产业体系和产业集群,这一点在文化产业与旅游产业的融合方面表现的尤其明显。文化产业与旅游产业都是一个边缘性特别强的产业,相互之间没有明显的产业界限,两者相互依存、相互促进。依托旅游、会展、文化以及信息技术等产业所形成的文化创意产业集群,便是产业融合发展形成的新型产业集群。文化创意产业集群内部各层次各产业之间相互渗透,如旅游业与新闻出版业、设计服务业相互融合,形成新的旅游咨询策划、旅游新闻出版等行业。新的产业集群的出现,可以充分发挥产业集群的规模经济、范围经济等优势,形成真正的区域产业竞争力。

(三) 旅游复合经济发展模式的驱动因素

1. 旅游产业供给因素。

随着我国旅游经济的快速发展,旅游资源已经不再是传统意义上的概念,其内涵和外延逐渐拓展。凡是能根植于一定的地域空间,直接激发旅游者的旅游动机产生旅游活动,并能为旅游业所利用产生一定的经济、社会以及生态环境效益的任何客观存在的吸引性因素,都可作为旅游资源。这一表述强调了旅游资源是一种具有"直接"与"双向"功能,非物质局限、非时空局限的市场指向性、类别开放性资源。作为旅游产品的重要组成部分,旅游资源吸引力决定了旅游市场的规模、旅游需求的层次以及旅游经济收入的高低等。因此,对新的旅游资源的整合是旅游景区门票经济、旅游产业经济向旅游复合经济转型的首要因素。以综合性、开放性的旅游资源为基础,旅游产业与农业、工业以及其他产业相互融合,形成农业旅游、工业旅游、商务旅游以及文化旅游等更加多元化的旅游产品形态,以更好地满足旅游市场需求。旅游资源的整合、旅游信息技术的应用、旅游企业的参与以及旅游产业与一、二、三产业的融合,极大地推动了旅游复合经济的发展。

2. 旅游市场需求因素。

对于旅游经济的发展而言，旅游者的需求规模与特征始终是旅游产业转型升级的主要影响因素。伴随我国经济的快速发展，国内居民的可自由支配收入、可自由支配时间日益增多，对于旅游的消费需求更加多样化、更加个性化，从以往单纯的休闲度假向集休闲度假、商务会议、康体娱乐等多层次的组合转变。消费需求的组合化，推动了旅游市场的不断扩大，旅游企业的不断创新，旅游产品的不断丰富，旅游服务质量的不断提升。这一系列旅游消费需求的重大变化，必然要求旅游产业加快与其他产业的相互融合，从而不断推陈出新，生产多样性、复合型的旅游产品，以满足旅游消费者的综合性需求。

（四）旅游复合经济发展模式的增值路径

1. 价值链增值：延伸复合产业价值链，实现旅游产业价值增值。

旅游产业与工业、农业、建筑业以及文化产业等具有较强的关联性，其发展一方面依赖于这些产业，同时又会促进相关产业的发展。在旅游复合经济发展模式下，旅游产业通过与其他产业的横向融合发展，不断延伸复合产业价值链，创新旅游发展业态，构建新的旅游产业体系，形成新的旅游产品，从而实现旅游产业的价值增值。旅游业与农业融合发展形成新的旅游业态，如农业旅游、田园度假、主题乡村小镇等；旅游业与工业相互渗透形成新的旅游业态，如工业旅游；旅游业与文化产业相互交叉融合发展形成的旅游业态，如文化旅游、教育旅游等。目前最突出的代表就是旅游与地产、旅游与文化产业的融合发展所形成的旅游地产和旅游演艺两种新的旅游产业形态。旅游业通过与地产业的融合发展，不断延伸自己的产业价值链，大力发展度假地产、第二居所、景观地产等。这种全部或者部分为旅游而开发的房地产建设项目，其本身就是一种集投资与消费双重功能于一体的综合性物业。与传统的房地产项目不同，旅游地产可通过分时度假系统、租赁换房等各种形式实现保值增值，如杭州乐园、西湖高尔夫别墅项目等。旅游地产是旅游产业与其他产业融合发展而产生的一个重要的产业增值路径。除此之外，旅游产业与其他产业的积极融合发展，也将催生出一系列新的产业增值空间。

2. 旅游品牌增值：打造旅游目的地品牌，实现旅游品牌经济效益。

由于旅游产业的产业带动以及波及效应，在国家旅游产业政策的支持下，各地区纷纷加快促进旅游产业的融合发展，以此带动地区国民经济的发展和城市转型升级。旅游目的地之间的竞争更加激烈，因此在旅游复合经济发展模式下，必须加快旅游目的地品牌的打造，以增强地区旅游经济的核心竞争力。在旅游复合经济发展模式下，旅游目的地在某种意义上是一种城市经济发展综合体。旅游目的地品牌则是地区的综合经济实力的象征，是地区经济发展的无形资产。高品质的旅游目的地品牌，是一个地区城市投资环境、生活品质以及各方面的综合性体现,不但可以带动地区旅游经济的发展,而且可以吸引更多的投融资,带动第一、二、三产业的综合发展。比如成都可借助打造世界田园城市以及"一座来了就不想走的城市"城市品牌吸引力,大力发展文化产业、现代农业、商贸服务以及建筑地产等,以城市品牌效应带动成都地区综合经济的发展。

四、旅游景区门票管理的三种经济发展模式比较

(一)旅游经济所处发展阶段不同

一个地区或国家旅游经济发展模式与其所处的旅游发展阶段有着密切的关系。当一个地区处于旅游经济发展的初期阶段时,由于资金以及政策方面的限制,在旅游服务设施以及其他配套设施方面的投入不足,门票收入自然而然成为一个景区(点)旅游经济收入的主要来源,由此产生了以门票作为主要经营和盈利方式的旅游经济发展模式——门票经济;随着地区旅游经济的发展,地区对旅游业的发展给予了更多财政以及政策支持,旅游经济逐步摆脱门票经济的束缚,大力发展旅游产业内部要素的住宿、餐饮、娱乐以及购物等弹性系数比较大的行业,以此不断延伸旅游产业链,促进旅游产业经济的发展;当一个地区旅游产业经济发展到成熟的阶段,在信息技术、资本以及市场需求等因素的驱动下,旅游产业加快了与一、二、三产业的产业横向融合步伐,新的旅游业态、旅游产品不断涌现,旅游产业的功能不断拓展,旅游产业体系结构不断升级优化,促进了旅游复合经济的发展(如图14-3)。

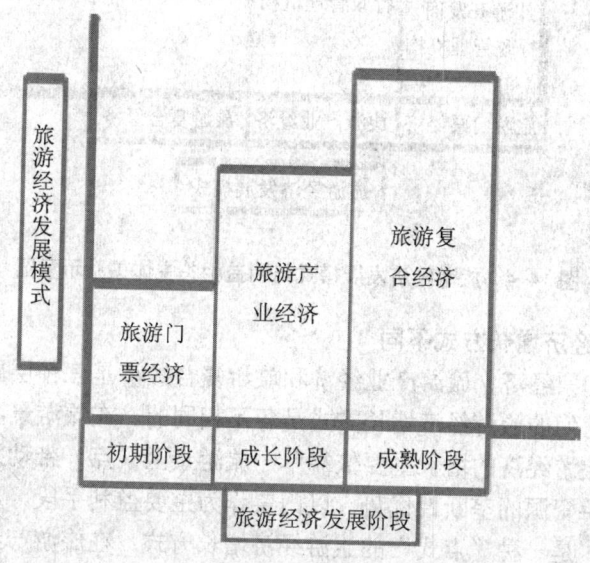

图14-3 旅游经济发展阶段与发展模式对应关系示意图

（二）利益相关者主体不同

地区旅游经济发展模式的选择与经济发展阶段有着紧密的联系，而在不同的经济发展阶段，旅游经济所涉及的利益相关主体业也是各不相同的。在旅游景区门票经济的发展模式下，旅游景区（点）的经营者以及相关管理机构因为拥有旅游资源的所有权和经营权，所以他们是主要的利益相关者；而在旅游产业经济的发展模式下，旅游消费者与旅游经营者的经济博弈，部分旅游景区（点）低水平重复性的开发，破坏了旅游环境，影响了旅游经济的可持续发展，政府的宏观协调作用日益凸显；在旅游复合经济发展模式下，旅游经济的波及效应已渗透到地区国民经济以及社会发展的各个方面。社区居民在地区旅游经济发展中起到越来越重要的作用，社区居民对旅游业发展的态度和行为直接会影响到旅游者、旅游企业以及政府在旅游经济发展方面的决策（如图14-4）。

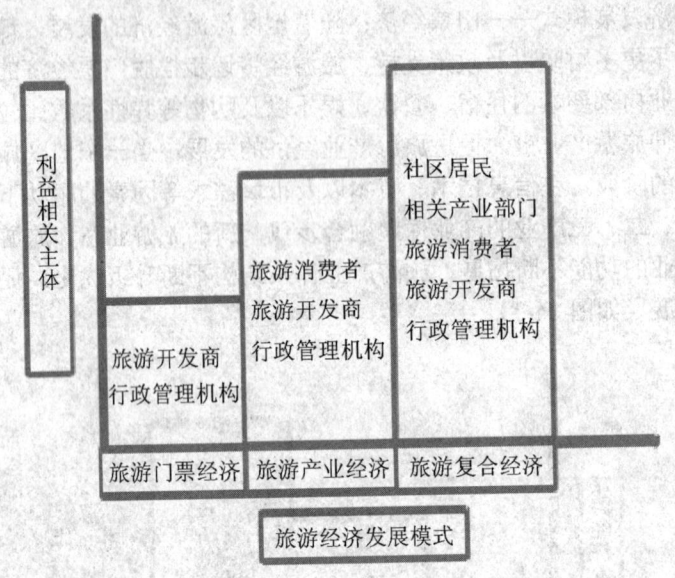

图 14-4　旅游经济发展模式与利益相关主体关系示意图

（三）旅游经济增长方式不同

旅游景区门票经济、旅游产业经济和旅游复合经济是三种层层递进的旅游经济发展模式，它们的旅游经济增长方式是各不相同的。在旅游景区门票经济发展模式下，地区旅游经济的增长主要依靠单一旅游景区（点）带动发展，旅游景区（点）凭借旅游资源的垄断性优势，以门票作为主要盈利手段，直接带动地区旅游经济的发展，是一种"点式"的旅游经济增长方式；在旅游产业经济发展模式下，旅游产业内部要素之间的纵向融合，促使旅游产业链条不断延伸，旅游产业要素之间形成良性的竞争与合作关系，借助产业要素的优化协调，为地区旅游经济创造出产业内部融合的经济价值，是一种"链式"的旅游经济增长方式；在旅游复合经济发展模式下，旅游产业与一、二、三产业的横向有机融合，促进了旅游产业新业态的产生以及旅游产业结构的优化调整，带动了地区综合经济的发展，是一种"网络式"的旅游经济增长方式（如图14-5）

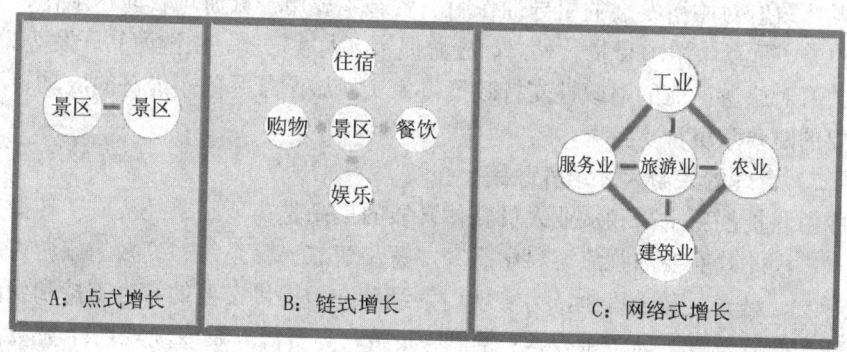

图14-5 三种不同的旅游经济增长方式

第四节 旅游景区门票管理政策、制度和体制的完善

从根本上说，政府以及相关行政管理机构对旅游景区门票经济转型升级的主要作用机制，是通过政府制定的相关政策以及管理制度影响地区旅游产业发展的环境来促进门票经济转型升级的。政府一方面通过改善交通、环境等旅游基础设施来辅助地区门票经济的转型；另一方面，通过制定旅游产业发展的政策、规划以及相关法规等宏观调控措施，为门票经济的转型创造良好的市场环境、政策环境以及资金环境、技术环境等。

一、制定合理的旅游景区门票管理政策以促进门票经济成功转型

（一）积极的旅游财政支持政策

门票经济发展模式的出现，很大程度上是因为景区在政府行政管理机构的直接管辖下，旅游经济收入比较单一，对旅游基础设施建设以及景区旅游资源的保护投入的资金较少，同时这也是门票经济向产业经济转型面临的第一大难题。财政支持作为一种政府宏观调控的手段，其主要的作用领域在于基础设施、公共服务设施以及景区资源的保护等方面。为积极促进地区旅游景区门票经济的成功转

型，应深入研究财政支持旅游产业发展的政策措施，调整和完善财政资金的扶持方式，加大对旅游景区（点）公共服务设施、旅游基础设施的财政投入力度；安排旅游发展专项资金，加强对旅游新业态以及创新型旅游项目建设的资金和政策支持；改革财政支持方式，将财政扶持资金与旅游企业业绩、旅游项目建设实绩以及旅游景区的达标升级相挂钩，实行"以奖代补"支持旅游产业的改革发展；继续发挥政府对旅游发展的引导性作用，资金主要用于旅游项目前期工作、项目规划包装、重点旅游项目贷款贴息、旅游促销、人才培养、旅游商品开发等方面；地方政府对旅游产业的财政性支持政策将为实现旅游景区门票经济的成功转型提供必要的财政和资金支持。

（二）合理的旅游人才培养政策

旅游科技创新水平和从业人员整体素质的提高是实现门票经济成功转型的重要因素。因此政府要加强旅游科学研究，逐步建立一套系统、高效的旅游人才引进、开发、培养、激励机制，为实现门票经济转型提供必要的智力支持和保障。逐步加大旅游教育培训资金投入；编制《旅游人力资源开发专项规划》，建立旅游教育培训和人力资源宏观协调机制；加快多层次旅游培训体系的建设，充分调动旅游行政管理部门、旅游培训中心、旅游院校、旅游行业协会和旅游企业等多方面参与人才培养与开发的积极性、主动性、创造性，使旅游人才培养在数量、质量和结构上能满足旅游强市目标的要求；强化对旅游重点人才的培养，着力抓好旅游业发展需要的、通晓国际旅游事务和经营管理的行政管理、职业经理、市场营销、旅游开发、特种服务等专业人才的培养；强化旅游从业人员资格认证制度。

二、建立完善的旅游景区门票管理制度以促进门票经济成功转型

（一）科学的门票价格管理制度

门票经济成功转型的关键在于摆脱对"门票收入"的过度依赖，为此相关政府管理部门应综合考虑旅游景区的资源价值，通过定性和定量的分析，确定不同类别、不同等级的旅游景区的政府指导价格，同时鼓励博物馆、纪念馆以及城市公园等在条件成熟的情况下实施免门票。经营各景区的旅游企业可根据政府制定的指导价格，在充分考虑地区经济发展水平、旅游投资成本、景区淡旺季情况以及市场供求状况等因素的基础上，最终确定旅游景区的门票市场价格，同时借鉴国外经验实施灵活的门票价格调控策略。此外，在门票价格制定的时候，应充分考虑到社区居民、游客以及旅游企业、政府等多方面的利益，因地制宜完善旅游景区门票价格管理听证制度，同时借鉴国际惯例和其他行业惯例及时向旅行企业、社会公众通报相关信息，把旅游景区门票价格列入社会公共信息服务范围。旅游景区门票价格的调整要及时通过网络、电视、广播等多种传播媒体向社会公布，

以利于接受社会公众的监督管理。

（二）完善的旅游法律法规制度

完善的旅游法律法规是实现门票经济成功转型重要的制度保障。为实现地区旅游经济的转型升级，旅游景区要认真贯彻落实国家和省市有关法律法规，加快完善《旅游管理条例》、《诚信旅游条例实施细则》、《旅游从业人员管理办法》、《旅游设施的服务等级标准》；建立由各部门相互协调配合的旅游联合执法机制，加大旅游联合执法力度，严厉打击侵犯游客利益的违法行为，表彰和奖励合法经营，保障游客和旅游经营者的合法权益和人身安全，树立规范、安全、健康旅游目的地的良好形象。加强旅游行风建设。转变行业作风，进一步提高旅游行政部门办事效率和为企业服务的意识和水平，提高游客对旅游服务质量的满意度和公众对旅游发展环境的满意度。强化旅游诚信质量监理公司的作用，落实《旅行社条例》，进一步强化旅行社、星级饭店和导游人员的管理，建立旅游经营企业和人员的退出机制，深化创建"文明示范窗口"活动，大力开展"满意在旅游"活动和"优化管理、优质服务、优良秩序、优美环境、做群众满意的旅游工作者"活动，展现旅游企业的新面貌、新形象，倡导旅游行业新风尚，增强旅游的亲和力。

三、规范旅游景区门票管理体制以促进门票经济成功转型

（一）先进的旅游景区管理体制

目前国内很多景区依然存在着"政出多门，多头管理"的混乱现象，因此要从根本上转变现有的管理体制，就必须统筹协调各相关部门成立旅游产业发展委员会或旅游管理委员会，工作重点集中在旅游宏观调控、综合协调、宣传促销、市场监管、监督检查、营造环境等方面；成立旅游项目评议委员会，对项目的筹划、立项、可行性等给予充分的论证，在资金筹措和运营过程中实行宏观控制；最终形成行为规范、运转协调、公正透明、廉洁高效的旅游管理新体制。权责明确、管理科学、形成合力。在加快发展旅游业的总体目标和"政府主导、企业跟进、社会参与、市场运作"的体制格局下，各有关部门和各相关行业明确任务，密切配合，建立行业表彰制度和部门问责制度，把支持旅游发展落到实处。国家发改委、财政、金融等部门要重视和增加旅游投入；交通部门要努力改善交通条件，尤其是区内旅游公路等级升级，增加旅游客运能力，保证旅游交通线路畅通；建设、国土、文化等部门要积极支持旅游（景点）开发；企业、商务局等部门要大力开发旅游购物品，扩大商品生产和销售。

（二）创新的旅游投融资体制

旅游开发建设资金不足已成为制约旅游景区加快旅游景区门票经济转型升级的重大阻碍，但由于多种原因，旅游开发建设资金不可能单独依赖财政资金投入，

因此必须采取多渠道方式，借助市场和社会力量加快旅游融资步伐。在这方面可以借鉴昆明市政府的投融资模式，组建多家地方政府旅游投融资平台，建立起"投、建、管"相分离、"借、用、还"一体化的投融资体制，形成决策科学、执行流畅、监督有效的运行机制；建立效益驱动、投向明确、产权清晰、政策配套的产业投资机制，采用项目特许权、运营权、旅游景区门票质押担保和收费权融资等方式，鼓励各类社会资本通过独资、参股、合作、兼并等形式投资旅游项目，推进旅游企业资本结构调整和机制创新，扩大旅游融资规模，加快推进旅游企业集团化建设步伐；鼓励采取 BOT、TOT 等融资方式，加快旅游基础设施和配套设施的建设步伐。旅游投融资体制的创新发展，将为实现门票经济转型提供重要的资金支持。

第五节　国内外经典案例

案例1：免费门票的杭州西湖风景名胜区

近年来，在国内众多旅游景区特别是世界自然和文化遗产景区门票不断涨价的浪潮中，杭州西湖风景名胜区是全国唯一一个不收门票的国家 5A 级旅游景区和国家级风景名胜区。西湖景区的"免门票"始于 2002 年西湖的综合保护工程，待环湖南线景区的整合工程完成以后，杭州市政府决定对南线景区、孤山以及俞园纪念馆实行免费开放。这是杭州旅游景区（点）自实行门票收费制度以来，第一次实行"免门票"，也是西湖从"旅游景区门票经济"向"旅游产业经济"转型升级的开始[①]。紧接着 2003 年国庆节前夕，杭州市政府宣布花港观鱼、曲院风荷等著名的环湖公园以及其他新建复建的旅游景区全部 24 小时免费迎接游客；2004年西湖景区又新添 13 处免费新景点，至此，杭州西湖风景名胜区免费开放的景区总面积已有 2000 多公顷。

杭州西湖风景名胜区自实行"免门票"以来，虽然每年门票收入损失 2530万左右，但免门票带动了旅游产业内部住宿、餐饮、购物、娱乐以及交通等其他产业要素的迅速发展。"免费西湖"在一定程度上降低了游客的旅游消费成本，游客在景区停留的时间延长，整体带动了景区餐饮、住宿、购物以及娱乐等相关行业的发展，同时为景区创造了大量的旅游就业岗位和旅游经济效益，促进了旅游景区的可持续发展。另据相关资料显示，西湖风景名胜区每年的商业收入以 4000

---

① 崔凤军. 摆脱"门票经济"杭州全面"盘活"[N]. 中国旅游报，2005.

万左右的幅度递增，更为重要的是这一增长幅度远远超过了游客接待人次的增长幅度。这充分说明，西湖风景名胜区游客的旅游消费结构逐渐由以往的门票、交通费用为主转向以住宿、餐饮、购物以及娱乐为主，旅游经济收入也由单一依靠门票收入转向以综合性收入为主导。杭州西湖风景名胜区实现了由旅游景区门票经济向旅游产业经济的成功转型。

"免费西湖"不仅带动了旅游产业内部要素的发展，而且还实现了从门票经济向产业经济的成功转型。在此基础上，借助旅游产业与一、二、三产业的融合化发展，涌现了大量新的旅游业态，如旅游地产、《印象西湖》大型实景演出、宋城影视拍摄基地等。杭州市西湖区以西湖风景名胜区为引爆点，通过旅游产业与相关产业的有机融合，有效带动了会展业、文化产业、现代农业（茶等）等其他产业的发展，区域产业结构不断优化，形成了由核心产业、延伸产业以及外围产业组成的"同心圆式"的新的旅游产业体系，打造了一个以旅游产业为核心的旅游产业集群，实现了产业间的良性融合发展，正逐步实现从门票经济、产业经济向旅游复合经济的转型升级。旅游经济发展模式的转型升级，促进了杭州地区旅游新业态的产生以及地区产业结构的优化升级，增强了城市的总体经济实力和城市品牌竞争力。杭州市连续多年获得《福布斯》中国最佳商业城市、中国顾客十大满意风景名胜区、全国首批 5A 级旅游景区等称号，"居住在杭州，创业在杭州"已经成为杭州重要的城市品牌。

案例 2：国外发达国家的景区门票管理

（一）美国

1. 管理体制。

自 1872 年创办的黄石国家公园至今的 100 多年里，美国颁布了一系列关于国家公园的法律、法规、指导原则、公约、执行命令，逐步形成了一整套源于这些法律法规的国家公园管理体系和运行机制。①实行统一的垂直管理体系。包括国家公园在内的国家公园系统均由国家公园管理局负责，该局隶属内政部，下设十个地方局，分片管理各地的国家公园，各国家公园均设有公园管理局，具体负责本公园事务。国家管理局、地方管理局、基层管理局三级管理机构垂直领导，与所在地政府没有业务关系；②严格规划管理、土地管理、自然资源管理、文化资源管理。国家公园管理局下设丹佛规划中心，负责全国国家公园规划与设计，各地区管理局设有规划设计室，基层管理局有规划设计小组。国家公园的规划设计必须向社会和国家公告，这样的规划设计，具有可操作性，也更能获得公众支持，有利于其顺利实施。对各公园领域内的土地实行严格保护，对非联邦土地，公园管理局规定足以支付公园保护的最低利息，实施成本保护法。对公园系统的自然资源管理、文化资源管理等，均由国家公园统一负责；③管理和经营分离，国家公园为非营利公益事业，经费主要靠政府拨款，部分靠私人或财团捐赠，门票收入不用于公园的日常开支和管理人员工资，只用于环境保护建设及环保宣传教育支出。一旦被确定为国家公园，原有居民全部迁出，公园内不存在居民职工就业问题，其管理机构不承担社区的职能，公园内的住宿、餐饮、娱乐等商业设施严格按照规划建设，并通过特许商业经营处批准，由特许承租人经营，在财务上与国家管理机构无关。

2. 价格机制。

在美国，分布在全国各地的国家公园和 20 处世界遗产景点有的收费，有的免费。美国的城市都有一些免费公园，小到街心公园，大到纽约市著名的中央公园，都没有围墙，不收门票。在首都华盛顿，数不胜数的博物馆几乎都是免费的。像大峡谷和黄石公园等世界自然遗产公园的门票每张 10 美元（与美国百姓的平均月收入几千美元相比，其门票是比较便宜的），16 岁以下未成年人免费。像费城的独立厅和纽约的自由女神像等文化遗产公园不收门票。在自然公园里的娱乐性活动如露营等另外收费，不过立法规定要将收费项目的数量保持在"最低限度"，不允许重复收费。

①美国国家公园管理局根据立法确立的原则来制定门票定价指南。现行的定价指南是根据国会 1900 年立法制定的，规定所有国家公园门票最高不能超过 20 美元，年卡费用最高为 50 美元。②各公园每年都可以向国家公园管理局申请对门票价格进行微调，但立法对门票调整有严格的规定，需要出具足够的理由，最主要的理由是物价上涨。并且新价格确定后必须在公布一年后才能正式生效。一般不通过提高门票价格的方式来限制人数，主要通过限制门票数量、规定参观时间段等调节手段措施来限制游客数量，如：自由女神像、独立厅、华盛顿纪念碑就是采用这些方法。③门票收入的流向。按照立法规定，各公园的门票与娱乐项目收费 80% 可以留在公园，用于支付公园的维护和管理开支，其余 20% 上交国家公园管理局统一支配，用于援助不收费的公园。

（二）法国

1. 管理体制。

法国环境部成立于 1971 年。该部由管理与发展司、水资源司、预防污染与风险司、自然与景观司、分散行政司、国家监督与联合监督的各署组成。其中自然与景观司主管国家自然文化遗产资源。法国环境部自然与景观司是国家自然资产质量的守卫者，其职责是保护和保存法国自然、景观和生物多样性。①7 个国家公园、132 个自然保留地共占地 4.5 万公顷，由法国环境部海滨与湖岸地区保护署主管；2600 个保护区、5000 个遗址由地方主管，国家协管：所有国家森林由国家林业办公室负责环境管理。②38个地方自然公园由地方主管,是地方政府参与遗产保护的标志。在法国,法律规定,某一特殊区域如果具有丰富的自然文化遗产,可被辟为地方自然公园。法国环境部是授予特定区域"地方自然公园"标志的最高权力机构。地方自然公园的公园宪章实行所有签约人通过自由谈判方式确定各自的责任。其经费来源大概如下:地方拨款占35%,地方部门及居民捐款占30%,法国环境部占10%,国家其他部委和各公园自己的收入占25%。③法国环境部自然与景观司主要从事编制自然资源财富清单,对保护区及需要保护的区域进行保护;参与考虑环境因素区域规划,在城市规划、旅游政策和旅游规划中发挥重要作用;通过景观观察台场及引进多种法律法规的方式,自然与景观司负责保护那些具有世界和法国声誉的景观的质量,使得法国人民可以享有这些自然文化遗产。

法国文化部下设文化遗产局,地方上也有相应机构,负责调查和监督文物古迹现状和维护情况。在法国,直接由国家管理的重点文物古迹不足5%,近一半的由市级部门管理,而半数为私人管理。地方政府根据城市自身特点结合城市规划制定更为详尽、深入及有针对性的保护、管理、控制性法规与法规性文件。法国以《历史古迹法》和《马尔罗法》分别作为文物建筑与保护区两个层次内容的保护法的核心。完善的国家立法框架与灵活、详尽的地方立法的相互结合是法国文化遗产保护制度的特色。在遗产资源经营方面,遗产管理事务既"外部化",又"内部化"。"外部化"是指一个遗产机构将它的部分遗产事务,如游客接待娱乐活动、安全、维护事务,以及辅助性事务,如购物、餐饮等事务,转让给私人机构经营。这样,遗产机构依然保持着它的公共性质。"内部化"是指将上述事务统一收回,由遗产机构自己经营。这时,遗产机构不仅公共性质不变,同时在经营上又完全自治。一个遗产机构的改革是选择内部化还是选择外部化,主要取决于"成本"。

2. 价格机制。

法国是世界旅游大国,拥有众多举世闻名的景观。①为了达到吸引更多旅游者的目的,法国政府坚持"以人为本,着眼未来"的管理原则,采取低价策略,以弘扬民族文化。除一些博物馆免费向社会公众开放外,收费博物馆的门票价格也非常低廉(博物馆的门票价格从一欧元到八九欧元不等,兑换成人民币看似不少,但与当地居民收入相比则为九牛一毛)。法国政府还规定被政府列入国家文化遗产保护名单的各类建筑物,都要在政府每年规定的"文化遗产日"免费向游客开放1至2日,巴黎卢浮宫每月第一个星期天全天免费开放。②在资金管理方面,主要以国家财政拨款和景区商业开发为主要来源,具体做法从卢浮宫的管理上可得到启示。卢浮宫归国家所有,自身拥有自主经营权,每年门票收入8000万欧元,主要用于购买新展品和博物馆的日常维护,经营和维修费用达5.6亿欧元,由国家财政和商业开发解决。同时，卢浮宫还利用自身资源从事商业开发，通过设立营业摊点和场地出租，增加旅游商品收入。另外，外部赞助也是卢浮宫获得资金的主要方式之一。③法国主要人文景观大多归国家经营的现象，缘于该国的"文化遗产制度"。该制度规定那些历史悠久的建筑及其附属物都是人类文化遗产，居住者或经营者必须定期进行修缮维护，否则将受重罚。私营者承受不起就将所辖"文化遗产"卖给国家，国家通常将这些"文化遗产"交给地方政府管理。法国政府非常看中这些人文景观的教育功能和社会效应，因此普遍压低门票价格以便让所有人都拥有受教育和受熏陶的机会。正因如此，法国大多数人文景观都对记者、教师、档案员、未成年人、残疾人、失业者等社会特殊群体免费开放。

（三）意大利

1. 管理体制。

意大利目前设立有24个国家公园，133个大区公园（大区相当于我国的省），除此以外，意大利政府还设立有海洋国家公园、海滨和岛屿国家公园等。意大利国家公园和自然保护区的生物多样性在欧洲处在第一位。意大利国家公园重视野生动植物的保护，建立了包括阿尔卑斯山脉、亚平宁山脉、波河河谷平原、沿海区域和岛屿等区域内的国家公园生态网络，坚定地实行生物多样性保护的方针，保护区域内的欧洲棕熊、意大利狼、阿布鲁佐岩羚羊（Chamois）以及其他濒危和珍稀的鸟类动物等，为公园增加活力。

意大利对历史遗迹、艺术珍品、旅游景点的科学研究保护、维修、发展规划和管理等都有专门的法规，并由专业机构监督实施，取得的成果和达到的水平集中反映在罗马市中心威尼斯广场的文艺复兴艺术陈列馆和国家考古一艺术史研究所图书馆中。管理机构最主要是意大利文化遗产部，下设七个负责保护的专门办公室，分为考古、古建筑古文物登记、古建筑管理、现代城区（中世纪一十九世纪）保护等。明确规定，古城内古建筑古文物应原状严格加以保护，目的是保护其历史文化的价值。50年代意大利已形成较系统的保存保护古迹、遗址的法律。如：威尼斯宪章、内罗毕建议、佛罗伦萨宪章，1990年意大利政府发布古城区保护新管理法等法律法规。古城内所有的新建建筑或修复建筑均需经七个保护办公室集体研究批准。任何其他组织或个人都无权批准，否则拆除并严厉处罚。

2. 价格机制。

意大利是文化旅游大国，全国共有39处文化古迹、考古遗址、自然景观等遗产被联合国教科文组织列入《世界遗产名录》，有人形象地把意大利称作一个"巨大的露天博物馆"。长期以来，意大利政府采取多种措施控制门票价格，意大利各旅游景点的门票价格比较低廉，每年春天举办一次文化周，在此期间全国所有名胜古迹免费向游客开放，古罗马废墟长期向公众免费开放，著名的古罗马斗兽场1997

年以前一直免费开放，目前的门票价格仅为6欧元，其最贵的景点门票价格也不足意大利人均月收入的1%，并且对诸如学生、老人等特殊群体实行免票。意大利政府还经常利用历史性传统节日或其他纪念性节日不定期地为游客提供优惠价格。

①意大利各地的博物馆、画廊、历史性建筑物、考古遗址、公园等旅游景点门票价格的制定均由政府文化遗产部管理。②只有在景点的历史价值及建筑与展品的历史和艺术价值发生变化，维持景点正常运转的水、电、能耗明显改变，以及环境因素所导致的维护成本发生变化等情况下，才考虑调整景点门票的价格。如确需调整景点门票价格，各地政府主管部门必须充分酝酿，并提出建议报文化遗产部价格管理委员会审批。③意大利政府对旅游景点的管理十分严格，门票收入上缴国家财政后统一从国库中支取。目前，意大利用于保护、修缮旅游景点和文物古迹的资金中，约有65%来自政府财政，其余则通过发行彩票、接受捐赠等途径获得。同时在税收政策上对投资修缮文物的企业或个人给予优惠，由于政府采取的多项优惠措施从各方面提升了企业形象，使许多企业乐于慷慨解囊，从而弥补了文物保护方面经费的不足。

（四）日本

1. 管理体制。

日本的自然公园系统由国家公园、准国家公园和都道府县自然公园组成，对他们的管理由国家环境厅和都道府县政府、市政府以及国家公园内各类土地所有者密切合作进行。①国家公园由国家环境署署长主管，自然保护协会协管。日本所有的国家公园都依照《自然公园法》进行规划管理，包括《自然公园法》在内的保护利用法律由国家环境厅制定，每5年修订一次。由于日本国家公园内的土地存在多种所有制——国家所有、地方政府所有、私人所有和多种经济活动——农业、林业、旅游及娱乐产业，因此，《自然公园法》的执行由国家公园管理人(园长)及公园的其他园工、地方政府官员会同公园各类土地所有者合作完成。②在公园的自然保护方面，日本有针对性地按生态系统完整和风光秀丽等级，人类对自然环境的影响程度，游客使用的重要性等指标，将所有国家公园的土地分为特别区、海洋公园区和普通区。其中特别区又分为：特殊保护区、I级特别区、II级特别区、III级特别区。并规定，在国家公园内控制对环境或资源产生有害影响的人类活动，除非得到国家环境署署长的批准并领取执照，否则将被课以罚款。至于公园内的私人土地，政府以提供补偿方式促进土地所有者保证其遵守控制约定。补偿并且强化著名生态系统管理的方式之一，便是收购国家公园内的私人土地，收购的对象是那些重要区域，比如：特殊保护区、I级特别区。收购是通过地方政府发行公共债券来实现的，债券的偿还由中央政府承担。③国家公园的事业费由国家公园事务执行者负责，其来源包括：国家预算补助、参与执行事务的公共团体负担的费用、受益者负担的费用、工程负担的费用等。在游客服务和设施供给方面，允许地方公园团体和个人按国家公园的规定提供服务设施；公共设施由国家环境厅和环境署帮助下的地方共同提供，经费比例为 1:2 或 1:3；特许承租经营：个人在取得国家环境厅国家公园的经营执照后，可经营酒店、旅馆、滑雪场和其他食宿设施。

日本文化遗产保护是由文化部门和城市规划部门两个相对独立、平行的行政体系分管。文化部门主管文物（包括传统建筑群保存地区）管理工作，其中央主管机构为文部省文化厅，地方主管机构为地方教育委员会。城市规划部门主管古都保护与城市规划密切相关的古都保护及保全等，其中央主管机构为建设省城市局，地方主管部门为城市规划局。《日本文物保护法》规定中央政府负责全国历史文化遗产的最重要的部分，而地方政府通过地方立法确立更广大的保护地区，地方政府可以自己设立传统建造群保护地区，制定保护条例、编制保护规划。1998年，日本通过了《特定非营利活动促进法》，通过赋予从事特定非营利活动的团体以法人资格，吸引市民通过义务劳动保护自己的历史社区。目前，日本的历史环境保护已经从单体保存延伸到历史资产再生与再利用，从过去传统的以技术取向为主的保护，转向关心当地居民的感受，社区居民积极参与的保护。

2. 价格机制。

日本物价虽然昂贵，但旅游景点的门票却相对便宜。①对日本旅游景点的门票收费，基本上可以这样概括：公园和自然景观基本不收费，历史文化遗产和人文景观象征性收费，商业性娱乐休闲设施不乱收费。日本多数旅游景点是不收费的，例如，由世界闻名的富士山以及周边地区的湖泊、冒着白烟的火山地质层等自然景观构成的富士伊豆箱根国立公园是免费的，就连被列为世界自然遗产名录的鹿儿岛县屋久岛也同样不需要购买门票。即使部分历史文化古迹和世界文化遗产等景点实行收费制，但与日本人的收入相比，完全是象征性的。②在日本，景区的门票收入只占其全部收入的 20%～30%，其他收入主要来自特色产品的开发、基金会的捐助和政府的必要投入。景区日常运营经费大多由中央政府和地方政府补助，同时也接受捐款。被列为"国宝"的文化财产则由政府严加管理，日常的维护、修理经费也会得到国家的补助，其中有些文物的大规模维修就需要动用国家的大笔经费。

通过以上对几个国家在管理体制、景区资金和门票方面的情况介绍，可以看出，国外发达国家在管理体制方面大都采取集权管理的措施，管理机构独立权威，法律体系完备；在门票价格方面多采取低价策略，以保障社会福利，资金来源以国家扶持和拨款为主，同时采用捐赠、基金、发行彩票等多种手段支持景区运营和资源维护费用。

第十五章 旅游景区的低碳旅游发展

旅游景区是旅游产业发展中最重要的组成部分之一,绝大部分的旅游活动均围绕旅游景区而展开,是旅游业能源消耗的重要环节。自国家实施节能减排发展战略以来,许多旅游景区纷纷提出建立低碳旅游景区,积极探讨如何建设低碳旅游景区对于旅游业节能减排与低碳可持续发展具有十分重要的意义。本章从低碳旅游的缘起与意义、低碳旅游的概念内涵、景区低碳旅游发展现状及存在的问题、景区低碳发展理念与原则、景区低碳旅游发展模式与保障机制、低碳旅游发展策略、低碳景区经典案例等8个方面对分析旅游景区的低碳旅游发展进行研究。

第一节 低碳旅游的缘起与意义

一、全球气候变化的影响

伴随着化石能源的大量消耗,全球能源和环境问题日趋严重,积极应对全球气候变暖已迫在眉睫。2008年国际金融危机爆发以来,全球化呈现出的新特点之一就是气候变暖、温室效应的问题凸显。全球气候变暖严重影响人类环境和自然生态,导致水资源失衡、农业减产、生态系统严重损害,对人类可持续发展带来了巨大冲击[①]。政府间气候变化专门委员会(IPCC)全球气候变化研究第四次评估报告表明,气候变暖的原因除了自然因素影响以外,主要是归因于人类活动,特别是与人类活动中排放CO_2的程度密切相关。从当前全球社会经济发展态势与能源消费结构分析,如果未来仍然延续当前高碳发展模式,到本世纪中期地球将不堪重负。IPCC评估报告的结论是:为实现全球温度上升的控制目标,未来10~20年必须扭转碳排放增长趋势,2050年必须低于目前排放水平甚至减半。这对于世界各国社会经济发展均提出了严峻的挑战。

---

① 冯之浚,牛文元. 低碳经济与科学发展[J]. 中国软科学,2009(8):13-19.

二、低碳理念与低碳经济的提出

低碳理念是在应对全球气候暖化趋势、倡导减少人类生产生活中温室气体排放的背景下提出来的。低碳发展理念已从一个生态问题转变成为影响人类发展的全局性问题，并成为国际政治、经济、外交和主流媒体关注的热门话题。

首次出现低碳经济（Low Carbon Economy）术语的官方文件，是2003年2月由英国前首相布莱尔发表的《我们未来的能源——创建低碳经济》的白皮书中提出[①]，指出英国将在2050年将其温室气体排放量在1990年的水平上减排60%，从根本上把英国变成一个低碳经济的国家。随后欧盟各国、日本、美国等国家和地区均给予了积极评价，并采取了相似的战略。2006年10月，由英国政府推出、前世界银行首席经济学家尼古拉斯·斯特恩牵头的《斯特恩报告》指出，全球以每年GDP的1%的投入，可以避免将来每年GDP的5%~20%的损失，呼吁全球向低碳经济转型。联合国环境规划署把2008年世界环境日的主题定为"戒除嗜好！面向低碳经济"，希望低碳经济理念能够迅速成为各级决策者的共识。

然而，欧美发达国家的低碳发展战略并不仅仅是为了应对全球气候变暖和节能减排，这些国家更着眼于在新能源和环保技术带动的低碳产业链上占领新的制高点，并为其经济增长寻求新的增长动力。由此可见，现阶段低碳发展已经远远超出了"生态话题"，成为关乎各国经济长远发展的"政治议题"。有专家甚至预言，低碳经济会像工业革命那样改变世界经济发展的格局。随着"巴厘路线图"与《哥本哈根议定书》的达成，与应对气候变化国际行动不断走向深入，低碳发展理念将逐步深入社会经济发展之中，在国际上也将越来越受到关注。

三、中国发展对全球气候变化的积极响应

全球气候变化研究自20世纪80年代以来成为最活跃、发展最快的科学领域之一，气候变化对社会经济发展的影响是其研究方向之一。全球气候变化对许多国家造成了不同程度的影响。针对全球气候变化的影响，2009年9月，国务院总理温家宝专门主持国务院常务会议，部署中国应对气候变化工作。会议明确提出中国要把应对气候变化纳入国民经济和社会发展规划，积极开展低碳经济试点示范，培育以低碳排放为特征的新的经济增长点。同年12月，中央经济工作会议强调，要更加注重推动经济发展方式转变和经济结构调整，发展战略性新兴产业，推进节能减排，抑制产能过剩，开展低碳经济试点，努力控制温室气体排放，加强生态保护和环境治理，加快建设资源节约型、环境友好型社会。

---

① UK Energy White Paper: Our energy future - creating a low carbon economy, 2003.

四、气候变化与旅游业的关系

20世纪以来,旅游业获得快速发展,根据世界旅游组织统计,2008年全球旅游收入已经达到9440亿美元,国际跨境旅游人数达到了9.22亿人次。旅游业是严重依赖自然资源、生态环境和气候条件的产业,气候变化对全球与区域旅游业有着现实和潜在的影响。全球气候变化给旅游产业体系带来的影响是全方位、多尺度和多层次的。从旅游资源、旅游市场、旅游产品和旅游服务体系来看,旅游业是全球变化影响下的敏感和脆弱的产业部门之一。然而,旅游业也对气候变化产生一定的影响。Scott D等(2007)研究指出,旅游业是能源密集型非常高的产业,当前作为通过温室气体排放的气候变化重要贡献者,得到了关注[1]。据估计,旅游业贡献了全球5%的二氧化碳排放(联合国世界旅游组织(UNWTO),2007)[2]。作为社会经济中重要的产业,旅游业与气候变化之间的研究工作,也得到了很多部门的关注。

2003年4月,世界旅游组织在突尼斯召开气候与旅游关系的主题会议,提出了旅游业可持续发展的新课题[3]。为探讨旅游业如何控制温室气体排放及如何应对气候变化对旅游业的影响,UNWTO于2003年和2007年召开了两届国际气候变化和旅游会议,并将2008年世界旅游日主题确定为"旅游:应对气候变化挑战"[4]。

五、低碳旅游是中国旅游业可持续发展的新形式

2009年11月25日,国务院总理温家宝主持国务院常务会议,讨论并原则通过了《关于加快发展旅游业的意见》,会议认为,旅游业兼具经济和社会功能,资源消耗低、带动系数大、就业机会多、综合效益好,提出把旅游业培育成国民经济的战略性支柱产业,推进节能环保,大力倡导健康旅游、文明旅游、绿色旅游。中国首次将旅游业作为国民经济的战略性支柱产业进行培育,这充分说明旅游业在当前国民社会经济发展体系中所处的重要地位。为响应当前全球与中国社会经济大力提倡低碳理念、发展低碳经济的新形势,作为中国的战略性支柱产业,旅游业的发展也必须融入低碳理念,为整个社会经济可持续发展做出应有贡献。而低碳旅游则是中国旅游可持续发展的新形式。

---

[1] Scott D, McBoyle G, Minogue A. Climate change and Quebec's ski industry[J]. Global Environmental Change 2007, 17: 181-190.
[2] UNWTO (2007) Davos Declaration.http://www.world-tourism.org/pdf/pr071046.pdf.
[3] World Tourism Organization, 2003. Climate Change and Tourism Proceedings of the First International Conference on Climate Change and Tourism, Djerba 9-11 April, World Tourism Organization, Madrid.
[4] UNWTO (2003), Proceedings of the First International Conference on Climate Change and Tourism.

第二节 低碳旅游的概念与内涵分析

一、低碳旅游概念界定

在应对全球气候变化与资源环境问题对人类可持续发展造成的严重影响下,旅游产业作为社会经济体系中重要的组成部分,应将低碳理念与技术应用于旅游产业发展之中,尽量降低旅游产业的碳排放量,实现旅游产业节能减排的战略目标,促进旅游产业可持续发展。辨析界定低碳旅游的概念是科学发展低碳旅游的首要研究内容。低碳旅游的概念产生于可持续旅游与生态旅游之后,三者在定义方面存在异同,如表15-1所示。可持续旅游更注重在文化与生态环境保护的基础上,满足旅游发展的需求,并注重代际公平与可持续发展。生态旅游更多是以自然型旅游地为目的地,在生态环境与文化保护方面与可持续旅游内涵相似,更强调旅游者对旅游地的社会经济发展的责任,更注重社区参与。从低碳旅游产生的背景与低碳经济的内涵分析来看,低碳旅游(LT, Low-carbon Tourism)是指以可持续发展与低碳发展理念为指导,采用低碳技术,合理利用资源,实现旅游业的节能减排与社会、生态、经济综合效益最大化的可持续旅游发展形式。

表 15-1 低碳旅游、生态旅游和可持续旅游的概念对比

类别	定义
可持续旅游	在维持文化完整、保持生态环境的同时,满足人们对经济、社会和审美的要求。它能为当代人提供生计,又能保护和增进后代人的利益并为其提供同样的机会[①]
生态旅游	生态旅游是游客到自然地区的一种负责任的旅行,这种旅行不仅要求保护生态环境与地方文化的完整性,而且必须维持并提高当地居民的生活水平[②]
低碳旅游	以可持续发展与低碳发展理念为指导,采用低碳技术,合理利用资源,实现旅游业的节能减排与社会、生态、经济综合效益最大化的可持续旅游发展形式

二、低碳旅游的内涵分析

要实现旅游产业的低碳化发展,首先要科学分析旅游产业的碳排放构成,强调旅行交通、旅游住宿、旅游活动三大领域内的低碳化发展;其次要加强清洁能

---

① World Tourism Organization (WTO). What tourism managers need to know: a practical guide to the development and use of indicators of sustainable tourism [M]. Madrid: WTO, 1996: 20-45.
② 杨桂华,钟林生,明庆忠. 生态旅游[M]. 高等教育出版社&施普林格出版社,2000.

源的利用与旅游过程中的碳中和与碳补偿等,从而实现旅游产业的低碳化发展。从发展目标、发展方式与发展模式分析,低碳旅游的内涵包括 3 个方面:以节能减排与社会、经济、生态综合效益最大化为发展目标,以低碳技术创新、清洁能源利用和旅游发展观念根本性转变为发展方式,以低能耗、低污染、低排放为发展模式。如图 15-1 所示。

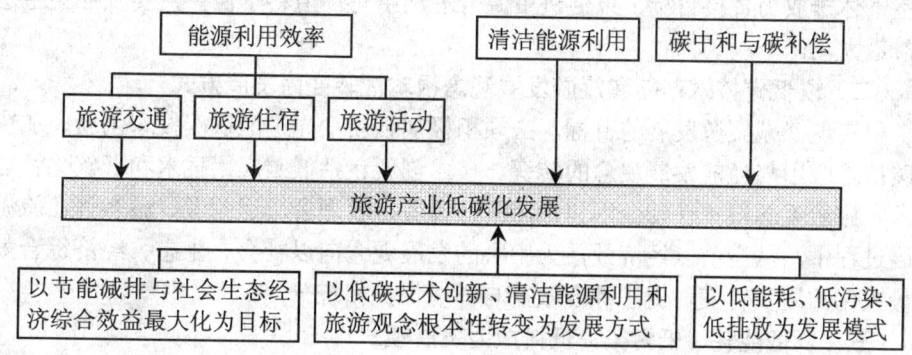

图 15-1　低碳旅游发展内涵

可持续旅游、生态旅游与低碳旅游这三种旅游发展形式在环境保护与旅游地社会经济发展上具有一致性;可持续旅游注重增强旅游业的可持续发展能力,而生态旅游与低碳旅游更强调旅游者的责任感。生态旅游强调对保护生态环境与改善当地居民生活质量的责任,而低碳旅游则更侧重旅游者在旅游过程中节能减排、碳中和的责任。与可持续旅游、生态旅游的内涵相比,低碳旅游更强调节能减排、加强低碳技术创新与清洁能源应用、旅游发展观念的根本性转变,如表 15-2 所示。

表 15-2　可持续旅游、生态旅游与低碳旅游的内涵对比

类别	内涵
可持续旅游	在为旅游者提供高质量的旅游环境的同时,改善当地居民生活水平,并在发展过程中保持生态环境的良性循环,增强社会和经济的未来发展能力[①]
生态旅游	①满足人类回归大自然的强烈愿望;②体现环境保护意识;③改善当地居民的生活质量,增加就业机会,为当地创造经济效益;④强调使公众亲近自然,接受环境教育;⑤强调旅游环境、社会与经济的可持续性
低碳旅游	①以节能减排与社会、生态、经济综合效益最大化为发展目标;②以低碳技术创新、清洁能源利用和旅游发展观念根本性转变为发展方式;③以低能耗、低污染、低排放为发展模式

---

① 杨开忠,许峰,权晓红. 生态旅游概念内涵、原则与演进[J]. 人文地理,2001,16 (4):6-10.

（一）以节能减排、社会生态效益最大化为发展目标

低碳旅游着眼于对旅游发展中温室气体排放量的控制，即通过发展低碳旅游交通、低碳旅游住宿、低碳旅游餐饮以及各项低碳旅游活动，来减少旅游发展中的温室气体排放量[①]。低碳旅游作为一种新型的可持续旅游发展形式，是应对全球气候变化与能源环境问题而产生的，因此低碳旅游的发展必须以节能减排、减少温室气体排放为直接目标，以促进资源合理利用与环境科学保护，实现社会生态效益最大化。

（二）以低碳技术创新和旅游发展观念根本性转变为发展方式

要实现低碳旅游发展的目标，必须积极加强新型先进的低碳技术创新，加快低碳技术应用与当前发展观念的转变。技术创新包括低碳应用技术和低碳化管理技术。旅游观念根本性转变则包括旅游开发者、管理者、运营者、游客等在旅游发展过程中，从当前以经济效益为中心的发展观念向以社会、生态、经济综合效益最大化的逐步转变，促进综合效益与环境保护相统一。

（三）以低能耗、低污染、低排放为发展模式

低碳旅游发展要以能源消耗、环境污染、温室气体排放为出发点，节约物质资源和能源资源，减少废弃物和环境有害物（包括"三废"和噪声等）排放，即低能耗、低污染、低排放的"三低"旅游发展模式。这种模式实质是解决提高能源利用效率和清洁能源结构问题，科学合理利用资源与保护生态环境，实现国家节能减排的战略目标与达到社会、生态、经济综合效益最大化，最终实现旅游产业的可持续发展。

第三节　景区低碳旅游发展现状及存在的问题

一、低碳旅游景区发展现状

我国旅游业的繁荣促进了我国经济的发展，与此同时，繁荣背后也出现很多负面影响。例如我国一些旅游景区过度开发旅游资源，造成了生态破坏，严重污染了水资源，破坏了森林植被生态系统的完整性。要推动旅游业走向健康发展道路，旅游业必须谋求转型改变。在这样的发展背景之下，低碳发展理念逐步进入旅游景区可持续发展之中。低碳旅游的概念正式提出之前，我国景区低碳旅游实

[①] 蔡萌，汪宇明．低碳旅游：一种新的旅游发展方式[J]．旅游学刊，2010，25（1）：13-17．

践已经获得一定程度的发展。早在20世纪90年代，为保护生态环境，九寨沟等旅游景区禁止动车进入，以电瓶车代替，以减少CO_2排放量，不少旅游者自觉选择公共交通工具作为出游工具等。希望通过低碳景区的建设和发展，以及人们形成低碳旅游的方式习惯，使景区旅游业的发展与景区环境改善相协调一致，保护好环境，促进景区的和谐发展，使人们感受到大自然的魅力。当前我国景区低碳旅游发展的现状可归纳为如下四点：

（一）景区交通和饭店直接排放的二氧化碳量高

景区内的交通和饭店方面的能源消耗与碳排放量非常突出，是景区内旅游业能耗碳排放的最重要组成部分。自驾车等单位高碳排放的旅游交通方式也在很大程度上增加了景区碳排放；景区内豪华酒店的奢靡之风，助长了CO_2的大量排放。

（二）景区开发建设污染严重

受开发水平与成本的影响，在景区开发建设中，景区开发者往往不注重生态保护、低碳材料的使用，很多景区的旅游开发建设模式与工业开发无异，污水、废气、垃圾等到处堆积，污染严重，导致大量能源消耗与二氧化碳排放。

（三）低碳技术含量低

低碳经济的碳减排、碳储存、碳转化以及新能源的利用都需要高新技术支持，在旅游方面，需要低碳技术对旅游基础设施和服务设施进行改造。当前很多景区在低碳技术方面的重视还远远不够。尽管少数景区引进了一些国外的先进技术，但是技术含量比较低，智能化和节能减排的技术应用严重不足，这不仅增加了运营成本，还增加了碳排放量[1]。

（四）游客在旅游过程中浪费现象很普遍

游客低碳意识不强，在旅游过程中存在一些浪费现象，如使用一次性筷子，到处乱扔垃圾袋，未吃完的食物到处乱扔，洗手后水龙头不关，自驾车旅游等。

二、低碳旅游景区建设存在的问题

（一）对技术和资金要求较高[2]

建设低碳景区首先需要面对技术难度大和资金需求高的问题，这要求景区能源消耗和污染程度要降低到最小。例如，运用低碳技术改变能源的消耗方式，大量使用绿色能源（如生物能、太阳能等清洁能源）；把使用汽油作为燃料的交通工具淘汰掉，改为使用电能作为动力的交通工具，或者使用自行车作为交通工具；增加低碳旅游服务，如饮食、住宿服务同时对垃圾的处理要进行分类回收等。这些改变对景区来说，需要的技术和资金都比较大，因此，对于技术力量强、资金

---

[1] 王莉. 我国低碳旅游发展现状及对策研究[J]. 中国外资，2011（16）：179，181.
[2] 陈玉. 中国低碳旅游景区建设研究[J]. 企业研究，2011（20）：5-6.

较为雄厚的大型景区来说，实现低碳景区的道路是较为现实的。但对于规模较小的景区来说，实现起来就较为困难，缺少建设低碳景区的能力。

（二）游客还没有形成低碳意识

与传统的旅游方式相比，很多游客还不能适应低碳旅游这种新型旅游方式，没有形成低碳意识。低碳景区与传统景区相比有较多的改变，如低碳景区的酒店不提供一次性牙刷牙膏，交通工具采用电力驱动以及游客制造的垃圾需要自己带出景区等等。相比而言，这些改变对游客的适应性是一个不小的挑战，如果游客能够很好地适应，则有利于促进低碳景区的建设发展；如果缺乏低碳意识，则会降低游客对景区的满意度。

（三）现行景区评价体系的落后性

随着我国低碳旅游景区的增多，现行的景区评价体系已不能适应当前的需要。现在的景区评价标准仍然使用的是传统的工业化标准，在对景区评价时，所采用的硬性指标仍然是景区的道路宽度、景区停车场的大小，没有增加低碳评价方面的标准，已经不适于对当前低碳景区的评价。同时也要注意改变只注重景区游客接待量的多少，不能只关注游客接待量的增加及其对经济的贡献，而应增加对景区生态保护、低碳推行程度的评价[1]。

第四节　景区低碳发展理念与原则

一、低碳旅游发展理念

在旅游景区低碳旅游发展过程中，要坚持可持续发展理念与低碳发展理念。旅游能耗碳排放不能无限制地疯涨，在当前旅游业能耗碳排放分析基础上，逐步向清洁能源与低碳方向转型发展；而由旅游快速发展所引起的能源消耗与碳排放也不能超过旅游地生态系统的承载能力，不能以旅游景区的生态系统退化为代价，通过对旅游景区能耗碳排放的适度调控推动旅游地社会生态系统与旅游产业经济系统的快速健康发展。

二、低碳旅游发展原则

旅游景区的低碳发展必须遵循因地制宜、市场导向、综合协调、低碳教育、

---

[1] 陈玉. 中国低碳旅游景区建设研究[J]. 企业研究，2011（20）：5-6.

节能减排优先、综合效益最大化等 6 大基本原则，同时应追求这 6 大基本原则的最佳结合和有效统一。

（1）因地制宜原则。我国旅游资源的资源类型与数量非常丰富，具有较强的区域性特点，因此推动我国旅游景区低碳发展需体现因地制宜的原则，必须与旅游景区的社会经济、生态环境条件相适应。

（2）市场导向原则。旅游景区的低碳发展所形成的旅游产品，也是旅游业的重要组成部分，具有很强的市场性，因此应以市场需求为导向，满足旅游者的实际需求才能实现低碳价值。因此，旅游景区的低碳旅游发展需要进行旅游市场调研，瞄准目标旅游市场，开发针对性的低碳旅游产品。

（3）综合协调原则。首先，综合协调影响旅游景区能耗碳排放的因素；其次，综合协调旅游业内外部关系，统筹人才、资源、环境、经济、生态等与旅游景区关联的要素；第三，综合协调旅游景区低碳旅游发展涉及到旅游、环保、林业等多个部门，由于行政管理分割等问题，统筹协调各部门的职能与利益。

（4）低碳教育原则。低碳旅游从其一产生就具有了环境教育功能。旅游景区的低碳发展要重视低碳教育，低碳教育对象以低碳旅游的开发者、运营者、游客与潜在游客为四大受教育主体，要体现低碳教育手段与方式多样化。将低碳环保意识上升为全民意识，在整个旅游过程中倡导低碳环保教育，让旅游者在旅游过程中获得低碳环保知识，培养其环境保护意识。

（5）节能减排优先原则。低碳旅游是一种对全球环境变化与能源安全负责任的旅游发展形式，它有别于其他旅游发展形式之处，就在于直观提出"在旅游过程中多角度全方位减少碳排放量，以达到旅游业节能减排为优先目标的旅游发展形式"[①]。因此，旅游景区发展低碳旅游必须坚持节能减排优先的原则，为应对全球气候变化与能源环境问题做出一定贡献，在开展旅游活动的同时保护环境质量与节约能源消耗，促进环境保护与能源利用的可持续性。

（6）综合效益最大化原则。综合效益最大化原则主要是指在旅游景区的发展低碳旅游过程中应充分运用低碳技术、低碳材料与清洁能源，充分调动游客、旅游管理者等各利益相关主体的主观能动作用，尽可能以最小的资源、社会和生态环境代价对旅游业能耗碳排放进行科学有效调控，并使景区的旅游业获得高效益、高效率、高效能与低能耗、低污染、低排放的"三高三低"的快速发展，最终使旅游业能耗碳排放产生最大的经济、社会和生态环境效益，使游客旅游体验质量与当地社区居民生活水平得到全方位提高。

---

① 唐承财，钟林生. 低碳旅游的产生背景及其特点分析[M]. 见：郭焕成，郑健雄，张玉斌，等. 都市农业与乡村旅游发展研究. 中国矿业大学出版社，2010，300-305.

第五节　景区低碳旅游发展模式

从低碳发展战略模式与运营模式、低碳能源模式与低碳产品模式四个方面构建我国旅游景区低碳旅游发展模式。

一、低碳发展战略模式

低碳旅游发展模式是指以科学发展观、低碳发展观、循环经济为发展理念，以能耗与碳排放变化的客观规律、科学度量与情景分析为发展依据，采用低碳节能与生态环保的技术与材料的广泛使用为发展手段，以节能减排、综合效益最大化与产业可持续发展为发展目标的可持续旅游发展模式①。我国旅游景区低碳旅游发展战略模式的制定也应该以低碳旅游发展模式为指导，以能源消耗、环境污染、温室气体排放为出发点，节约物质资源和能源资源，减少废弃物和环境有害物（包括"三废"和噪声等）排放，其实质是解决提高能源利用效率和清洁能源结构问题，科学合理利用资源与保护生态环境，旨在将景区的传统旅游发展模式转变为低碳旅游发展模式，即高效益、高效率、高效能与低能耗、低污染、低排放的"三高三低"的旅游发展模式，实现国家旅游业节能减排的战略目标与旅游景区低碳可持续发展，如图15-2所示。

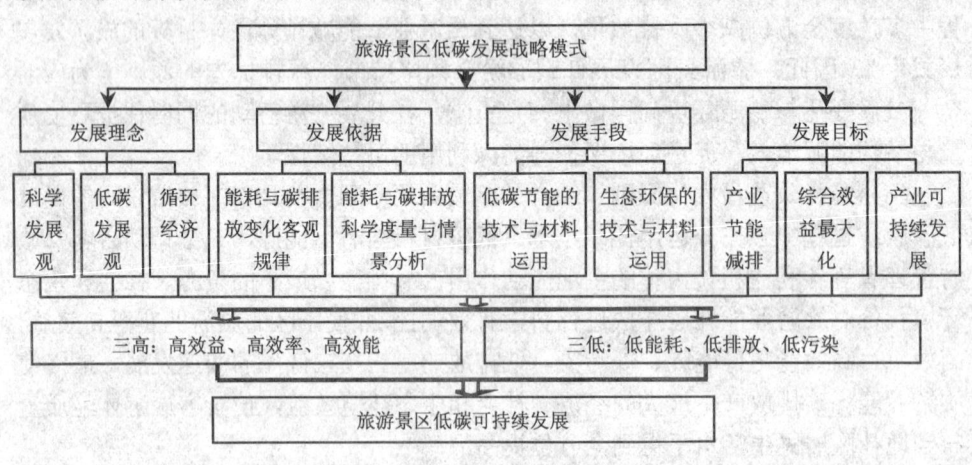

图15-2　旅游景区低碳发展战略模式

---

① 唐承财. 旅游地旅游业能源消耗与碳排放研究——以武陵源风景名胜区为例[D]. 中国科学院研究生院博士学位论文，2012.

二、低碳发展运营模式

借鉴利益相关者理论,旅游业低碳发展实质上涉及到四大核心利益相关主体,即政府部门、旅游目的地、旅游企业和旅游者①。为落实旅游景区低碳发展战略模式,以推动旅游业节能减排,依据各核心利益相关主体的特点,构建以政府部门、旅游目的地、旅游企业与旅游者为运营主体的我国旅游景区低碳发展运营模式,共同推动旅游业由传统的旅游发展模式向低碳旅游发展模式转变,实现旅游业节能减排与低碳可持续发展。具体各核心主体的发展策略如图15-3所示。

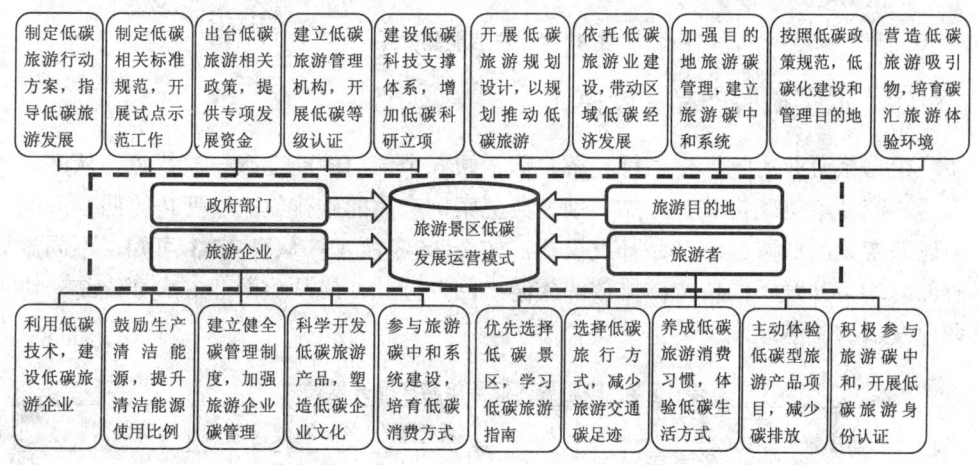

图15-3 旅游景区低碳发展运营模式

三、低碳能源开发模式

低碳能源产品正逐步取代高碳能源产品成为现代能源供应新的目标追求②。而旅游业实现低碳发展的重要基础是供给低碳能源。通过调整能源结构,加强天然气等低碳能源和零碳能源代替石油、天然气、煤炭等高碳能源,是旅游业低碳可持续发展值得重视的问题。因此,从旅游业节能减排与低碳发展的视角分析,应全面调整旅游业的供给能源结构,旅游景区的能源供应系统应逐步实现高碳能源向低碳能源的转变,从源头为旅游景区低碳发展提供根本性清洁能源保障体系。当前清洁能源体系有可再生能源与经过清洁化处理的不可再生能源,具体如图15-4所示。旅游景区应根据自身清洁能源发展禀赋,积极构建清洁能源体系,鼓

---

① 唐承财,钟林生,成升魁. 我国低碳旅游的内涵及可持续发展策略研究[J]. 经济地理,2011,31(5):862-867.
② 刘卫东,陆大道,张雷,等. 我国低碳经济发展框架与科学基础[D]. 商务印书馆,2010.

励旅游景区使用清洁能源，调整当前以煤炭、石油、天然气为主的一次能源消耗结构。

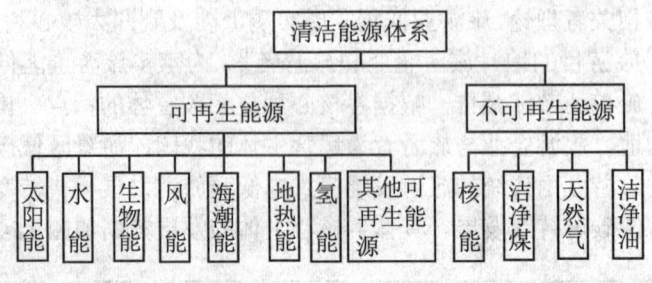

图 15-4　清洁能源体系

四、低碳旅游产品开发模式

根据旅游业的吃、住、行、游、购、娱 6 个部门的能耗碳排放特点，从产品部门、产品单位碳排放、产品类别、典型案例产品的碳排放大小变化等四个方面构建旅游景区低碳旅游产品开发模式，如表 15-3 所示。从表 15-3 可知，不同旅游部门均可开发不同单位碳排放的旅游产品，因此，应从旅游业 6 大要素统一协调开发低碳旅游产品。

表 15-3　旅游景区低碳旅游产品开发模式

产品部门	产品单位碳排放	产品类别	典型案例产品的碳排放大小变化		
			高碳排放		低碳排放
旅游交通	kg/游客·km	景区内外交通	自驾车、出租车	旅游巴士	自行车、马匹
旅游住宿	kg/游客·天	星级宾馆	五星级宾馆	三星级宾馆	一星级宾馆
		社会宾馆	度假村	快捷酒店	露营帐篷
旅游餐饮	kg/游客·次	星级饭店	五星级饭店	四星级饭店	三星级饭店
		社会饭店	特色饭店	酒楼	排挡
景区游览	kg/游客·次	自然观光	洞穴观光		山水观光
		人文观光	主题景区观光		历史文化观光
旅游娱乐	kg/游客·次	自然娱乐体验	带动力的自然娱乐		生态教育体验
		文化娱乐观光	大型文化娱乐场所		小型文化娱乐场所
旅游购物	kg/件商品或 kg/kg 商品	旅游商品生产地	国外	国内	本地
		旅游商品的品种	高端旅游商品		手工艺品、土特产

第六节　景区低碳旅游发展保障机制

为保障旅游景区的低碳旅游发展模式能有效实施，从转变传统旅游发展观念、制定适宜的低碳发展政策体制、加强低碳专业人才培训教育、优化多元化的低碳发展筹资渠道等方面构建旅游景区低碳发展保障机制。

一、转变传统旅游发展观念

低碳理念的树立是旅游景区发展低碳旅游的源泉与持久动力。（1）通过树立低碳理念，强化低碳旅游舆论宣传，加强旅游从业人员的低碳培训教育，摒弃传统的能耗碳排放粗放型旅游发展方式，树立以节能减排与综合效益最大化为主导发展目标的低碳旅游理念。（2）转变当前游客消费行为，推动低碳旅游开展，倡导游客形成低碳生活的习惯，转变追求高能耗豪华奢侈的生活方式。引导游客从吃、住、行、游、购、娱等多方面注重低碳旅游，尽量少使用高能耗、高碳排放的旅游方式，倡导居住低碳酒店、使用公共交通系统、尽量购买当地生产的绿色商品。（3）引导当地社区居民、民间环保组织参与低碳发展的宣传教育工作，让低碳旅游、低碳生活、低碳消费等观念成为社会价值取向的"风向标"。

二、制定适宜的低碳发展政策体制

应根据旅游景区的发展趋势、能源高效利用与生态环境保护的实际需要，积极制定适合低碳发展与管理的政策体系。主要措施如下：（1）合理制定低碳能源发展制度，逐步建立旅游企业碳交易市场制度，规范低碳旅游可持续发展。（2）编制旅游景区低碳旅游发展专项规划，制定低碳旅游发展战略，将低碳发展理念、低碳经济产业政策与技术规范等纳入到旅游业发展规划和管理政策框架制定之中，形成旅游景区低碳发展的长效机制和体制保障。（3）设立旅游景区低碳旅游发展专项资金政策，对重点低碳旅游建设项目实施土地优惠政策、税收优惠政策与给予财政补贴等。例如，张家界市政府 2011 年给武陵源风景名胜区购置的每辆新能源纯电动汽车财政补贴 50 万元。

三、加强低碳专业人才培训教育

针对当前景区缺乏从事低碳旅游发展的专业人才，大部分旅游参与者均缺乏旅游业低碳发展的技术与常识，强化低碳专业人才的培训与教育工作十分重要。

培训教育旅游景区发展低碳旅游的人才需要从全国与旅游景区两个层面来考虑，明确两个层面在人才需求与相应的培训教育机构和内容，如表 15-4 所示。

表 15-4 旅游景区发展低碳旅游的人才培训教育

层面	相关人才需求	培训教育机构	培训教育内容
全国	碳交易经理及相关人才	国家发改委能源研究所，中国绿色碳汇基金会等	旅游企业如何开展碳交易
	旅游低碳化材料与技术的研发人员	各类科研院所与高校等	根据旅游企业的低碳化需求，研发低碳技术与材料
	从事旅游各类设施的低碳化建设者与管理者	清华大学建筑节能研究中心，中科院地理资源所等	各类旅游设施如何实现低碳化建设与管理
旅游景区	开展旅游景区节能减排与产业可持续发展的管理者	中科院地理资源所，中国旅游研究院，北京第二外国语学院旅游管理学院等	旅游景区如何全面系统地开展节能减排与碳交易
	低碳酒店经理、低碳导游、低碳景区管理者、低碳旅行社管理人员等	低碳旅游企业相关培训机构，如中国旅游研究院，北京第二外国语学院等	针对性开展旅游企业如何进行节能减排与旅游碳交易等
	参与旅游活动的社区人员	社区参与低碳旅游相关培训机构，如中国生态学会旅游生态专业委员会	如何在参与旅游接待等相关活动中开展节能减排

四、构建多元化的低碳发展筹资渠道

发展资金较为缺乏是旅游景区低碳发展面临的重要问题。资金缺口主要为旅游基础设施低碳建设、旅游景区低碳建设与管理、旅游市场低碳宣传营销等方面。从旅游景区低碳化建设与管理两个方面构建多元化旅游景区发展低碳旅游的资金筹集机制，主要包括以下 6 种资金筹集渠道：政府专项资金、银行贷款、旅游发展专项资金、民间筹资、非政府组织资助、碳交易资金等方式。从旅游交通、旅游住宿、旅游景区、旅游餐饮、旅游购物、旅游娱乐等 6 个方面分析其设施的低碳建设与运营管理的筹资渠道，具体如图 15-5 中旅游景区发展低碳旅游的多元化筹资机制所示。

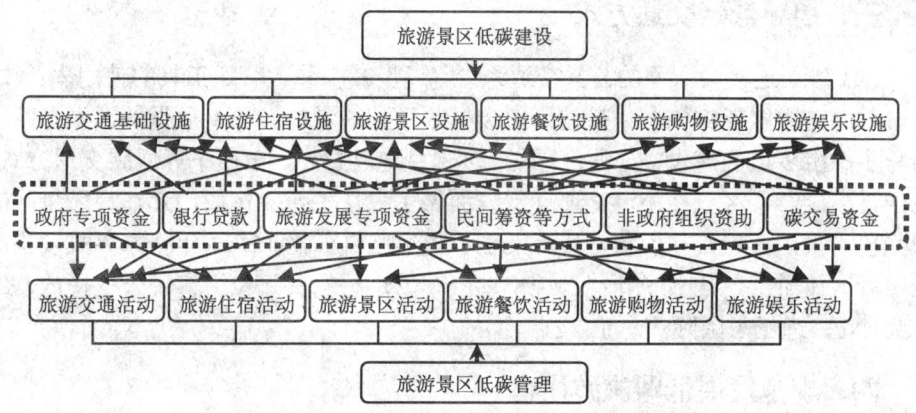

图 15-5　旅游景区发展低碳旅游的多元化筹资机制

第七节　景区低碳旅游发展策略

一、编制低碳旅游规划设计

旅游景区各类旅游规划要体现低碳化设计,以低碳理念与技术规划旅游住宿、旅游产品项目、旅游交通、旅游服务设施等,从规划层面,减少景区旅游碳排放。如清华大学等多家单位共同编制完成的《五大连池国际低碳旅游示范镇概念规划》,其重点突出"资源统筹、节能节地"、"低碳生活、循环产业"、"慢行系统、公交导向"、"雨洪管理、中水利用"、"垃圾分类、变废为宝"等七大低碳核心概念。

二、鼓励使用可再生能源

可再生能源是可以再生的能源总称,是人类历史时期内都不会耗尽的能源。旅游景区应积极鼓励可再生能源的广泛使用,其主要包括水电、太阳能、风能、潮汐能、生物能。如 $1 m^2$ 的太阳能接收器每年可以减少 300kg 的 CO_2 的排放,燃烧生物能排放的 CO_2 在光和作用过程中被植物重新吸收,利用 1t 木材可以避免相应热量值的化石燃料产生的 CO_2 散发到大气层中。

三、倡导低碳交通方式

（1）建立连接景点间的公共交通系统，逐步减少私人交通工具的使用率；（2）调整旅游交通能耗结构，尽量使用低碳排放系数的燃料；（3）加强景区生态停车场与生态游步道的建设，提供自行车、环保型电动巴士、电瓶车等低碳交通方式。我国许多旅游景区已在旅游交通环保方面做了大量工作。例如，九寨沟风景区的观光巴士采用天然气作燃料，其污染小于柴油燃料车辆；2011年张家界武陵源风景名胜区旅游部门购置了新能源纯电动汽车试运行，其每位游客每公里排放CO_2约为48g，远低于国际汽车132g。

四、规范发展低碳旅游住宿

（1）应尽量提供舒适简易的乡土酒店；（2）根据游客需求针对性的提供服务，不应提供以大而全的酒店服务；（3）采用变频技术、智能化控制技术、低压节电模式等节电举措；（4）在客房、餐厅、厨房等细节上节水，如采用小排量抽水马桶，建立完善的水计量、分析体系；（5）减少提供酒店一次性日用品，使用可降解材料包装，尽可能地提示客人减少床上用品的换洗频率；（6）实施酒店垃圾分类回收、纸张双面使用等减少浪费的小举措；（7）充分调动游客的低碳环保意识，使其积极配合低碳旅游住宿工作的开展。

五、减少旅游活动碳足迹

（1）低碳游览：游客在游览过程中应做到留下足迹、不留碳足迹、不随便丢垃圾；鼓励游客参加植树造林等增强景区碳汇的活动。（2）低碳娱乐：从建设与管理两方面体现低碳环保建设景区娱乐设施的理念，娱乐设施设计应与当地自然和人文背景环境相适宜，建设尽量采用环保节能建筑材料；娱乐场所运营中运用清洁能源，强化低碳化管理。（3）低碳购物：购买景区土特产和旅游纪念品，可减少当地人为了谋生而砍树等破坏资源环境的行为；凡响应不使用一次性餐具、落实垃圾分类回收、不主动提供包装塑料袋、优先使用当地食材的商家皆应有"低碳营业商店"的标识；游客应尽量自带饮用水，抵制过度包装的商品，以减少废弃垃圾和资源浪费。（4）低碳餐饮：尽量选择本地食物作为食材，避免因外来品运输包装存储等环节所造成的碳足迹；选择绿色食品，避免化肥农药、生长激素和添加剂的使用；不提供一次性餐具等。

六、加强景区碳汇功能培育

可从森林碳汇、草地碳汇、湿地碳汇等方面作为切入点，坚持因地制宜的原则,种植适宜的乡土碳汇树种和草种,加强森林资源抚育,改善草地碳汇功能,适当增加湿地面积,美化景区生态环境,提升旅游景区的碳汇功能与碳中和能力。以森林碳汇为例,培育森林是吸收大气中 CO_2 的重要手段,森林每生长 $1\ m^3$ 的木材,可从大气中吸收 $1.83\ t$ 的 CO_2。旅游景区应采取以下措施增强森林碳汇功能:扩大森林面积;提高森林质量;加强森林保护;发展生物质能源;提倡多使用木材,增加木质林产品碳储量。

七、积极开展碳汇交易

碳汇交易是基于《联合国气候变化框架公约》及《京都议定书》对各国分配二氧化碳排放指标的规定,创设出来的一种虚拟交易。据介绍,2008 年全球碳交易市场价值达 1263.5 亿美元,预计 2020 年全球碳交易市场可达 3.5 万亿美元,将超过石油市场成为世界第一大市场。截至 2009 年 12 月,我国有 638 个清洁发展机制(CDM)项目通过 CDM 执行理事会(EB)批准,占全球比例为 34.75%,发展势头良好。旅游景区具有较为理想的碳汇资源基础,适宜开展碳汇交易,其包括如下 7 个环节:项目参与方的项目设计、国家发展与改革委员会批准项目、指定经营实体审定项目、CDM 执行理事会登记项目、项目参与方对项目进行实施并监测、指定经营实体对项目产生的温室气体进行核查核证以及最终通过造林再造林碳汇项目活动所产生的"经核证的减排量"CER 的发放。

八、创建碳中和景区

旅游景区碳中和是指景区产生多少碳足迹就进行多少碳补偿,实现景区碳中和。主要碳中和措施有:(1)明确景区需要碳中和的地域系统与产业系统边界;(2)从完全能耗视角合理评估旅游景区的完全碳足迹;(3)合理评估旅游景区的碳汇潜力;(4)建立景区碳中和系统建设,邀请国内外相关组织机构,积极开展低碳景区等级认证工作;(5)引导游客参与碳中和体验与认证,培育其低碳生活消费方式。

第八节 低碳景区经典案例

案例 1:台湾坪林模式

2009 年 6 月,马英九在台湾台北县坪林景区骑自行车体验低碳旅游,并应邀担任坪林低碳旅游的代言人。坪林是什么地方？它是台湾第一个低碳旅游观光景区。马英九代言什么？他代言的是低碳旅游。早在1997年，结合台北县发展低碳城市的愿景与坪林地区低度开发的环境优势，由台北县政府低碳中心策划，当地居民参与，坪林推出了台湾第一个以"低碳"为情境的"坪林之旅"，是台湾第一个低碳旅游示范区。

坪林实施低碳旅游的四个原则是："走路骑车共乘好，自备餐具不可少，当季当地饮食好，只留回忆垃圾少。"让我们来具体了解一下坪林"低碳之旅"的旅游特色。

（1）低碳交通。

共乘前往：通过旅游车换乘方式，鼓励旅游者以共乘方式进入坪林。

交通管制：实行交通管制。鼓励以步行或使用自行车的方式，将因运输所造成的二氧化碳排放降至最低。

低碳换乘：安排中巴及电动车协助景区内换乘，景区之间用电动车定点定时运送客人。

（2）低碳资讯。

挂牌成立"台北县坪林低碳旅游服务中心"：提供低碳旅游咨询、查询自行车租借点、提供低碳饮食资讯。

标示"低碳营业商店"：凡响应不使用一次性餐具、落实垃圾分类回收、不主动提供包装塑料袋、优先使用当地食材的商家者皆有标示。

专业低碳导游：配有专职低碳导游，在讲解坪林的美丽中融入低碳的知识。

（3）低碳行为。

垃圾回收：旅游者自带垃圾袋，将自己产生的垃圾带回家。

自备环保餐具：旅游者需自备环保餐具，供自己用餐时使用。

（4）低碳活动。

结合坪林的商业街、登山步道、观鱼自行车道、茶业博物馆等观光资源，旅游者可以在坪林喝好茶、读好书、骑自行车、观鱼、品尝当地茶餐、欣赏表演，体验坪林的低碳生活，还可以亲手种下一棵"低碳纪念树"。

（5）低碳记录。

坪林设置了台湾第一个"碳减量计数器"作为活动的精神堡垒，在游客每一次低碳之旅活动结束时，导游员会引导游客前去按下活动减碳计数按钮，计算游客所从事的活动与一般旅游模式相比较减少的二氧化碳，并由工作人员颁发坪林减碳证书。

（6）低碳效益。

2009年5个月的活动，坪林的旅游人数增加了25460人，创造了折合人民币约800万元的经济效益，提供坪林地区就业人数39人，减碳效益约48726 kg，相当于一年内植树10000棵[①]。

表15-5为台北坪林低碳旅游发展模式的主要特征[②]。

表15-5　坪林低碳旅游发展模式的主要特征

主要方面	特征
低碳饮食	坪林的食物基本上都来自本地，很少从外地运过来，这样既可以保证本地的经济效益，又减少了食物在运输过程中所产生的碳排放
低碳游览	坪林提供了众多低碳的游乐活动，包括骑车、漫步、品茶、观鱼等，动静结合，相得益彰。此外，景区还提供"低碳树"供游客栽植
低碳咨询	坪林低碳旅游景区通过网站向游客号召自带环保用具包括环保袋和环保筷。鼓励旅游者以公共交通或共乘的方式进入坪林低碳旅游区
低碳记录	在低碳旅游活动结束时，导游人员就会引导游客来到坪林的"碳减量计数器"前，它是用来测算游客每次低碳活动所减少的碳排放量。游客在此按下活动减碳计数按钮，就会知道自己所从事的旅游活动与传统的旅游模式相比所减少的碳排放量，事后由工作人员颁发坪林减碳证书

案例2：安徽黄山风景名胜区

黄山是世界文化与自然遗产地、世界地质公园、国家AAAAA级旅游景区。以"人类生态第一山"著称的黄山，肩负着维护世界遗产、风景名胜资源安全的重任，如何加强生态环境保护，如何推进低碳、绿色发展，实现资源环境的可持续利用和旅游经济的可持续发展，已经成为景区面临的重大课题。多年来，黄山按照"科学规划、统一管理、严格保护、永续利用"的方针，探索出一套对世界遗产地进行完善保护与适度开发的可持续发展新模式，积累了经验，得到了联合国教科文组织和世界旅游组织的高度赞誉。安徽黄山风景名胜区低碳旅游发展可以借鉴的经验如下：

（1）封闭轮休，开展生态综合整治。

黄山率先在全国实行景点封闭轮休，开展生态综合整治。对天都峰、莲花峰、始信峰、丹霞峰、狮子峰等热点景点，实施为期2~5年不等的封闭轮休，促进植被、生态的自然恢复。实施退耕还林、开展生态综合整治，较大程度缓解了脆弱的生态环境与大量游客活动之间的矛盾，较好地补偿了碳排放。

[①] 台北县政府环保局，坪林乡公所.坪林低碳全记录——一段坪林发展低碳旅游的对话[EB/OL].(2009-03-30). http://www.greenheb.org/index.php/group_thread/view/id-4058.

[②] 马勇，文以军.国内外低碳旅游发展模式研究[J].湖北大学学报（哲学社会科学版），2012，39（1）：106-110.

（2）山上做减法，山下做加法。

2007年，黄山根据"山上做减法、山下做加法"的思路，外迁管委会机关和部分职工宿舍，提出"山上游山下住"的构想。景区减少山上常驻人口，常驻管理人员由400多人减少到现在的100人左右。在提高接待档次的同时，逐步减少山上接待床位数，有效减少用水量和污水排放量，采取净菜净物上山、垃圾洗涤下山。

（3）提高从业人员的低碳意识与技能。

黄山风景区会经常举办以"低碳旅游、生态保护"为主题的培训活动，使景区管理者、服务者更好地认清发展形势、了解最新政策、宣导先进理念、掌握先进技术、开阔视野境界、增强素质能力，更好地提升景区保护管理与旅游服务水平，更好地促进"国际精品旅游景区、世界一流旅游目的地"建设。

（4）燃料结构的低碳化。

30多年来，黄山景区的燃料结构实现了从木材、煤炭、柴油、液化气到电能的历史性变革。目前，核心景区已经实现用电为主、液化气为辅的燃料格局。这从能源消耗的源头减少了景区的碳排放。

（5）积极打造低碳酒店建设。

黄山风景区各大酒店坚持以环保低碳原则指导酒店的经营发展，实行精细化管理，采取了一系列节能降耗的措施：号召员工从"不浪费一度电、一滴水，少用一张纸"等小事做起；同时以广告栏、宣传牌等形式鼓励并引导顾客进行绿色消费；倡导员工与游客共同参与到低碳旅游的行列中；部分取消客房低值易耗品。黄山山上酒店的客房将只保留原有的浴巾、毛巾、拖鞋、香皂和浴帽，并通过提高保留物品的品质，为游客提供更加优质的服务。